JN236439

英語構文マスター教本

読む・聞く・書く・話すために
必要な108の構文パターンをマスター

石井隆之
Takayuki Ishii

English Syntax Mastering Textbook

ベレ出版

はじめに

　1つの英文は、動詞を中心にさまざまなパーツが組み合わさって構成されています。そのパーツは、おおむね、英文にとって必須のものと省略可能なものの2種類に分かれます。必須のパーツの代表格は名詞句で、省略可能なパーツの代表格は副詞句です。

　名詞句を整える役割をするのが冠詞で、副詞句を活発化させる役割をするのが前置詞と言えるでしょう。

　冠詞と前置詞によって、英文のパーツが、ある程度完全なものになります。そして、これらのパーツの組み合わせで英語構文ができあがるのですが、この構文の生成には、厳然たる法則性があります。

　この法則をしっかり学ぶことで、英文を「完璧なもの」にすることができます。本書は、このような英語構文に関する法則と種類と用例を、簡潔に、幅広くまとめています。

　各章の基本的構成は、科学的に分類された英語構文について全体的説明を行い、その後、「○○の攻略」という項目を設け例文を挙げています。全体的説明は「構文の理論編」で、攻略の例文提示は「構文の実践編」です。

　英語構文の攻略ポイントは、全体で108あり、それぞれに例文を2〜5挙げています。なお、巻末には「構文攻略の108ポイント早見表」があり、一目でポイントを確認できます。

　全体説明の箇所では、専門語を避けた平易な言葉を使用していますが、本書の内容は、最新の言語学の研究成果を踏まえています。

　また、構文攻略の部における例文は、実用的で、日常生活やビジネスに役に立つものを挙げています。「日本語らしい表現をいかに英語で表現するか」という視点も踏まえており、注意すべき語彙やレベルの高い重要語彙も充実しています。

　本物の英語構文力が身につくように、「面白く、ためになり、分か

りやすい」説明を目指すと共に、有益なコラムや補足情報も織り交ぜています。

さらに、本書の特長として、新発想の「英語構文パターン図」を導入し、イメージで英語の全体像をマスターできるように工夫がなされています。

このパターン図により、英語構文を構成するパーツが織り成す「構文美」を視覚的に味わっていただけるものと確信しています。

本書を通じ、英語力にますます磨きをかけ、英文を文法的に正しく、文体的に美しく、論理的に説得力があるものに仕上げる術を学び、英語レベルをワンランクUP（できれば2段階UP）することに貢献できれば、著者としてこれにまさる喜びはありません。

本書を書くに当たり、いろいろな方にお世話になりました。私が特別顧問を務めるベルリッツジャパンの学校法人営業部ディレクターの結城修氏、私が言語学研究主任を務める清光編入学院教務課長の横尾清志氏、また、私が特別客員講師を務めるアルカディア・コミュニケーションズの代表である妻鳥千鶴子氏には、温かい激励をいただきました。

本書の校閲は、私が運営する「英語の頭脳集団＜グループREP＞」の専属チェッカーであるDavid Smith氏が担当しました。また、校正はTAC言語文化研究所の通訳研究員を務める西本夏世氏にお願いしました。

著　者

本書の特長と使い方

対　象　（1）英語学習の中・上級者
　　　　　（2）英語の構文を総合的に学びたい人
　　　　　（3）英語教育に携わっている人
　　　　　（4）英語のプロ（通訳、翻訳家、ガイド、教師、学者）を目指す人

特　長　以下の9つの特長があります。
　その1：　構文の攻略ポイントを108個に絞り、整理している。
　その2：　「構文パターン図」[1]という新機軸の発想を取り入れている。
　その3：　文法的情報は、図表などを使って分かりやすく説明している。
　その4：　例文は全て実用的で、日常生活やビジネスに役に立つ。
　その5：　英語構文に関する一歩進んだ文法情報を提供している。
　その6：　随所に「英語構文に関する疑問」に答えるコラム[2]がある。
　その7：　随所に有益な「ひとことメモ」を織り交ぜている。
　その8：　付録として「構文力チェック」と「推薦図書紹介」がある。
　その9：　「文法項目100の索引」で、文法項目を検索できる。

＊1「構文パターン図」というのは、構文を図式で分かりやすく説明するための図で、その構文に関する情報（語順の確認や誤りのチェックなど）を一目で理解できるものです。

＊2 このコラムの名称は「なるほどコラム」で、No. 1～ No. 20の20項目あります。

本書における記号の意味

S:主語　　V:動詞　　O:目的語　　C:補語
P:前置詞　　M:修飾語・句・節　　X:OとCとMを総合的に表す。

A (B) ：　Bは省略可能であることを示す。すなわち、AとABの表現があることを示す。

A [＝B]　AとBは同意であることを示す。

A [⇔B]　AとBは反対の意味であることを示す。

A/B：AとBは交換可能であることを示す。もし、A/B Cという表現があれば、ACとBCの2つの表現が可能であるということである。

英語（日本語）：英語の和訳を示す。

英語［日本語］：日本語は英文や英語表現に関するコメントである。

日本語（英語）：日本語の英訳を示す。

漢字［ひらがな］：漢字の読み方を示す。

(1)、(2)…：あるテーマにおける英語の例文を示す。

→：　あるテーマに対するコメントとしての例文や表現例を示す。
　　　例文や表現例が複数あり、後に説明を加えるとき、(a)、(b)…で示す。

→p.　：参照ページを示す。

○：　挙げられた文や表現が正しいことを示す。

△：　挙げられた文や表現があまりよくないことを示す。

×：　挙げられた文や表現が正しくないことを示す。

◎：　挙げられた文や表現が非常に適切であることを示す。

下線部：　日本語のコメントで注意すべき箇所を示す。

太字：　注意すべき英語表現とその和訳を示す。

「構文パターン図」を構成する基本形

本書では、構文を視覚的に捉えるために、「構文パターン図」を示しています。この図を構成する18の基本的な図形を下記に示します。

(1) 四角形　名詞（句、節）を表す。

(2) 五角形　形容詞（句、節）を表す。

(3) ひし形　副詞（句、節）を表す。

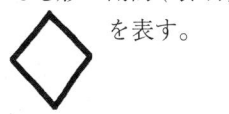

(4) 小さな三角形　助動詞を表す。

(5) 逆三角形　動詞一般を表す。自動詞と他動詞を区別する場合は自動詞を表す。

(6) 逆の正三角形の左半分　他動詞を表す。

(7) 六角形　主語を表す。

(8) 六角形の半分　仮主語・仮目的語を表す。

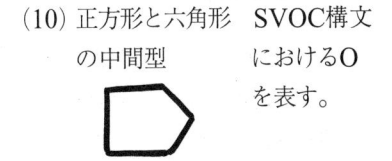

(9) 正方形　目的語を表す。

(10) 正方形と六角形の中間型　SVOC構文におけるOを表す。

※OCの部分は主述関係があるので、一部が六角形。

(11) 小さな逆三角形　　小さな逆三角形は、beなどの不完全自動詞や完了
　　　　▽　　　　　　時制を作るhaveを表す。動詞としては意味内容が
　　　　　　　　　　　小さいので三角形は小さく描く。be動詞の場合は、
　　　　　　　　　　　SVC構文におけるS→Cの役割（→p.10）のbe動
　　　　　　　　　　　詞を表す。

(12) 小さな平行　　　　小さな平行四辺形はS＝Cの役割（→p.10）のbe動
　　　四辺形　　　　　詞を表す。平行四辺形は、その形がイコール（＝）
　　　（上右寄り）　　のイメージ。「進行形」や「受身形」を作るbe動詞
　　　　　　　　　　　をも表す。

(13) 大きな平行　　　　S→Cの意味のC（補語）を表す。例えばJohn is a
　　　四辺形　　　　　teacher.のa teacherを示す。もちろん補語の位置
　　　（上右寄り）　　に生じる形容詞も表す。

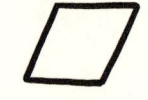

(14) 大きな平行　　　　S＝Cの意味のC（補語）を表す。例えばJohn is
　　　四辺形　　　　　the teacher.のthe teacherを示す。
　　　（上左寄り）

(15) 右が三角に　　　　接続詞を表す。SVCのSの形をしっかりと受け止め
　　　へこんだ小さな　る形である。
　　　四角形　　　　　※へこんだ形で文が終わるのはよくないことを同時に表せ
　　　　　　　　　　　る。文が終わる形は、四角（＝名詞、名詞句、名詞節）
　　　　　　　　　　　かひし形（＝副詞、副詞句、副詞節）または五角形（＝
　　　　　　　　　　　形容詞、形容詞句、形容詞節）、すなわち、へこんだ形
　　　　　　　　　　　ではない。

(16) 小さな三角形　　　小さな三角形を黒く塗った形は否定辞notを表
　　黒塗り（正逆とも）　す。これと小さな三角形や逆三角形と合わせてひ
　　　　　　　　　　　　し形（完全な副詞）が作れると否定文が可能であ
　　　▲ (or ▼)　　　　ることが表せる。

※例えばwill（小さな三角形）、have（小さな逆三角形）は、否定字の小さな三角形と組合せてひし形が作れるので、will not、have notのつながりがOKであることを示せる。一方、例えばbeingの場合はひし形が作れないので、being notはあまりつながりがよくない。[→p.35]

(17) 矢印　　　　　　　上から下への斜めの矢印は定冠詞、下から上への斜
　　　　　the　　　　　めの矢印は不定冠詞を表す。上からの矢印は「これ
　　　　↙　　　　　　　だ！」と限定しているイメージがあるので定冠詞を、
　　　　↖　　　　　　　上への矢印は「どうぞ！」と紹介しているイメージ
　　　　　a　　　　　　があるので、不定冠詞を表す。
　　　(or the ↘　　　　※90度以上の角があり、そこに安定した形で矢印を
　　　　　　↗)　　　　　つけることができたら、文法的であるとする。例
　　　　　　a　　　　　　えば、主語（六角形）や目的語（四角形）には矢
　　　　　　　　　　　　印がつけられるので、文法的である。一方、動詞
　　　　　　　　　　　　（逆三角形）は90度以上の角がないので矢印はつ
けられない。また、副詞類（ひし形）は90度以上の角がありうるが、斜めの矢印は安定した形でつけられない。
実際、the comprehend（その理解する）、the in meditation（その沈思黙考して）のような表現は非文法的である。

(18) 横長の円　　　　　前置詞を表す。いろいろな品詞を連結させることがで
　　　⬭　　　　　　　きる前置詞は円のイメージである。
※例えばafraid（補語の位置の形容詞＝平行四辺形で表す）とdogs（名詞句＝四角形）はつながりが悪いが、この⬭を介在させるとこれらを連結できるというイメージがある。この場合の⬭はofを表す。

＜構文パターン図の具体例＞

(あ)　　　　　　　　　　　　　第1文型　John went there.など。

※自動詞は副詞的表現と相性がよいことは、この2つが接していることによって示す。もし、直後に目的語が来ると目的語と1点で接しているに過ぎず、不安定な構文となる。

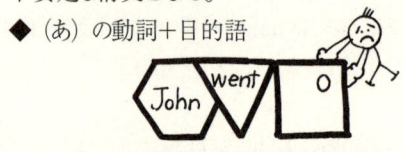

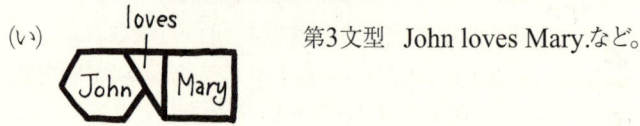

◆ (あ) の動詞＋目的語

(い)　　　　　　　　　　　　　第3文型　John loves Mary.など。

※他動詞の半人前を四角い名詞がぴったり寄り添って、1つのまとまりを作っているイメージが第3文型のイメージである。いきなり、副詞的表現がくると、1点でつながっているに過ぎず、不安定である。

◆ (い) の動詞＋副詞的表現

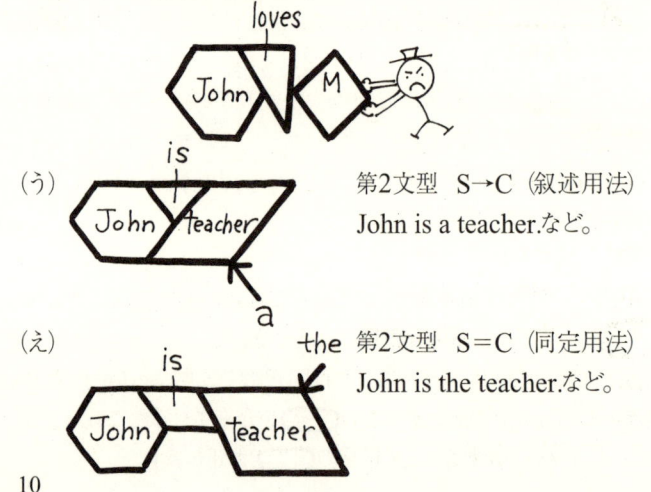

(う)　　　　　　　　　　　　　第2文型　S→C（叙述用法）
　　　　　　　　　　　　　　　John is a teacher.など。

(え)　　　　　　　　　　　　　第2文型　S＝C（同定用法）
　　　　　　　　　　　　　　　John is the teacher.など。

※（う）の文において、A teacher is John.とはいえないが、（え）の文に関し、The teacher is John.はOKである。（う）ではCVSが不可で、（え）ではOKであることが説明できる。

◆（う）の倒置： CとVが一点でつながっているだけで不安定で、be動詞のブロックが落ちてくる。この不安定さによって、構文として容認できないことを視覚的に捉えることができる。

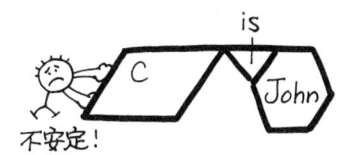

◆（え）の倒置： Vの位置を下げれば、CとVとSはぴったりと接することができ安定するので、構文として容認できる。

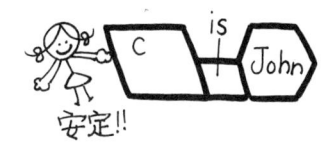

＜参考＞

主語はどうして6角形で表すのか？
　　　　　　　　　——6つの形を持つから6角形。
(a) 通常の名詞句：an apple、the book on the deskなど。
(b) 代名詞：人称代名詞（I、youなど）、指示代名詞（this、thatなど）
(c) 虚辞：（それ自体意味を持たない）itやthereのこと
(d) 準動詞：不定詞と動名詞
(e) 接続詞：that節とwhether節
(f) Wh表現：Wh句（what to doなど）やWh節(what you saidなど)

CONTENTS

はじめに 3
本書の特長と使い方 5
プロローグ　英語は3部構成の言語である 20

第1章　動詞に関わる構文
1．動詞を理解する ……………………………………………30
　1．動詞の分類 30
　　【攻略1】状態動詞と動作動詞 35
　　【攻略2】完了的動詞と未完了的動詞 36
　　【攻略3】5文型に使われる動詞 37
　2．他動詞の力 39
　　【攻略4】「自動詞＋前置詞〜」と「他動詞＋O」の構文
　　　　　　の比較 42
　　【攻略5】「動詞＋不定詞句」と「動詞＋that節」の構文
　　　　　　の比較 43
　3．動詞と時制 45
2．準動詞を理解する ……………………………………………49
　1．準動詞の種類 49
　　【攻略6】準動詞の意味上の主語 51
　　【攻略7】準動詞の完了形 53
　　【攻略8】準動詞の否定形 54
　2．不定詞と動名詞 56

【攻略9】不定詞の特別用法その1「疑問詞＋不定詞」
　　　　　構文　59
　　　【攻略10】不定詞の特別用法その2「be＋不定詞」の
　　　　　構文　60
　　　【攻略11】不定詞の特別用法その3「seem系動詞＋不定詞」
　　　　　の構文　62
　　　【攻略12】＜SVO＋不定詞＞構文その1「O＝不定詞句」の
　　　　　用法　63
　　　【攻略13】＜SVO＋不定詞＞の構文その2「S＝不定詞句」
　　　　　の用法　65
　　　【攻略14】＜SVO＋不定詞＞の構文その3「不定詞がto be
　　　　　...」の用法　66
　　　【攻略15】＜S＋be＋形容詞〜to do＞構文　67
　　　【攻略16】動詞的動名詞の用法　70
　　　【攻略17】名詞的動名詞の用法　71
　　3．分詞　73
　　　【攻略18】分詞の形容詞用法　76
　　　【攻略19】分詞の副詞用法　77
3．助動詞を理解する　………………………………………78
　　1．助動詞の種類　78
　　2．助動詞の用法　81
　　　【攻略20】助動詞の過去形の用法　83
　　　【攻略21】助動詞の完了形の用法［推量の意味］　84
　　　【攻略22】＜should have done ...＞構文　85
　　3．助動詞do　86
4．動詞関連重要構文　………………………………………87
　　1．受身構文　87
　　　【攻略23】他動詞の受身構文　92
　　　【攻略24】自動詞の受身構文　93

2．使役構文　94
　【攻略25】使役構文と原形不定詞　96
　【攻略26】使役構文の受身　97
3．結果構文　98
　【攻略27】＜目的語→結果＞構文　102
　【攻略28】＜主語→結果＞構文　103
4．状態構文　104
　【攻略29】＜目的語＝状態＞構文　107
　【攻略30】＜主語＝状態＞構文　108
5．中間構文　109
　【攻略31】中間構文　112
6．難易構文　114
　【攻略32】動詞の目的語を主語にした難易構文　118
　【攻略33】前置詞の目的語を主語にした難易構文　119
7．it構文　121
　【攻略34】仮主語構文　126
　【攻略35】仮目的語構文　129
　【攻略36】＜it is 形 of 人 to do＞構文　130
　【攻略37】itの特殊構文　131
8．there構文　133
　【攻略38】＜there＋V＋X＋〜＞の構文　137
　【攻略39】＜there＋V＋〜＋X＞の構文　138
　【攻略40】＜there＋be＋V-ed＋X＞の構文　139

第2章　一文に関わる構文

1．平叙文 …………………………………………142
2．疑問文 …………………………………………145
　【攻略41】Wh疑問文　147
　【攻略42】平叙文＋付加疑問　151

【攻略43】命令文＋付加疑問　152
　3．命令文 …………………………………………………153
　　　【攻略44】命令文の否定　156
　　　【攻略45】命令文の強調　157
　　　【攻略46】Please＋命令文　159
　4．感嘆文 …………………………………………………160

第3章　複数の文に関わる構文

　1．名詞節構文 ……………………………………………164
　　1．Wh構文　164
　　　【攻略47】間接疑問節　167
　　　【攻略48】先行詞を含む関係節　169
　　2．that節の構文　170
　　　【攻略49】that名詞節の「文の要素としての用法」　174
　　　【攻略50】that名詞節の「要求表現としての用法」　175
　　　【攻略51】that名詞節の「前置詞の目的語としての用法」
　　　　　　　　177
　　　【攻略52】that名詞節の「同格の用法」　178
　　3．if節とwhether節　179
　　　【攻略53】if節名詞構文　183
　　　【攻略54】if節は不可能だが、whether節は可能な構文
　　　　　　　　184
　　　【攻略55】「～かどうか」の節でor notをつける用法　185
　2．形容詞節構文 …………………………………………187
　　1．関係代名詞構文　187
　　　【攻略56】whichの関係代名詞構文　199
　　　【攻略57】thatの関係代名詞構文　200
　　　【攻略58】前置詞＋関係詞の構文　202
　　　【攻略59】二重限定と並列限定　204

2．関係副詞構文　206
　　　【攻略60】関係副詞whenの構文　208
　　　【攻略61】関係副詞whereの構文　209
　　　【攻略62】関係副詞whyとhowの構文　210
　　3．関係形容詞構文　211
　　　【攻略63】関係形容詞whatの構文　213
　　　【攻略64】関係形容詞whichの構文　214
　3．副詞節構文 …………………………………………215
　　1．仮定法構文　215
　　　【攻略65】仮定法過去と過去完了の構文　221
　　　【攻略66】仮定法shouldとwere toの構文　225
　　　【攻略67】仮定法のas ifの構文　226
　　2．順接構文と逆接構文　228
　　　【攻略68】順接構文その1　原因構文と理由構文　230
　　　【攻略69】順接構文その2　条件構文　232
　　　【攻略70】逆接構文　233
　　3．複合関係詞構文　235
　　　【攻略71】複合関係代名詞の構文　237
　　　【攻略72】複合関係副詞の構文　239
　　　【攻略73】複合関係形容詞の構文　240

第4章　接続という視点から見た構文

　1．並置構造 ……………………………………………244
　2．等位構造 ……………………………………………248
　　　【攻略74】等位構造の特徴　250
　3．従位構造 ……………………………………………253
　　　【攻略75】従位接続詞の移動　255
　　　【攻略76】従位接続詞の省略　257

第5章　否定という視点から見た構文

1. 否定の特徴 …………………………………………………260
2. 否定の種類と位置 …………………………………………263
   【攻略77】否定要素の位置　268
3. 否定の領域 …………………………………………………269
   【攻略78】否定が及ぶ範囲　273

第6章　構文の調子を整える3品詞

1. 代名詞とその先行詞 ………………………………………278
   【攻略79】英語構文における「代名詞の用法」に関する法則　282
2. 形容詞とその語順 …………………………………………284
   【攻略80】英語構文における「形容詞と等位接続詞」に関する法則　290
3. 副詞とその位置 ……………………………………………291
   【攻略81】英語構文における「文副詞と様態副詞の位置」に関する法則　295
   【攻略82】英語構文における「副詞句や副詞節とコンマ」に関する法則　297

第7章　特殊な構文

1. 強調構文 ……………………………………………………300
   【攻略83】強調構文の公式　302
2. 倒置構文 ……………………………………………………305
   【攻略84】目的語前置倒置構文（OSV型）　311
   【攻略85】補語前置SV型倒置構文（CSV型）　312
   【攻略86】補語前置VS型倒置構文（CVS型）　313
   【攻略87】場所副詞前置型倒置構文（MVS型）　314
   【攻略88】否定副詞前置倒置構文　315

【攻略89】POB倒置構文　317
【攻略90】if省略系倒置構文　318
【攻略91】比較構文系倒置構文　319
【攻略92】相関構文系倒置構文　320
【攻略93】関係節系倒置構文　321

3．省略構文 …………………………………………323
【攻略94】省略構文に見られる「省」の法　330
【攻略95】省略構文に見られる「略」の法　331

4．挿入構文 …………………………………………332
【攻略96】挿入法その1　文中への挿入が見られる構文　336
【攻略97】挿入法その2　文末への挿入が見られる構文　337

5．比較構文 …………………………………………339
【攻略98】比較構文の基本形　346
【攻略99】倍数比較の構文　350
【攻略100】no more than構文の3態　352
【攻略101】「むしろ」を意味する特殊構文　354

6．相関構文 …………………………………………356
【攻略102】「X＋形容詞＋不定冠詞」の構文　359
【攻略103】「X＋不定冠詞＋形容詞」の構文　361
【攻略104】相関接続詞の構文　363
【攻略105】「as＋X＋as」の相関構文　364
【攻略106】wellを用いた相関構文　366
【攻略107】whatを用いた相関構文　368
【攻略108】butを用いた相関構文　369

終　章　英語構文と文法

- 1. **英語の基本3特性** ……………………………………………372
  - 1. 順序性　＜英文は単語の語順が非常に厳しい＞　372
  - 2. 循環性　＜英文は同じ構造を数回繰り返せる＞　374
  - 3. 変形性　＜英文は形を変えれば意味が変わる＞　376
- 2. **英語の基本3原則** ……………………………………………381
  - 1. 情報構造の原則
    - ＜大事な情報は文の後ろの方に来る＞　381
  - 2. 力と方向の原則
    - ＜主語は動詞の形を決める力がある＞　385
  - 3. エコノミーの原則
    - ＜英語は単純さを最大限に追求する＞　392

エピローグ　構文マスター究極の方法　398
付録1　英語構文総仕上げテスト　404
付録2　推薦参考文献リスト　409
文法項目100の索引　410
構文攻略の108項目早見表　412

プロローグ

英語は3部構成の言語である

●英文には「語」「句」「節」の3レベルがある

　言葉の世界では「文＝Σ語」（文は単なる語の集合体）ではありません。単なる集合体だったら、I ate an apple.もAn apple ate me.も同じ意味になるかもしれませんね。

　このことが分かれば、単語の並べ方や単語間の関係を理解しなければならないことが分かってきます。

　さて、英語の世界では、1つの単語（＝「語」）だけでは不安定です。もし、I ate apple.というと不完全な文ですね。appleという語が、安定するには、an appleというように冠詞をつける必要があります。

　これは、単なる名詞ではなく、名詞句という「句」のレベルになっています。「句」というのは、一般に2語以上からなるまとまりのことですが、名詞に冠詞がついただけでも、言語学的には「句」と呼ばれます。もちろん、これよりも長い形、例えばa delicious appleやeating apples（動名詞の形）なども「句」です。

　そして、I ate an apple.は「節」のレベルです。「節」とは主語と動詞の関係が入ったまとまりのことです。この節がこのまま独立している場合を「文」と呼ぶのです。

　英語では、「語」に何らかの加工を施して、文中で使えるようになったものが「句」で、句をうまく散りばめて、1つの思想（まとまった考え）を伝えることができるようにしたものが「節」なのです。

　「語」というのが、英語の世界に存在している「元素」のようなもので、この中から必要なものを抽出し組み合わせてできた「分子」のような存在が「句」で、句を組み合わせて、1つの特徴（＝思想）を持つ「化合物」のようなものが「節」といえるでしょう。

このように考えると、「語」はその品詞の原形といえます。appleはan appleを構成する名詞の原形といえるのです。また、例えば、tallerは1語ですが、tallという形容詞の原形（学校文法では「原級」と呼ぶ）から派生した「句」と考えることができます。さらに、ranはrunという動詞の原形（←これは当たっていますね）が変化してできた「句」といえます。このような「句」のレベルが文を構成する現実的な部品といえるのです。

　機能よりも内容を示す品詞であるため品詞の四天王というべき「名詞、形容詞、副詞、動詞」について、この3レベルのそれぞれが存在します。

　本書の本論を読み進むにあたり、このことは大切なので、3レベル早見表を以下に挙げておきます。

＜四天王品詞の3レベル早見表＞

レベル	「語」	「句」	「節」
名詞	apple	an apple 不定詞名詞用法 動名詞	that節 間接疑問節 whatの関係詞 複合関係節
形容詞	tall	taller / very tall 不定詞形容詞用法 分詞の形容詞用法 前置詞句	関係節 　who is taller than he
副詞	quickly	very quickly 不定詞副詞用法 分詞構文 前置詞句	so that he can run quickly 従属接続詞 複合関係節
動詞	run	ran / got it	You got it?（分かった?） I can do it.（できるよ!）※

※本書では、助動詞も含めて作られる「動詞の節」を文と呼ぶ。

●名詞と名詞句は3部構成

　英文には「語」「句」「節」の3つのレベルがあると言いましたが、実は英語には「3」というものがつきまといます。

　「語」や「句」や「節」自体も、それぞれ3部構成で成り立っていると考えることができます。

　名詞（語）の基本形について考えてみましょう。

接頭辞	語根	接尾辞
de	odor	ant
脱	臭	剤

　名詞は以上のような3部構成で成り立っています。もちろん、名詞によっては、接頭辞や接尾辞がない場合もありますが、一番大きな形の一般型は、この3部構成です。

　上の語根のところにcolorを入れると、decolorant（脱色剤）になります。このように単語を分析するのに、この3部構成の図式は役立ちますね。

　名詞句の基本形について考えてみましょう。

定・不定	単語	単数・複数
the	apple	s
その	りんご	（複数個）

　名詞句の基本形は「定・不定」を決定する冠詞や数量詞（some、manyなど）が前にきて、「数」を決定する形（sがほとんど）が後ろにきます。つまり、「名詞は前で定・不定、後で単複を表す」ということになります。この形が文を構成する直接の形で、名詞の安定形といえます。

　名詞句には発展形があります。修飾語がつく形です。

形容詞（語）	名詞句	形容詞句・節
delicious	apples	for dessert
おいしい	りんご	デザートに

1語からなる形容詞は前から、2語以上からなる形容詞句や形容詞節は後ろから修飾します。冠詞などは名詞句の発展形ができるときに、前に移動します（だから「冠」の言葉［=「詞」］なのですよ）

● 「文」も立派な3部構成

英語の文も3部構成になっています。SVX（S=主語、V=動詞、X=目的語、補語または修飾語）の形が基本形です。その代表型である第3文型の例を示してみましょう。

主語	動詞	目的語
I	can speak	English.
私は	話せる	英語を

この3部構成の中で「動詞」に特に注目すべきでしょう。文を構成するのに動詞は不可欠な要素といえます。というのは、命令文では主語の省略が義務づけられ、また完全自動詞の場合はXの部分がない場合がありうるのに対し、動詞だけは必ず文中に含まれるからです。

Time flies like an arrow.という表現も、何を動詞にするかによって意味が変わってきます（φは存在しないことを表す）。

主語	動詞	X
φ	Time	flies like an arrow.
［命令文］	時間を計れ。	矢のようなハエの
Time	flies	like an arrow.
時は	飛ぶ。	矢のように
Time flies	like	an arrow.
時バエは	好む。	矢を

上記の分析の中で正しいのは、もちろん2番目で、日本語では「光陰矢のごとし」と訳されます。

英語は、基本語は数品詞をカバーし、特に、動詞と名詞が同じ形になることが多いので、このような曖昧さが生じるのです。

timeの動詞用法を少し挙げておきましょう。

(a) His remark was ill timed.
(彼の発言はタイミングが悪かった)

(b) The sprinter was timed at 9.97.
(短距離選手のタイムは9.97秒だった)

●文の中心である動詞群は3部門の融合体

英文は「名詞＋動詞＋名詞」が基本形といえますが、この真ん中の動詞は、もっと複雑な形になっているのが普通です。

(c) John should have studied math today, shouldn't he?
(ジョンは今日数学を勉強すべきだったですね)

(c)文におけるshould have studiedの部分が5文型論ではVに当たる部分ですが、これは動詞以外にshouldとhaveからなっています。

また、動詞の意味を補足するように、shouldn't heが続いています。私は、この動詞と助動詞（shouldだけでなくshouldn'tも含める）を合わせたものを「動詞群」と呼んでいます。この動詞群に3つの部分があります。

事柄を説明する部分	事象を客観的に叙述する部分 have studied（完了の意味）「勉強した」
話者の感情を表す部分	話し手の主観的な感情を表出する部分 should（義務の意味）「すべき」
相手に呼びかける部分	聞き手に対して呼びかけをする部分 shouldn'tの部分　「〜ですね」

英語において、通常の疑問文の場合は、doなどの助動詞の文頭への移動という現象が「相手に呼びかける部分」の機能を表します。だから、「相手に呼びかける部分」は必ずしも付加疑問のように語彙化するのではなく、移動という現象がカギになる点が日本語と異なります。

日本語の動詞群は、事柄を説明する部分（専門的には「叙述部」）・話者の感情を表す部分（「表出部」）・相手に呼びかける部分（「呼びかけ

部」)の順に、語彙的に現れるんですよ。

「勉強させられていなかったようですね」を分析してみましょう。

叙述部						表出部	呼びかけ部
動詞	使役	態	相	否定	時制	助動詞	終助詞
勉強	させ	られ	てい	なかっ	た	よう	ですね

英語と対応させてみましょう。呼びかけ部が語彙化しているケースと比べてみましょう。叙述部のうちの主要文法項目(動詞、使役、態、相、時制)が日本語の場合と逆になっている点に注目しましょう。

表出部	叙述部						呼びかけ部
助動詞	否定	時制	相	態	使役	動詞	
may	not	have	been	being	made to	study	right?

●文の集合体である文章も3部構成

文章(特に、主張を伴うもの)は、一般に次の3つの部分から作られます。スピーチでも同じことがいえます。

導入部	Introduction	文章の最初の部分で、ある「主張」に対する興味を抱かせるような導入を行う。話の展開の方法を簡単に述べる。
展開部	Body	その「主張」に対する理由、例示、説明その他、役に立つ事項を詳しく述べる。箇条書き的な整理が重要である。
結論部	Conclusion	文章の最後の部分で、再度「主張」を確認し、今後の課題にも触れつつ、完結に分かりやすく、話を締めくくる。

私は、「オタワ」な文章を目指すべきだと考えています。その「オタワ」とは「面白く」「ためになり」「分かりやすい」の三拍子が揃っていることです。

特に、人を文章（あるいはスピーチ）に引き込ませる「導入部」は＜面白さ＞が大切で、いろいろな話を展開する「展開部」は＜ためになること＞に焦点を合わせ、最後に駄目押しで重要なところを再確認する「結論部」は＜分かりやすさ＞を旨とすべきであると、私は考えています。

　そして、俗に「主張」に対する理由や例示も3つ挙げるとよいといわれています。2つだと少ない感じがし、4つだと多くて忘れられがちです。心に残るのは、やはり「3」ということになるのです。

　以上述べてきたように、パラグラフ（＝文章やスピーチ）の構造を含め、英語の構造では「3」という数字がキーナンバーになっているのです。

●本書における構文マスタープログラム

　英語の全体像を捉えることにより、英語構文のマスターに向けた準備段階になるという考えで、プロローグを書いてきました。プロローグは、これから始まる英語構文マスターの旅のための、いわば準備運動だったのですよ。英語という言語をマクロの視点から学んだ皆さんは、本章以降で学習する英語構文が、頭に染み入るように入ってくるはずです。

　ここで、次章以降の章構成を示し、各章の意義と学習ポイントを簡単に次ページに整理しておきましょう。

	各章の意義と学習ポイント
第1章	英文の中心に君臨しているといえる動詞とその周辺（準動詞と助動詞）に焦点を当て、動詞が関わる構文を学ぶ。
第2章	動詞から1つの文へ視点を変えて、文の種類（平叙文・疑問文・命令文・感嘆文）を英語構文の視点から学習する。
第3章	次に、視点を複数の文からなる文（複文）に着目し、名詞節・形容詞節・副詞節に関わる構文を総合的に学習する。
第4章	さらに、視点を広げて、文が複数存在する構文を「接続」という観点から捉え、「接続」の方法の3種類を学習する。
第5章	構文をマスターするのに避けて通れない「否定」の奥深さを、その特徴、種類と位置、領域の点から詳しく学ぶ。
第6章	構文を文体的にきれいなものにするのに貢献している3品詞（代名詞・形容詞・副詞）を、新たな角度から学ぶ。
第7章	構文マスターの最後の砦ともいうべき、英語に特有の特殊6構文（強調・倒置・省略・挿入・比較・相関）を学ぶ。
終章	英語という言語の大原則を学んで、構文の理解にさらに磨きをかけて、英語構文マスターのプログラムを終了する。

　以上の章構成は、英語構文をマスターするのに、最適な順序になっています。安心して学習してください。
　それでは、読者の皆さん、第1章からの英語構文マスターの旅をスタートさせてください。私は羅針盤となって応援していますよ。

第1章
動詞に関わる構文

<英文の構文マスター、まず動詞！>

　動詞は英文の中央に君臨する最重要な品詞です。動詞は、英語においては、太陽のようなものです。
　太陽としての動詞は、実にさまざまな惑星を引き連れます。その中で重要なのは名詞という惑星でしょう。
　その「名詞惑星」の形もさまざまです。あるときは動名詞、あるときは不定詞、また、that節の場合もあります。
　本章では、英文の太陽である動詞を中心に学習し、太陽系（＝動詞中心の英語構文）を制覇しましょう。

第1章 動詞に関わる構文

1 動詞を理解する

動詞を理解すると、構文が分かるといえるほど、動詞は重要な品詞です。この節では、動詞の理解に焦点を当てます。しっかり学びましょう！

1. 動詞の分類

●動詞の分類法は3種類

英文の中央に堂々と君臨する動詞は、形と意味と文法の3つの視点から分類できます。

● 形による分類

形の上で動詞を分類すると、次の3種類が存在します。

(a) 単独で使える動詞……be、do、go、play、comprehendなど。
(b) 前置詞と組み合わせて使う動詞……consist of、consult withなど。
(c) 副詞と組み合わせて使う動詞……put out、see off、run awayなど。

eke out（…の不足を補う/…をやりくりして営む）という動詞のように常に副詞が必要なものもありますが、(a) と (c) の動詞は重なることが多いんですよ。また、consult ...（…に相談する、…を調べる）と consult with ...（…と協議する）のように、(a) と (b) の両方をまたぐ動詞もあります。

第1章 動詞に関わる構文

ひとことメモ ———————————————————— memo

重要表現の攻略

1. Our **human resources section** consists of 10 members.
  （我々の**人事課**は10人で構成されている）
2. He **eked out** his small salary by working Sundays.
  （彼は、日曜日も働くことによって安月給**の不足を埋めた**）
3. She consulted the timetable to check the train schedule.
  （彼女は、列車の時刻を見るために時刻表を調べた）

● 意味による分類

　意味によって動詞を大別すると状態動詞と動作動詞に分かれます。英語には、状態動詞の代表格のbeと動作動詞の代表格のdoが存在していますね。

　さらに、この2つのタイプの動詞を同時に代表する動詞はhaveです。「所有する」は状態で、「食べる」は動作だからです。どちらのタイプの動詞も同じくらい重要であるということを示しているようですね。

　状態動詞に3種、動作動詞に3種あります。表にまとめてみましょう。

状態動詞	一般的状態を表す動詞	代表はbe belong to ...（…に属する）、resemble、consist of ...（…からなる）、differ
	心理状態を表す動詞	like、love、hateなどの好悪を表すもの think、knowなど思考/認識を表すもの
	知覚に関する動詞	seeとhearが代表的 look、sound、feel、taste、smellなど
	到達動詞 achievement動詞と呼ばれる	完了的な瞬間動詞 reach、arrive、leaveなどの往来発着系 slip、drop、die、winなどの瞬間的事象

31

動作動詞	達成動詞 accomplishment動詞と呼ばれる	完了的な継続動詞 make、build、read、assemble（組み立てる）など、時間がかかるが完了を意味
	活動動詞 activity動詞と呼ばれる	未完了的な継続動詞 drive、run、push、smokeなど、時間の長さもあり、完了の意味なし

注：「未完了的」とは、動作が妨げられない限り、いつまでも続けられることを表すことである。活動動詞は終わりがないイメージを持っている。

● 文法による分類

動詞が独立して使えるかどうか、目的語や補語が必要かどうかにより、5つに分類できます。表にしてまとめましょう。

自動詞	完全自動詞 ［補語は不要］		第1文型（SV）を作る They often **carpool**. （彼らはよく相乗りで行く）
	不完全自動詞 ［補語が必要］		第2文型（SVC）を作る The loss is irrecoverable. （その損失は取り戻せません）
他動詞	完全他動詞		第3文型（SVO）を作る The car **tailgated** the bus. （その車はバスのすぐ後を走っていた）
		授与動詞	第4文型（SVOO）を作る He sent me an important email. （彼は私に重要なメールを送ってきた）
	不完全他動詞 ［補語が必要］		第5文型（SVOC）を作る Let's call it a draw.［口語］ （引き分けということにしよう）

● 「～に…をVする」はいつも授与動詞ではない！

　日本語で「～に…をVする」という意味の動詞は必ずしも第4文型を取る授与動詞とは限りません。例えば、introduceやconfessはSVOO構文を取りません。

　　(d-1)　○Let us introduce Professor Jones to all of you.
　　　　　　（皆様方に ジョーンズ教授を ご紹介します）
　　(d-2)　◎Let us introduce to all of you Professor Jones.
　　(d-3)　×Let us introduce you Professor Jones.

　(d-2)文が最もよいのは、紹介したい人が新情報の位置（＝文の最後のほう）にきているからです。情報的に重要なものは文の最後のほうにこなければなりません（→p.381）。そして、第3文型の文なので、toが必要なのです。

　　(e-1)　◎He confessed to me that he had broken the vase.
　　　　　　（彼は、私に その花瓶を割ったことを 白状した）
　　(e-2)　×He confessed me that he had broken the vase.

ひとことメモ —————————————————————— memo

> makeは全ての文型をカバーする動詞

第1文型の例：

Don't be lazy; that won't make for your success.
(怠けるなよ。怠けていたら成功は無理だよ)

第2文型の例：

The newly employed manager will make an excellent boss.
(新規に採用された部長は素晴らしい上司になるだろう)

第3文型の例：

The inventor of the system made a fast reputation.
(そのシステムの発明者は瞬く間に名声を得た)

第4文型の例：

I think you had better make them a proposal of peace.
(君は、彼らに和解を申し出たほうがいいと思うよ)

第5文型の例：

I managed to make myself understood in English there.
(そこでは何とか英語で意思疎通ができた)

※注：第2文型の例は、元来第3文型であったと考えられる。

攻略1. 状態動詞と動作動詞

● 状態動詞と動作動詞の違いの法則
 状態動詞は進行形にできず、動作動詞は進行形にできる。

(1) business is on... → 不安定 business is on... being

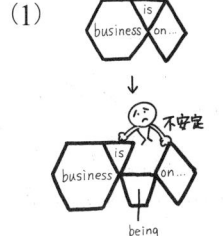

(2) I am pushed being ...

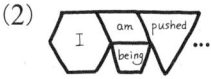

(3) He is looking ...

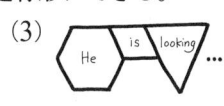

（注）"being"はVに向かって進行中のイメージをもつので、Vの先が取れた形で表す。

(1) Business is on an upward trend.（業績が**上向き**になっている）
(2) I'm afraid I'm being **pushed to the limit as it is**.
 （残念ながら、今のところ私の能力では**手いっぱい**です）
(3) He's **looking at the present situation through rose-colored glasses**.（彼は**現状認識が甘い**ね）

....

● (1) 状態動詞は一般的状態を表すときは進行形にできない。
● (2) 一時的状態を表す場合は、be動詞は進行形にできる。
 → We are being **flooded with** inquiries.
 （目下、問い合わせ**が殺到**している）
● (3) 一般動詞は進行中の動作を表すときは進行形を用いる。動詞によっては進行形を持つ場合と持たない場合がある。
 → She has a mansion **in this vicinity**.
 ［所有の意味では進行形不可］
 （彼女は**このあたりに**大邸宅を所有している）
 We're having troubles with too many company-imposed restrictions on this job.　［経験の意味では進行形が可能］
 （この仕事に関しては社内の制約が多すぎて困っている）

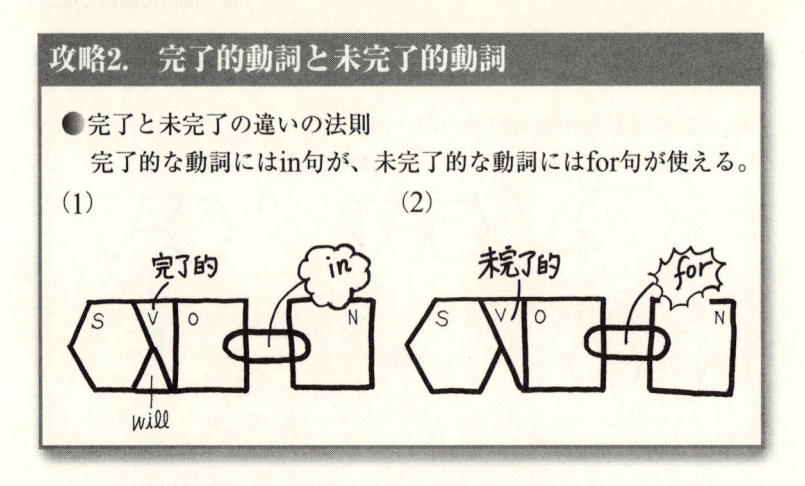

攻略2. 完了的動詞と未完了的動詞

●完了と未完了の違いの法則
　完了的な動詞にはin句が、未完了的な動詞にはfor句が使える。

(1)　　　　　　　　　　　(2)

[完了的／未完了的の図: S V O + in N / S V O + for N、willの注記]

(1) The whole industry will **reach a plateau** in a few years.
　　(この業界全体が数年のうちに**頭打ちの状態になる**だろう)
(2) I drove my car for the whole 10 hours yesterday.
　　(私は昨日、丸10時間車を運転した)

●(1)　reachは完了的瞬間動詞で、inが使える。
●(2)　driveは未完了的な動詞で、forが使える。for the whole 10 hoursの代わりにfor ten whole hoursも使える。

第1章　動詞に関わる構文

攻略3.　5文型に使われる動詞

(1) 第1文型　完全自動詞を用いる
SV

(2) 第2文型　不完全自動詞を用いる
SVC

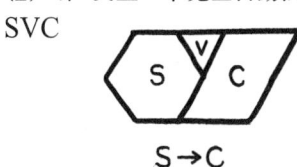

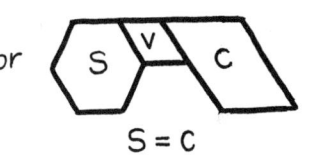

S→C　　　　　or　　　　S＝C

(3) 第3文型　完全他動詞を用いる
SVO

(4) 第4文型　完全他動詞を用いる
SVOO

I.O.＝Indirect Object
　　（間接目的語）
D.O.＝Direct Object
　　（直接目的語）

(5) 第5文型　不完全他動詞を用いる
SVOC

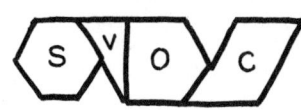

(1) I'm sure his **gig** goes well this coming Saturday.
　　（今度の土曜日の彼の**コンサート**、きっとうまくいくよ）
(2) Things are becoming far too **laid-back** these days.
　　（最近かなり、**たるんで**きているね）
(3) The president took his retirement **with good grace**.
　　（その社長は**潔く**引退した）
(4) Don't worry; I'll give you a lift to town if you need one.
　　（心配するな、もし必要なら車で町まで送るよ）
(5) So many **odds and ends** to do in my office keep me busy.
　　（会社で**雑務**が多すぎて常に多忙です）

● (3)「定年前に引退する」はtake early retirementと表現できる。
● (4) 第4文型のイディオムは、第3文型に書き換えられない。
　→×I'll give a lift to you.（車に乗せてあげるよ）
　※a liftに「元気のもと」という意味の口語表現がある。
　→The get-well card **gave** her **a lift** as she read it in her hospital bed.
　　（お見舞い状を病院のベッドで読んで、彼女は**元気が出た**）
● (5) odds and endsは「がらくた」の意味。oddsは口語で「可能性」の意味があるので注意を要する。
　→The odds are that he will come soon.
　　（多分、彼はすぐに来るだろう）
　[=It is likely that he will come soon.]
　The odds are two to one that they will win the game.
　　（彼らが勝つ見込みは2対1だ）

2. 他動詞の力

●日本語と英語の他動詞の違い

次の日本語を英語に訳してみましょう。

(a) 宿題をしたけれど、できなかった。

(b) ジョンに来るように説得したが、彼は来なかった。

この日本語に対して (a-1)、(b-1) のような英訳をしてしまいがちですね。

(a-1) ×I did my homework but I couldn't.

(b-1) ×I persuaded John to come but he didn't come.

しかし、この英訳はあまりよくありません。これは次のような傾向によるからです（以下の「他動詞の力」は、終章 [→p.385] で簡潔に説明しています）。

> **英語の「他動詞の力」（＝目的語に対する影響力）の傾向**
> 英語は、日本語よりも他動詞の目的語に対する影響力が大きい。

英語では、目的語に対する影響が大きいので、他動詞が過去形で使用されると、目的語が表している名詞に対し、その行為が達成されたという意味が出ます。

つまり、did one's homeworkと言った瞬間に「宿題は達成された」ことを意味し、persuaded John to comeと言えば、「ジョンを完全に説得できた、つまり、その結果彼は来た」ということを意味してしまうのです。

したがって、(a)、(b) の日本語訳のニュアンスを含む英訳は、それぞれ、(a-2)、(b-2) のようになります。

(a-2) I almost finished my homework but I couldn't do it completely.

(b-2) I tried to persuade John to come but he didn't come.

つまり、almostを用いて中途半端であることを示したり、try to do ...の構文にして挑戦を匂わせたりするのです。almostとtry to do ...は行為の未完結を表す代表的な方法です。

一方、日本語では「……した」といっても「実際には……していない」という妙なケースがありますよ。次の (c) や (d) の言い方は比較的容認されますね。

 (c) 混ぜたけれど混じらなかった。
 (d) 沸かしたけれど沸かなかった。

これらを英語にして、(c-1) (d-1) のようにはできません。

 (c-1) ×I mixed them but they didn't mix.
 (d-1) ×I boiled them but they didn't boil.

●look at ...とseeの本当の違い

では、次の表現はどうでしょうか。

 (e)「あれ見て」「どこ？」「山のほう、UFOが飛んでいるでしょ」
  「見えた？」「見たけど見えなかったよ」

(e) の会話は自然ですね。この会話を英訳してみましょう。

 (e-1) "Look at that." "Where?" "The mountain over there. You see a UFO flying." "Did you see that?" "I looked but I couldn't see it."

「見たけど見えなかった」の部分、すなわち、"I looked but I could not see it."という表現は「他動性の偉大さ」を教えてくれます。

lookは自動詞ですね。look at ...の形で使うからです。look at somethingという表現は「at以下に目をやる」というのが基本語義です。だから見えないこともあります。

lookは他動詞でないから、somethingに影響を与えることはできません。したがってsomethingが見られるとは限らないのです。これはat以下が省略されていてもいえることです。次の (f) の英訳は (f-1) です。

(f) 見回してみたが、何も見えなかった。
(f-1) I looked around but I couldn't see anything.

ところが、seeは他動詞ですね。だから、目的語に「他動詞の力」が働き、その目的語はしっかり見られてしまいます。だから日本語では「見える」に相当するのです。

「見たけれど見えない」という表現は、英語でも存在したというわけですね。

なるほどコラム No.1 ──────── Column

(spray paint on the wallとspray the wall with paintの違いは何？)

sprayという他動詞は、目的語が2種類取れますが、ニュアンスが異なります。

他動性の視点から、このニュアンスの違いが説明できます。まず、paintが目的語の場合は、sprayの力がpaintに及び、wallには及びません。これは、ペンキを使い果たす可能性があっても、壁一面にペンキを吹きつけたことを意味するわけではないことを暗示します。

一方、the wallが目的語の場合は、the wallにsprayの力が及び、paintには及ばないので、ペンキを使い果たすとは限らないものの、壁一面にペンキを吹きつけたことを意味します。

攻略4.「自動詞＋前置詞〜」と「他動詞＋O」の構文の比較

● 「他動詞の力」の法則　その1
前置詞を用いると意味が間接的になる。

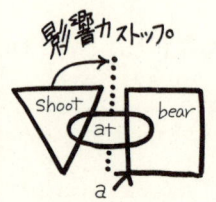

影響力ストップ。　　　クマは狙ったが弾が当たったとは限らない

影響力!!　　　クマに弾が当たった!!

(1) I haven't heard her play the violin but I just hear of her musical talent.
（私は彼女がバイオリンを弾くのを直接聞いたことはないが、彼女の音楽的才能は噂で聞いて知っている）

(2) I just showed a picture of my boyfriend to my father but he didn't even look at it.
（私は彼氏の写真をお父さんに見せたが、見向きもしてくれなかった）

● (1) hearは直接に聞くことだが、hear of...は間接に聞くことを示す。ofを介在させた場合は、hearの力がofでブロックされmusical talentに及ばない。なお、hear about...も詳しく状況を聞くことであって、間接的であることには変わりない。

● (2) to my fatherは、「父の方向に」という意味が出る。やはりtoに邪魔されて、showの力が「父」まで及ばない。したがって「父」に影響を与えることはできなくなり、「父は写真に振り向くことすらしなかった」という可能性も示すことになる。

※I showed my father a picture of my boyfriend.というSVOO構文にすると、目的語を阻む前置詞がなくなるので「父は写真を見た」という感じになる。

第1章 動詞に関わる構文

攻略5.「動詞＋不定詞句」と「動詞＋that節」の構文の比較

● 「他動詞の力」の法則　その2
不定詞を用いると意味が客観的になる。that節を用いると、もっと客観的になる。

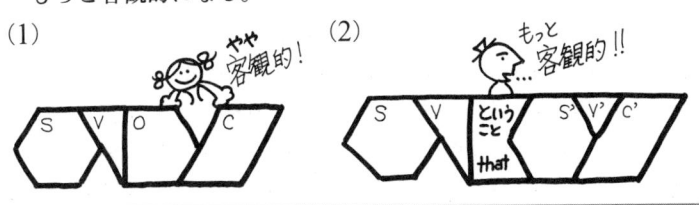

(1) I found the armchair to be comfortable.
　（その肘掛け椅子は気持ちいいのが分かった）
(2) I found that the armchair is comfortable.
　（その肘掛け椅子が気持ちのよいものであることを発見した）

●(1) to beを介在させない次の文が可能だが、この場合は意味が主観的になり、実際に椅子に座って感想を述べているような場合に用いられる。
　→ I found the armchair comfortable.
　　（この肘掛け椅子、気持ちいいね）
※(1)の表現は、後から思い出して述べたコメントで、これに対し、(2)の表現は実験などの客観データを通して結論づけた陳述のように響く。

なるほどコラム No.2 ─────────────────── Column

(that節のthatの省略の意味は何？)

次の2つの文は意味が同じとされていますが、ニュアンスが微妙に異なります。
(a) The weatherman says it is going to rain.
(b) The weatherman says that it is going to rain.

thatの省略節［＝(a)］は新情報で、thatを省略しない節［＝(b)］は旧情報であるという考え方があります（新情報と旧情報についてはp.381にまとめています）。確かに、thatという接続詞とthat（あの）という指示形容詞が同語源なので、thatが旧情報を担っていると考えてよいですね。

つまり、文と名詞句において、次のような関係があるのです。

	旧情報	新情報
名詞句	定冠詞 例→ the apple	不定冠詞 例→ an apple
文	that節 例→ that it is going to rain	φ節 例→ it is going to rain

注：φ節とはthatを省略した節のこと。

(b)文が旧情報を担っているとは、どういうことでしょう。これは、例えば話者と聞き手の間で明日の天気の話題（「明日は雨かな？」など）がすでに出ている状況で、天気予報を聞いた話者が聞き手に述べる文が (b) であるということなのです。

これに対して、そのような文脈なしで、天気予報の結果を述べるのが (a) 文ということになります。

「他動詞の力」の視点でいうと、sayの影響を強く受けるのが、thatが介在しないφ節ということになり、こちらの節のほうがインパクトが強くなります。だから聞き手に影響を与えるもの、すなわち、新情報となるわけです。

3. 動詞と時制

●動詞は時制と関わりが深く、名詞は時制を超越する

　動詞は物や事や人のさまざまな状態や動作を意味します。「物」や「事」や「人」そのものを表す名詞と違い、状態や動作は時と共に変化します。だから、動詞は必然的に時を表す必要があるのです。

　つまり動詞は形が変化し、現在や過去や未来という3つの時間（＝時制）を表すのです。一方名詞は、たとえ動詞から派生したものであっても、時制には関係ありません。

　　(a) the destruction of the town（その町の破壊）

　例えば、(a) のような名詞表現は、実際にその町の破壊があったのか、現在の状況なのか、未来に破壊されるのかについては、何も語っていません。動詞との組み合わせで、ようやく判断できるのです。

　　(b) The destruction of the town made them sad.
　　　　（その町の破壊は彼らを悲しませた）
　　(c) The destruction of the town will make them sad.
　　　　（その町の破壊は彼らを悲しませるだろう）

　(b) のように過去形の文であれば、町の破壊は実際に起こった感じがし、(c) のように未来の文であれば、町の破壊はこれから起こる可能性を暗示しますね。

　ただし、(c) における the destruction of the town はもちろん、すでに起こっている場合でも使えます。そのことを彼らが知ったら彼らは悲しむだろうというニュアンスをも (c) 文は持っています。

　とにかく名詞は時制を超越しています。

●英語の主語は手段や原因、述語は目的や結果を表す

　ところで、次の文を観察しましょう。

　　(d) The medicine made him feel better.
　　　　（その薬を飲んだので、彼は気分がよくなった）

(e) The medicine will make him feel better.
　　(その薬を飲めば、彼は気分がよくなるでしょう)

　同じ内容の文でも、時制が異なると意味の展開が異なってきます。過去形の (d) 文は、主語が原因を表し、述語が結果を表しています。一方、未来の文は、主語が手段を表し、述語は目的を表しているといえるでしょう。

　面白いことに、(e) 文は「その薬を飲んだので、彼は気分がよくなるでしょう」という意味も表すことができます。一方、(d) 文は「その薬を (これから) 飲めば、気分がよくなった」という意味は表せません。日本語の訳も変ですね。

　これは、未来の文の中に過去のこと (＝例えば「薬を飲んだこと」) を含めることはできますが、過去の文の中に未来のこと (＝例えば「これから薬を飲むこと」) を含むことはできないからです。

　つまり未来の文というのは、過去のことも未来のことも含むことができるという点で、基本的に曖昧なんですよ。しかし、未来の文における代表的な意味は「手段→目的」に違いはありません。

　そして、現在形の文は、一般論を表します。だから目的語が一般の人になります。これは「手段→目的」の意味といえるでしょう。

(f) The medicine makes people feel better.
　　(その薬を飲めば、人は気分がよくなっています)

まとめておきましょう。

	主語	述語
過去の文	原因 (…だから)	結果 (…になった)
現在の文	手段 (…すれば)	目的 (…になる[ものです])
未来の文	手段 (…すれば)	目的 (…になるでしょう)
	原因 (…だから)	結果 (…になるでしょう)

●時制と相と態の組み合わせ

　ある事象が時間の視点からどのような様相を呈しているかは、「相」という概念です。「相」は、ある行為が完了しているのか、未完了なのかという「完了相」という視点と、その行為が進行中なのか、そうでないのかという「進行相」という視点の2種類が代表的です。

　さらに、主語と動詞の関わりを「主語が動詞の行為者であるか、主語が動詞の行為を受けるものであるか」の視点で捉えるのが、「態」という概念です。主語が動詞の行為者であるような文を能動態、主語が動詞の行為を受けるものであるような文を受動態と呼びます。

　動詞の形には、3つの時制に、それぞれ完了相と進行相、そして能動態と受動態が絡まっています。簡単に表にまとめましょう。

　時制には単純時制として、どの相にも関わらない単純形があります。また、下記の単純形と完了相と進行相は全て能動態の形です。さらに、受動態の部分は、受動態の単純形です。

　なお、各形の最初はbe動詞の変化、真ん中の行はhave動詞の変化、そして、最後の行は一般動詞の変化を表しています。一般動詞のV-edは過去分詞、V-ingは現在分詞を表しています。

　通常be動詞の受身形はありえないので、表の中では×印をつけています。

　一方、be動詞の進行相はありえます。次の違いを味わってください。

　(g-1)　He is careful.（彼は注意深い［性格だ］）
　(g-2)　He is being careful.（彼は注意深くしている）
　進行相は「一時性」を表すのです。

	現在	過去	未来
単純形	am/are/is	was/were	will be
	have/has	had	will have
	V	V-ed	will V
完了相	have/has been	had been	will have been
	have/has had	had had	will have had
	have/has V-ed	had V-ed	will have V-ed
進行相	am/are/is being	was/were being	will be being
	am/are/is having	was/were having	will be having
	am/are/is V-ing	was/were V-ed	will be V-ing
受動態	×am/are/is been	×was/were been	×will be been
	am/are/is had	was/were had	will be had
	am/are/is V-ed	was/were V-ed	will be V-ed

実際には、上記の他に、完了相と進行相が重なった形、例えば未来完了進行形(will have been V-ing)や進行相と受動態が重なった形、例えば現在進行受身形(is being V-ed)、さらに、完了相と受動態が重なった形、例えば過去完了受身形(had been V-ed)があります。

動詞の形の最も複雑な形は、完了相、進行相、受動態が全て重なったような、例えば「未来完了進行受身形」が存在します。

(h-1) He will have been working for 10 years next year.
[未来完了進行](彼は来年ですでに10年間働いたことになる)

(h-2) The baby is being taken care of in the **day nursery**.
[現在進行受身](赤ん坊は**保育所**で世話されているところだ)

(h-3) She had been taken in by the **wicked loan shark**.
[過去完了受身](彼女はそのとき**闇金融**にだまされていた)

(h-4) The consulate will have been being built around this time next year.
[未来完了進行受身](領事館は来年の今ごろは建設中となっていることでしょう)

第1章 動詞に関わる構文

2 準動詞を理解する

準動詞（verbal）には、不定詞、動名詞、分詞の3種類があり、文の要素や修飾句として機能します。その用法の違いを学びましょう。

1. 準動詞の種類

●準動詞を分類する2つの方法

準動詞は、不定詞・動名詞・分詞の3種類があり、分詞は現在分詞と過去分詞に分かれます。動名詞と現在分詞は同じingの形です。

ここで、次の英文を観察しましょう。

(a-1) Flying planes is surprising people.

(a-2) Flying planes are surprising people.

(a-1) において、flying planesは「飛行機を飛ばすこと」の意味で、flyingは動名詞、planesはflyingの目的語です。動詞が単数だから、そのように判断できるのです。

一方、(a-2) において、flying planesは「飛んでいる飛行機」の意味になり、flyingは現在分詞でplanesを修飾しています。動詞が複数だから、主語の中心語はplanesであると考えられるのです。

(a-1) の意味は、「飛行機を飛ばすことは人を驚かせることである」（この場合はsurprisingは動名詞）と「飛行機を飛ばすことが人を驚かせている」（surprisingは現在分詞）の2つの意味が可能です。

一方、(a-2) の意味は、「飛んでいる飛行機が人を驚かせている」（surprisingは現在分詞）の意味となり、曖昧ではありません。

さて、準動詞は、形からto形とing形とed形という3つに分類することもできます。ed形は過去分詞を代表しています。ing形は動名詞

と現在分詞に分かれます。ing形の名詞用法が動名詞で、形容詞用法や副詞用法で用いられるものが現在分詞といえます。

不定詞		to do形
動名詞		ing形
分詞	現在分詞	
	過去分詞	ed形

●準動詞の機能一覧表

準動詞は、文に間接的に関わる名詞的用法と形容詞的用法と副詞的用法の3種類があります。また、文に動詞句の一部として関わる動詞的用法も存在します。

動詞的用法とは、例えば不定詞の原形不定詞としての用法や現在分詞の進行形としての用法、また、過去分詞の受動態や完了形としての用法があります。

それぞれの意味と形を表にしてまとめてみましょう。(v＝助動詞)

	to do 形	ing 形	ed 形
名詞的用法	to do ... …すること	doing ... …すること[=動名詞]	なし
形容詞的用法	X to do ... …するためのX	X doing ... …しているX [=分詞形容詞]	X done ... …されたX [=分詞形容詞]
副詞的用法	V〜to do ... …するためにV〜する	Doing ..., SV〜 …してSはV〜する [=分詞構文]	Done ..., SV〜 …されてSはV〜する
動詞的用法	v +do ... …することがvである	be+doing ... …している[=進行形]	1. be+done ... …される[=受動態] 2. have+done ... …してしまう[=完了形]

第1章 動詞に関わる構文

攻略6. 準動詞の意味上の主語

●意味上の主語の表し方
(1) 不定詞の場合→ for X to do... (Xが…すること)
(2) 動名詞の場合→ X ('s) doing... (Xが…すること)
(3) 分詞の場合→ X doing...(Xが…しながら/したのでetc.)

（toとVの間に副詞が入るのを許される）

（意味上の主語はN'sとなりうるが、これは形容詞的なので五角形）

※過去分詞に意味上の主語はつきにくい。

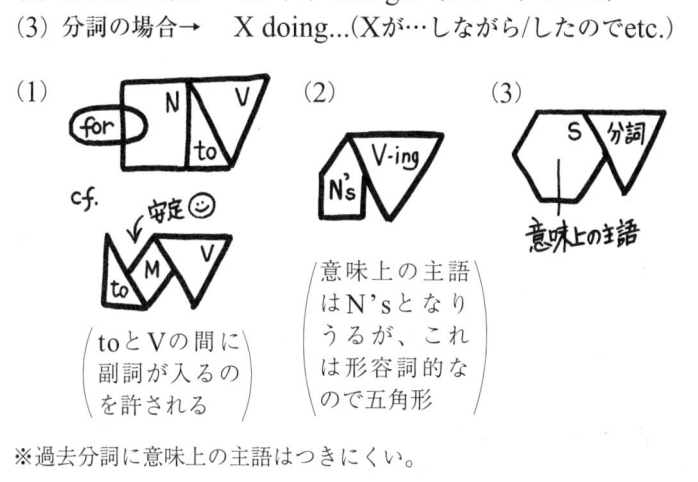

(1) For people of the working class to own a car was **something undreamt-of** before the war.
（労働者階級が車を所有するなんて、戦前は**考えられなかった**）

(2) Their escaping from reality doesn't lead to any **lasting solution to** their problem.
（彼らが現実から逃避することは、彼らが抱える問題**の根本解決**にならない）

(3) It being very fine, we all **went mushrooming in** the forest.
（大変晴れていたので、我々は皆、森へきのこ狩りに行った）

- (1) 意味上の主語がthereの場合もありうる。
    - → It is impossible for there to be any animal on the moon.
    (月に動物がいるなんてことはありえない)
- (2) escape Aは「Aを免れる」、escape from Aは「Aから逃げる」の意味になる。
    - → escape prison (入獄を免れる) / escape from prison (脱獄する)
- (3) go ... ingは一般に「楽しいこと」を表す。
    - → go fishing (釣りに行く)
    go shopping (ショッピングに行く)
    go picnicking (ピクニックに行く)
    go strawberrying (イチゴ狩りに行く)
    go firewood gathering (柴刈りに行く)
    go apartment hunting (アパート探しに行く)
    go to school (勉強に行く) [勉強はつらいもの]
    go to work (仕事に行く) [仕事は楽しみではないことが多い]

※go ... ingの後の前置詞はtoではない。
    → go fishing in the river (川で釣りをする)

第1章　動詞に関わる構文

攻略7.　準動詞の完了形

●完了形の表し方
(1) 不定詞→ to have done... (…したこと)
(2) 動名詞→ having done... (…したこと)
(3) 分詞→　 having done... (…したので、…したときetc.)

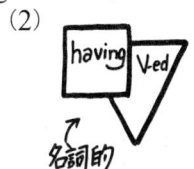

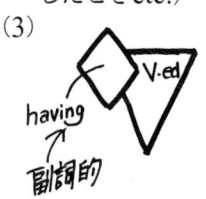

(1) The goods are said to have **cost a fortune**.
（その商品は**大変高**かったといわれている）
(2) Thank you for having invited me to the party.
（私をパーティに招待してくれてありがとう）
(3) Having lost all my money, I had to give up my plan.
（全てのお金を失ったので、その計画をあきらめなければならなかった）

● (1) S is said to V...の構文は、It is said that S V...に書き換えられる。→ It is said that the goods cost a fortune.

ひとことメモ ─────────────────── memo

（costの語法）

This hat cost me $10.（この帽子は10ドルした）
×This hat cost $10 to me. / ×This hat cost $10 for me.
Its price is too high.（その値段は高すぎる）
[=○It costs too much. / ×Its price costs too much.]

攻略8. 準動詞の否定形

● 否定形の表し方
(1) 不定詞→ not to do... (…しないこと)
(2) 動名詞→ not doing... (…しないこと)
(3) 分詞→　 not doing... (…しないので、…しないときetc.)

(注) notをVの直前に入れると不安定。これは to not V が容認されにくいことを表している。

(1) I am sorry not to have answered your letter sooner.
（お手紙にすぐにお返事できなかったことをお詫びします）

(2) He is **the one to blame for** not following up in his area of responsibility.
（自分の担当分野において、さらに調べることをしなかったのが、彼の**不行き届き**である）

(3) Not knowing which way to go, I went further **by guess-work**.
（どっちの道を行けばよいのか分からなくて、**勘に頼った**）

第1章　動詞に関わる構文

●(1) I'm sorry...の意味は4つある。
　(a) すまないと思っている
　(b) 残念に思っている
　(c) 後悔している
　(d) 気の毒に思っている
　(a)(c)(d) は to do...、for doing...、that S+V...の形が続く。(b)はto do...、that S+V...の形が続く。また、(a)と(b)は、Sorry...で始めることができる。さらに、(b)の意味を和らげるとI'm afraidになるが、I'm sorry.は文の語尾にこない。
　→ ○ He objected, I'm afraid.（残念ながら彼は反対した）
　　× He objected, I'm sorry. / ○I'm sorry he objected.

2. 不定詞と動名詞

●**不定詞は未来志向、動名詞は過去志向**

不定詞は、その形to do...から未来志向であるのが分かります。toは「…へ」という意味を持つ前置詞で、このtoと動詞が結びついて、to Vとなったとき、「Vの方向へ」の意味が生まれたと予想できるからです。

だから、形容詞的用法の「…するための」という意味や副詞的用法の「…するために」という意味は、未来のことを示していますね。

名詞的用法であっても、未来志向ですよ。

　　(a) To go abroad for study is fun. (留学は楽しいよ)
　　(b) Going abroad for study is fun. (留学は楽しいよ)

(a)文と(b)文のニュアンスは若干違います。(a)文はこれから留学をする人に向かって言っている感じがし、(b)文は留学を体験した人が感想を述べている感じです。だから「留学は楽しかった」のように過去形の文では、Going abroad for study was fun.のほうが自然です。

　　(c) I like to smoke. (今タバコを吸いたいな)
　　(d) I like smoking. (タバコを吸うのが好きだ)

(c)文はこれからタバコを吸いたいという未来志向型の文ですが、(d)文は過去からの習性を述べているに過ぎません。

以上のことから、不定詞は未来志向、動名詞は過去志向といえるでしょう。この対照的な志向性は、次の句において如実に表れます。

　　(e) remember to mail the letter
　　　　(その手紙を忘れず投函する)
　　(f) remember mailing the letter
　　　　(その手紙を投函したことを覚えている)

●**不定詞はプラス思考、動名詞はマイナス思考**

未来志向の不定詞は、「これから…しよう」という積極的なイメージのプラス思考の動詞の目的語となることが多く、一方、過去志向の動

第1章 動詞に関わる構文

名詞は、過去のことを繰り返したくないような消極的なイメージのあるマイナス思考型の動詞の目的語となる傾向が強いといえるでしょう。

具体的な動詞の例を挙げてまとめてみましょう。

不定詞を目的語に取る動詞	動名詞を目的語に取る動詞
[希望系]	[終止系]
want to do ... / wish to do ...	stop doing ... / quit doing ...
hope to do ... / long to do ...	finish doing ...
seek to do ... / care to do ...	complete doing ...
desire to do ... / expect to do ...	[回避系]
[意図系]	avoid doing ...
aim to do ... [=aim at doing ...]	escape doing ...（…を免れる）
intend to do ... / mean to do ...	miss doing ...（…をしそこなう）
decide to do ...	give up doing ...
determine to do ...	[嫌悪系]
resolve to do ...	mind doing ...
swear to do ... [=vow to do ...]	dislike doing ... / detest doing ...
[計画系]	abominate doing ...
plan to do ... / propose to do ...	[抵抗系]
[努力系]	resist doing ...
manage to do ... / labor to do ...	resent doing ...（…に腹が立つ）
strive to do ... / attempt to do ...	[否定系]
endeavor to do ...	deny doing ...（…でないという）
[約束系]	[禁止系]
promise to do ... / engage to do ...	forbid doing ...
[提供系]	[延期系]
offer to do ... / proffer to do ...	postpone doing ...
[同意系]	delay doing ... / defer doing ...
assent to do ... / consent to do ...	put off doing ...

注1：「これから~するのを拒否する」という意味の動詞も不定詞を取る。
  → decline to do ...（…を断る）、refuse to do ...（…を拒絶する）

注2：「これから~するのを残念に思う」という意味のhateは不定詞を取る。
  → I hate to say this, but the firm will go bankrupt before long.
  （こんなことを申し上げるのは気が引けますが、会社は近いうちに倒産しますよ）

注3：これまでの事実や現在の状況に対して何らかの働きかけを行う意味を持つ動詞には、動名詞を用いる傾向がある。
  → (1)　enjoy doing ...　（…を楽しむ）
　　(2)　admit doing ...　（…をしぶしぶ認める）
　　(3)　excuse doing ...　（…したことに対して大目に見る）
　　(4)　consider doing ...　（…することをよく考える）
　　(5)　resume doing ...　（…することを再開する）
　　(6)　mention having done ...（…したと述べる）

注4：未来に関わることであるが、動名詞を用いる要注意動詞3つ。
　　(1)　suggest doing ...　（…することを提案する）
　　(2)　anticipate doing ...　（…するのを楽しみに待つ）
　　(3)　appreciate your doing ...　（…していただければ光栄である）

　上記の動詞は過去からずっと努力してきたことを暗示したり、現在の気持ちを表したりする意味で動名詞が用いられるものと判断できる。

注5：demand to do ...とclaim to do ...の違い
　　(1)　He demanded to know the truth.
　　　　（彼は本当のことを知りたいと強く要求した）
　　(2)　He claimed to know the truth.
　　　　（彼は本当のことを知っていると強く主張した）

攻略9. 不定詞の特別用法その1「疑問詞＋不定詞」構文

● ＜疑問詞＋不定詞＞
(1) (2)

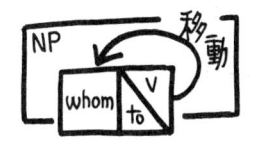

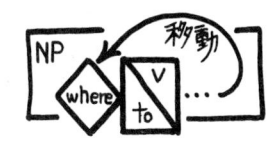

※why to do...の構文は次のような並列用法を除き不可。
I will show you how and why to relocate our office.
(どのように、そしてなぜ事務所の移転が必要なのかを示します)

(1) As for whom to choose for the task, **I was right on the nose**.
（その仕事の担当者選びに関しては、**私の目に狂いはなかった**）

(2) It's okay to get friendly with them, but I **know where to draw the line**.
（先方と親しくなることもいいのですが、**一線は画していますよ**）

●(1) ＜疑問詞＋不定詞＞に似た＜関係詞＋不定詞＞の構造がある。しかし、＜関係詞＋不定詞＞の構造は、その前に「先行詞＋前置詞」を伴う（→p.191）。
→ I know who to go. ［疑問詞＋不定詞］
（私は誰が行くべきかを知っている）
I know the man with whom to go. ［関係詞＋不定詞］
（私は一緒に行く人を知っている）

攻略10. 不定詞の特別用法その2「be＋不定詞」の構文

●＜be＋不定詞＞

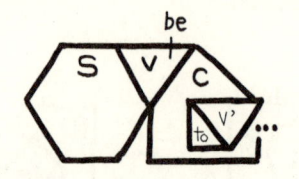

（形容詞を表す五角形内に不定詞句がある）

※この構文は、be＋「to不定詞の形容詞用法」と捉えることができる。

(1) What amount is to be paid this time?
（今回はいくらをお支払いすることになっていますか）

(2) You are to **be swamped by** the volume of work unless you take steps to improve administration.
（運営面を改善する措置をとらないと、仕事に**忙殺され**ますよ）

●(1) be to do...の6つの意味（次ページひとことメモ参照）のうち、「予定」を表す。

次の構造の違いに注意。

→ (a) The important man is to pay attention to the matter.
（その重要人物は、その件に注目することになるだろう）

(b) The important thing is to pay attention to the matter.
（重要なことは、その件に注目することである）

※(a)は be to do ...の構文（to do... は不定詞の形容詞用法で補語になっている）で、(b)のto do... は不定詞の名詞用法で補語になっている。

●(2) be to do ...の6つの意味のうち、「運命」を表す。

ひとことメモ — memo

第1章 動詞に関わる構文

(be to do ...の構文の意味)

(a) 予定

The **happy couple** are to spend their honeymoon in Cairo.
(**新婚夫婦**はカイロで新婚旅行をする予定だ)

(b) 義務

This exit is not to be used except in case of emergency.
(この出口は、緊急の場合以外は使用禁止である)

(c) 運命　[be動詞は過去形で用いられる]

He was never to see his family again.
(彼は家族と再会することはなかった)

(d) 可能　[受身の不定詞が用いられる]

The poor old woman is not to be comforted.
(そのかわいそうな老婦人を慰めることはできない)

(e) 意志　[if節内で用いられる]

If we are to get there by noon, we had better hurry.
(もし正午までにそこに着きたいのなら、急いだほうがよい)

(f) 目的　[This ... is to do ...の形が多い]

This is to certify that **the above named** has served in this company for 30 years.
(**上記の者**は当社に30年勤続したことを証明します)

攻略11. 不定詞の特別用法その3「seem系動詞+不定詞」の構文

● ＜seem系動詞+不定詞＞

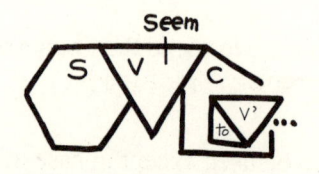

(1) The final decision seems to depend on our likes and dislikes.
（最終的には好き嫌いで判断するしかないでしょうね）

(2) He seems to have lost his **get-up-and-go** because he was bawled out by his boss.
（上司に怒られたので、彼は**やる気**がなくなってしまったみたいだ）

● (1) 他に使える例
→ Opinions seem to be divided between the two sides.
（両者で意見が真っ二つに分かれているようですね）

● (2) seem to have p.p.～は「～したようである」、seemed to do ～は「～するようだった」である。意味の違いに注意。
→ (a) She seems to have been happy.（彼女は幸せだったようです）

(b) She seemed to be happy.（彼女は幸せそうだった）

※(a)が彼女の過去のことを回想して、話者が現在思うことを述べているのに対し、(b)は彼女のある過去の状況を、話者がそのときどう思ったかを述べている。

攻略12. ＜SVO＋不定詞＞構文その1「O＝不定詞句」の用法

● ＜O＝不定詞〜＞の用法

(1) I would like you to give an **off-the-cuff** briefing to our clients.
（あなたに、**ぶっつけ本番で**顧客に説明をしてもらいたいのですが）

(2) The doctor advised him to take a few days' **complete rest**.
（医者は彼に、数日間の**安静**を勧めた）

● (1) like、love、hate、prefer、want、wishは＜SVO＋to do ...＞のVになるが、受身は不可能である。
　→ ×You would be liked to give an off-the-cuff briefing to our clients.

● (2) この構文は、受身が可能。
　→ ○He was advised to take a few days' complete rest.
　※受身にできる＜SVO＋to do...＞構文は3種類に分かれる。表で、その特徴と具体例を次のページに示す。

tell系	不定詞をthat節で置き換え可能である。 つまり＜ＳＶＯ＋that節 ...＞の構文を作る。
	tell、teach、advise、warn、persuade、remindなど
	例：We persuaded her to go on a picnic with us. 　　We persuaded her that she go on a picnic with us. 　　（彼女を説得して一緒にピクニックに行かせた） 注：that節内のgoはshould goの省略。
ask系	不定詞をthat節で置き換えるとＯがなくなる。 つまり＜ＳＶ＋that節 ...＞の構文を作る。
	ask、beg、command、direct、order、recommend、request、require、urge、expect
	例：I asked him to pay his rent in advance. 　　I asked that he （should） pay his rent in advance. 　　（私は彼に、家賃を前払いするように頼んだ） 注：ask〜urgeまでの動詞は、＜ＳＶＯ＋to do ...＞と＜ＳＶ that節 ...＞で意味が微妙に異なる。不定詞の構文は、直接Ｏに対して働きかけたことを意味するが、that節の構文では、それ以外に間接的に働きかけた意味を持つ。この例ではthat he ...の文では、「第三者にお願いして、支払うように頼んだ」という解釈も可能。
allow系	許可・強制などの意味が多く、「Ｏが〜するように仕向ける」の意味を持つ。不定詞をthat節で置き換え不可。
	allow、cause、challenge、compel、drive、enable、encourage、forbid、force、invite、lead、leave、oblige、permit、tempt
	例：She invited me to stay for lunch. 　　（彼女は私に、昼食を食べていくように言ってくれた） 注：causeは受動態を作れない。

攻略13. ＜SVO＋不定詞＞の構文その2「S＝不定詞句」の用法

● ＜S＝不定詞～＞の用法

(1) My **hubby** promised me to buy a diamond ring for me on our wedding anniversary.
(私の**夫**は、結婚記念日にダイヤの指輪を買ってくれると約束した)

(2) The man vowed to his wife not to **two-time** her again.
(その男は彼の妻に対して、**浮気**は二度としないと誓った)

● (1) to不定詞の意味上の主語は、文の主語である点に注意。この構文は、通例受動態は不可能である。
  →×I was promised by my hubby to buy a diamond ring ...
  ※不定詞句の代わりにthat節を用いることができ、目的語を省略することもできる。
  →○My hubby promised (me) that he would buy a diamond ring ...
  ○My hubby promised to buy a diamond ring ...
● (2) two-timeは「～を裏切る」という意味の口語表現。

攻略14. ＜SVO＋不定詞＞の構文その3「不定詞がto be ...」の用法

● ＜V＋O＋to be ...＞の構文

(注)〈S→C〉の関係（→p. ）のbe動詞が生じた場合は、より安定したto be省略型が好まれる。

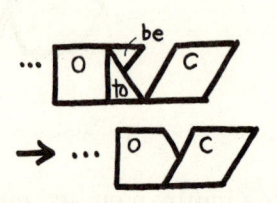

(1) They consider her to be a good **insurance canvasser**.
（彼らは彼女を、善良な**保険外交員**とみなしている）

(2) The castle is believed to have been built in the 15th century.
（その城は15世紀に建てられたと信じられている）

●(1) to be は省略可能。しかし定名詞句（定冠詞や指示形容詞がついた表現など）では省略できない。
　→×They consider her that woman.
　　（彼らは彼女のことを、そんな女性とみなしている）

●(2) この種の構文では、受身が可能。また、受身の場合は、to have p.p.やto be doing ...の形が可能。
　→○ He is believed to be running 3 miles every morning.
　　（彼は、毎朝3マイル走っていると信じられている）

第1章 動詞に関わる構文

攻略15. ＜S＋be＋形容詞〜to do＞構文

● ＜形容詞〜to do＞構文：2つの形式
(1) S＋be＋形容詞A＋to do ...（…してAである）
(2) S＋be＋形容詞A＋enough to do ...（…するのに十分Aである）

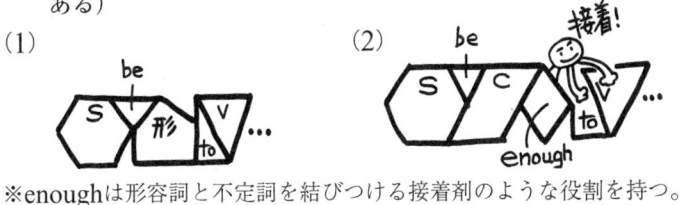

※enoughは形容詞と不定詞を結びつける接着剤のような役割を持つ。

(1) I'm glad to know that they **patched things up** between themselves.
（彼らのけんかが**収まった**ということを知って、うれしいね）

(2) Your English is good enough to **put** a native speaker **to shame**.
（あなたの英語力はネイティブ**も顔負け**ですね（＝非常にうまい）

● (1) patch things up between themselvesは状況によっては「（男女の間で、けんかをしていたが）よりを戻した」という意味になる。

● (2) enoughを用いた構文は、so ... as to doの構文で書き換えられる。
  → [= Your English is so good as to put a native speaker to shame.]

※＜形容詞＋to do ...＞の形の形容詞は、意味や構造面から、6つに分かれる。次ページに、それぞれの特徴と形容詞の例を挙げる。

glad型	感情を表す形容詞で、不定詞はその原因や理由。
	glad、happy、surprised、angry、sorry、proudなど。
likely型	可能性についての話者の判断を示す。likelyとcertainはit is 形容詞 that ...の形で言い換え可能。
	likely、certainなど。
eager型	行動への意欲・傾向を表し、不定詞は未来に行われることを表す。実際に行われたかどうかは不明。
	eager、ready、prepared、impatient、inclined、curious、anxious、willing、unwilling、apt、liable、determinedなど。
easy型	行動の難易や快不快を表す形容詞がほとんど。主語は不定詞の目的語である。難易構文（→p.114）。
	easy、hard、tough、difficult、impossible、comfortable、pleasant、exciting、interesting、nice、safe、dangerous、convenientなど。
kind型	親切、賢明、慎重、軽率など人の性格を表す形容詞。＜It is 形容詞 of 人 to do ...＞に書き換え可能（→p.130）。
	kind、good（=kind）、honest、clever、sensible、generous、brave、careful、careless、considerate、crazy、cruel、silly、stupid、foolish、thoughtful、thoughtless、wicked、wrong、selfish、naughty、reckless、rude、impolite、politeなど。
afraid型	of doing ...の形も持つが、微妙に意味が異なる。
	afraid、ashamedなど。
	例1： She was afraid to go alone. [= ... of going alone] 　　　（彼女は一人で行くのが怖かった） 　　　I'm afraid of falling into the water. [× ... to fall] 　　　（水の中に落ちはしないかと心配だ） 　　※自分で制御不可能のことはof doing ...で表す。 例2： I was ashamed to ask for a third helping. 　　　（お代わりも3度するのは気が引けた）

I was ashamed of asking for a third helping.
（3度もお代わりをしたことを恥ずかしく思った）
※of doing ...は過去のことを暗示する。
［動名詞の過去志向性→p.56］

ひとことメモ —————————————————— memo

＜SVO＋to be＞タイプの動詞とその特徴

動詞： think、believe、feel、find、guess、imagine、suppose、consider、report、prove、knowなど

特徴① ＜SV+that節＞の構文を持つ。
　　②受動態が可能。
　　③to beは省略可能であることがほとんど。ただしknowは省略不可。
　　④to beの代わりに他の状態動詞がくることもある。
　　　→ I think A to belong to B. （私はAがBに属していると思う）

攻略16. 動詞的動名詞の用法

● 動詞的動名詞
  < doing ...>の形

(1) ［for / V-ing / M の図］

(2) ［against / the country / cooling off の図］

(1) Next Wednesday is the deadline for sending in your application.
（願書は来週の水曜日が提出期限です）

(2) There is no sign of **the storm of criticism** against the country cooling off.
（その国に対する**批判の火の手**は、いっこうに治まる気配がないですね）

※動名詞の慣用表現10傑
① on doing ... （…するやいなや）[= as soon as ...]
② in doing ... （…する際に）[= when ...]
③ There is no doing ... （…できない）
   [= It is impossible to do ...]
④ cannot help doing ... （…せざるをえない）
   [= cannot but do ...]
⑤ It goes without saying ... （…は言うまでもない）
   [= It is unnecessary to say ...]
   cf. needless to say（言うまでもなく）
⑥ It's no use doing ...（…しても無駄である）
   [= It's no good doing ...]

⑦ feel like doing ... (…したい気がする) [= be inclined to do ...]
⑧ be worth doing ... (…する価値がある) [= deserve doing ...]
⑨ besides doing ... (…するだけでなく)
　[= in addition to doing ...]
⑩ look forward to doing ... (…するのを楽しみに待つ)

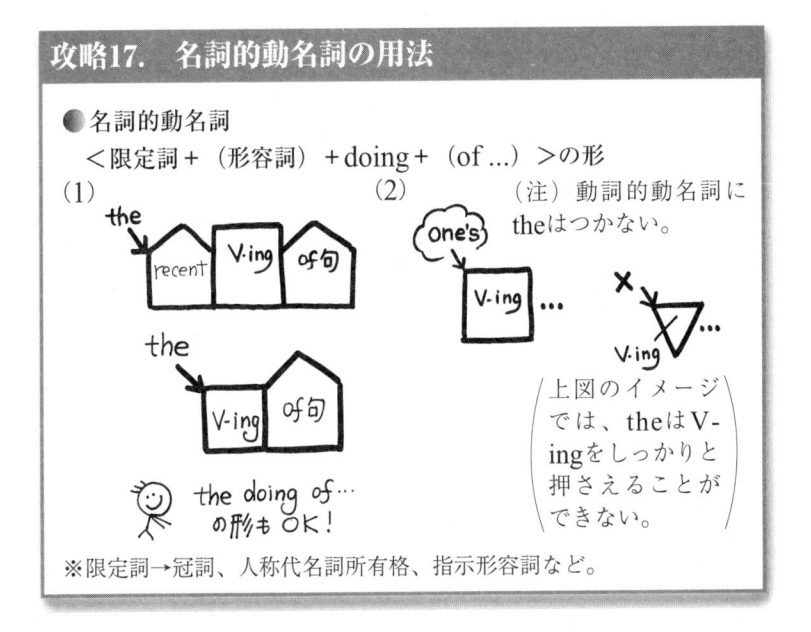

攻略17. 名詞的動名詞の用法

● 名詞的動名詞
　＜限定詞＋（形容詞）＋doing＋（of ...）＞の形

（1）
the → recent V-ing of 句

the → V-ing of 句

the doing of … の形も OK！

（2）
one's V-ing …

（注）動名詞的動名詞にtheはつかない。

× the V-ing …

（上図のイメージでは、theはV-ingをしっかりと押さえることができない。）

※限定詞→冠詞、人称代名詞所有格、指示形容詞など。

(1) With the recent strengthening of yen, **there has been a rush of** bankruptcies among smaller companies.
（最近の円高で、中小企業の倒産が**相次いでいる**）

(2) She couldn't read his writing when it was **in the running style**.
（彼女は、彼の書いたものは**崩した字**で書かれると読めなかった）

● (1) of以下に現れるのは、動名詞の「目的語」と「意味上の主語」の2つの可能性がある。この問題の場合は、主語がきている。

※With以下は次のように書き換えることが可能。

→ With the yen strengthening recently, ...

ただし、この場合strengtheningは現在分詞。というのは、動名詞の意味上の主語を明確にするthe yen'sと上のthe yenを置き換えることはできないからである。

→ ×With the yen's strengthening recently, ...

● (2) writingは名詞的動名詞であるが、すでに完全に名詞化していると考えてもよい。他に用例を挙げておく。

→ (a) She **turned to** her writing of poetry as a kind of consolation.

(彼女はある種の慰めとして、詩作**に精を出した**)

(b) Submit the plan **in writing**.

(計画を**文書**で提出してください)

第1章　動詞に関わる構文

3. 分詞

●他動詞の過去分詞の用法

分詞に形容詞の用法がありますが、これには次の法則が存在しています。

　　(a-1)　1語の分詞は、前から名詞を修飾する。
　　(a-2)　2語以上の「分詞からなる句」は、後ろから名詞を修飾する。

例えば、次のような例があります。

　　(b-1) the painted barn（その色を塗られた納屋 / ［米］車庫）
　　(b-2) the barn painted green（緑に塗られた納屋 / 車庫）

paintのような他動詞は、形容詞用法として用いられた場合は、「受身」の意味になります。しかし、全ての他動詞に形容詞用法があるとは限りません。

　　(c-1)　× the killed man（殺された男）
　　(c-2)　○ the accidentally killed man（事故で死んだ男）
　　(c-3)　○ the murdered man（殺害された男）

これは、その行為に比較的時間がかからない動作動詞の過去分詞は「一時的状態」を表し、性格や属性を表さないためであると考えられます。一般に次の法則があります。

「一時的状態後置傾向」

　性格や属性を表す形容詞は前から、一時的状態を表す形容詞は後から名詞を修飾する。

　　(d-1)　△ an ill man（病気の男）
　　(d-2)　○ a seriously ill man（重病の男）
　　(d-3)　○ a sickly man（病弱の男）

(d-1) のillは人以外の場合は前置できます。an ill omen（不吉な

73

前兆)、ill management（まずい運営）、ill will（悪意）の例があります。人は、体の状態が変化するので、恒常的にillということはないですが、ものの場合は変化を暗示しないので、illが一時的状態ではなく属性を表すようになったと考えられます。そのため、「ill＋名詞」の形も存在しているのです。

(d-3)がOKなのは、「病弱」が一時性ではなく習慣性（一種の属性）を表しているからです。また、(d-2)は意味が追加されて情報としての価値が上がるので、「一時的状態後置傾向」の力に勝つからです。

同じことが(c-2)にもいえるわけです。副詞などを追加して、意味を具体化すれば、単純な他動詞の過去分詞形の前置用法が可能になるのです。

次の違いにも注目しておきましょう。

(e-1) the responsible man（責任感のある男）［恒常的性格］
(e-2) the man responsible（担当の男）［一時的状態］

●自動詞の過去分詞の用法

過去分詞は受身だけでなく、完了形の文を作るのに貢献しています。

(f-1) The shoes were polished.（その靴は磨かれた）［受動態］
(f-2) The leaves have fallen.（葉は落ちてしまった）［完了形］

だから、過去分詞が名詞を修飾する場合、「完了」の意味があってもよいと判断できます。自動詞の場合は、受動態は不可能なので、完了の意味が出るのは理にかなっていますね。

実は、次のような自動詞の過去分詞の形容詞的用法が可能です。

(g-1) fallen leaves（落ちてしまった葉→落ち葉）［完了の意味］
(g-2) wilted lettuce（しおれてしまったレタス）［完了の意味］

wiltは、「しおれさせる」という他動詞の意味がありますが、wilted lettuceは「しおれさせられたレタス」の意味ではありません。だから、やはり、(g-2)では自動詞のwiltの過去分詞が使用されていると考えられます。

なお、このwiltは口語で「(人が) しょげる、弱る」という意味もあります。

(h) I am **wilting** in this heat.（私はこの暑さに**まいって**いる）

さて、全ての自動詞の過去分詞に形容詞的用法があるとは限りません。

(i-1) ×the danced lady（踊ってしまった女性）

(i-2) ×coughed patients（咳が続いている患者）

<u>自動詞でも状態変化を表す動詞のみが過去分詞の形容詞用法がある</u>と考えられるのです。つまり、意図的動作を表すdanceやplayやjumpなどの動詞、また、生理現象を示すcough、sneeze、vomitなどの動詞には過去分詞の形容詞用法はないのです。

攻略18. 分詞の形容詞用法

● 分詞の形容詞用法の2つ
(1) 前置用法（冠詞＋）doing/done＋N：〜している/されたN
(2) 後置用法N＋doing/done ... ：…〜している/されたN

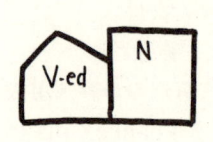

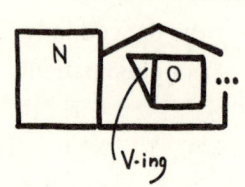

※1語のみの分詞は前から、2語以上の分詞の句は後ろから修飾する。

(1) We have introduced computerized production management.
（我々はコンピュータ化された生産管理を導入した）
(2) The number of customers visiting the new restaurant yesterday was a **whopping** 3,000.
（その新レストランに昨日来た客の数は、3千人という**すごい数だった**）

....

● (1) 現在分詞の例を挙げる。
→ I **passed** the exam in math **with flying colors**.
（数学のテストは**楽勝だった**）
※flying colorsはイディオムとなっている。元来の意味は「翻る旗」であるが、慣用句として「大勝利」「成功」の意味である。

● (2) 付帯状況のwithも、分詞の後置用法の一種と考えることができる。
→ With prices **skyrocketing** like this, it is hard to buy a house.
（このように物価が**急騰しては**、家を買うのは困難だ）

第1章　動詞に関わる構文

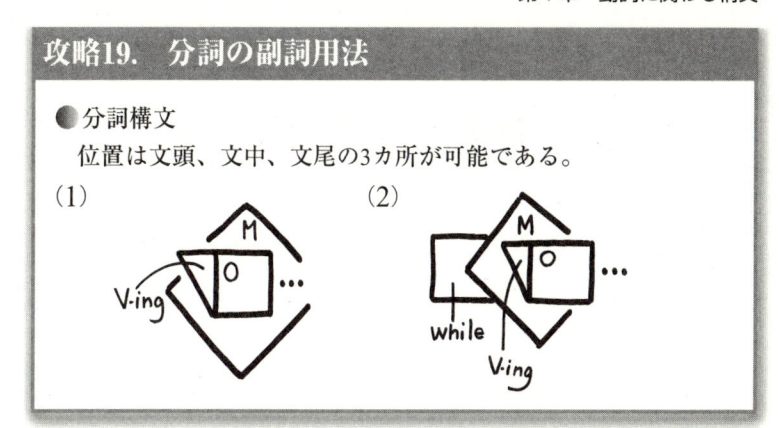

攻略19. 分詞の副詞用法

● 分詞構文
位置は文頭、文中、文尾の3カ所が可能である。

(1) 　(2)

(1) Having a vague idea of **what they are up to**, listening to their lame excuse made me furious.
（なまじ**先方の魂胆**が分かるだけに、下手な言い訳を聞いていると腹が立ってくる）

(2) While liking the shape of the pouch, I don't like its color.
（そのポーチの形は好きなのですが、色が気に入りません）

● (2) 〈接続詞+分詞構文〉の形が可能な接続詞は限られている。
→ while、when、if、once、thoughなど
※＜主文の主語+be＞がこれらの接続詞の直後にきている場合は、通常、＜接続詞+being＞の形にせず、beingを省略する。
→ He was a **japanner**, though not a very zealous one.
（彼は**漆工**だったが、あまり熱心というわけではなかった）

第1章 動詞に関わる構文

3 助動詞を理解する

助動詞は動詞を助ける以上に、話者の気持ちを表すという役割を持つ重要な品詞です。この節では助動詞の気持ちを理解しましょう。

1. 助動詞の種類

●助動詞は八面六臂の活躍をする従属的品詞

　助動詞は、文の構造（進行形や受身形や完了形）や文の種類（疑問文や命令文）、文の時制（現在や過去や未来）、それから文の内容（能力を表したり、意志を表すなど）に関わる重要な品詞です。

　助動詞はさまざまな力を発揮するのですが、単独では使用されません。動詞と組み合わせなければ使えないのがほとんどなので、助動詞とはいっても、動詞に助けられているとも言えるでしょう。

　一般動詞からなる現在形の文や過去形の文には、助動詞が含まれていないように見えますが、助動詞doが隠れていると考えられます。それが証拠に、疑問文を作るときや強調するときには助動詞が現れます。

(a-1) He **spearheads** the project.
　　　（彼はその計画**の陣頭指揮を執っている**）

(a-2) Does he spearhead the project?
　　　（彼は、その計画の陣頭指揮を執っているのですか）

(b-1) She **double-crossed** her husband.
　　　（彼女は自分の夫**を裏切った**）

(b-2) She did double-cross her husband.
　　　（彼女は、自分の夫をまんまと裏切った）

第1章 動詞に関わる構文

●助動詞を一覧する

主な助動詞の種類と主な機能をまとめてみましょう。

助動詞	現在形	過去形
be	am、are、is 1. +doing（現在進行形） 2. +done（現在受身形）	was、were 1. +doing（過去進行形） 2. +done（過去受身形）
have	have、has +done（現在完了形）	had +done（過去完了形）
do	do、does 1. 疑問文や否定文を作る。 2. 強調形を作る。	did 1. 疑問文や否定文を作る。 2. 強調形を作る。
can	can 1. できる　2. ありうる	could 1. できた　2. だろう＊
may	may 1. ～してよい 2. ～かもしれない［60%］	might 1. ～してよいのに 2. ～かもしれない［50%］
must	must 1. ～しなければならない 2. ～に違いない［90%］	なし
will	will 1. ～する　［未来］ 2. ～するつもりだ［意志］ 3. ～するだろう［推量］	would 1. ～するだろう［推量］ 2. ～したものだ［習慣］ 3. どうしても～なかった 4. ～であろうに［仮定法］
shall	shall 1. ［英］～する［未来］ 2. Shall I ～?の形 　～しましょうか	should 1. ～すべきだ［義務］ 2. たぶん～だ［推量］ 3. If ... should～の形 　万一～するなら［仮定法］

＊注　I could do it tomorrow.（明日はできるだろう）

● 2種類の気持ちを表す助動詞

　助動詞は、「話者の気持ちを伝え主語に対して働きかける用法」と「話者が命題に対して推量する用法」の2つの意味を持ちます。例えば、表におけるcanとmayとmustについて、1番の意味が前者の働きかけの用法で、2番の意味が後者の推量の用法に相当します。

　気持ちを表す用法を文法用語で「法」といい、「働きかけの用法」は「義務的法」、「推量の用法」は「認識的法」と呼ばれます。英語では、両方の「法」に対して、共に4レベルが存在しています。表にしてまとめましょう。

レベル	義務的法	認識的法
高い	必要性大→must 〜しなければならない	可能性大→must 〜にちがいない
普通	必要性中→may 〜してもよい	可能性中→may 〜かもしれない
低い	必要性小→need not 〜する必要はない	可能性小→might ひょっとして〜だ
ほとんどなし	必要性無→must not 〜してはならない	可能性無→cannot 〜のはずがない

2. 助動詞の用法

●willとbe going toの違い

willとbe going toは微妙に異なります。その違いは重要なので、表にしてまとめましょう。

willの用法	be going toの用法
(1) 意志未来 I will go gathering seashells. (潮干狩りに行くつもりだ [---今決めた]) ● 突然決定してもよい。	(1) 予定 I am going to go gathering seashells. (潮干狩りに行く予定だ---[前から決まっている]) ● 前から決まっていることを暗示。
(2) 単純未来 She will get better. (彼女は [そのうちに] よくなるだろう)	(2) 近未来 She is going to get better. (彼女は [すぐに] よくなるだろう) ●「熱が下がった」「食欲が出た」などの兆候を暗示。
(3) 条件性がある The table will collaspe if he stands on it. (このテーブルは彼がのると壊れるだろう)	(3) 条件性がない △The table is going to collaspe if he stands on it. (このテーブルは彼がのると壊れる) ● 無条件でも「壊れそうだ」という予想が成り立つ場合にbe going toを用いる。

●couldとwas/were able toの違い

　canとam/are/is able toの違いは、能力や可能性を強調する場合にはam/are/is able toを用いるという点です。

　(a) She broke her leg, but she is able to get about on crutches.
　　（彼女は足を折ったが、松葉杖をついて出歩くことはできる）

　強調以外のbe able toの用法は、canが未来や完了を直接表せないので、canの代わりにbe able toを使うという代用としての用法です。

　(b) When the fog lifts, we will be able to see where we are.
　　（霧が晴れたら、現在地を確認できるでしょう）

　(c) I have never been able to get my message across to the man.
　　（私はあの男と話が通じたためしがない）

　さて、過去形のcouldとwas/were able toの違いはきわめて微妙です。表で示しましょう。

couldの用法	was/were able toの用法
(1) 比較的遠い過去の能力　I could play tennis when I was young.　（若いころテニスができた）　(2) 現在の能力と可能性　Even a child could do it.　（子供でもできるよ）　● 単一行為の成功を表せない。　I could pass the exam.は「試験に通るだろう」という可能性の意味になる。	(1) 過去の能力　I was able to do it by then.　（そのときまでにできたよ）　(2) 単一行為の成功　I was able to pass the exam.　（その試験に合格できた）

攻略20. 助動詞の過去形の用法

● 「助動詞の過去形」
 (1) 実際の過去の意味を表す場合
 (2) 丁寧な表現を示す場合(過去の意味にならない)

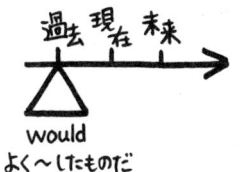

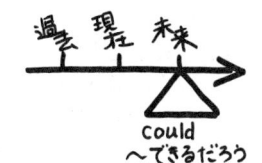

(1)　　　　　　　　　　(2)

```
   過去 現在 未来            過去 現在 未来
    △                              △
  would                          could
よく～したものだ              ～できるだろう
```

(1) When I was young, I would often go surfing in Waikiki.
 (私は若いころ、よくワイキキでサーフィンしたものだ)
(2) Could you **slide over**?
 (**ちょっと席を詰めて**いただけますか)

....

● (1) 助動詞の過去形が過去を表すのは、could(過去の能力)と would(過去の習慣)の2用法が主流である。
● (2) これは、電車や劇場などで、座るとき席を詰めてほしいという状況での表現。他に次のような表現もある。
 → (a) Could you scoot over?
　 (b) Could you nudge over?
　 (c) Please squeeze together.
　 (d) Please make room for me.
　 (e) Would you mind moving over a bit?

攻略21. 助動詞の完了形の用法［推量の意味］

● 2大完了形
  (1) may have done ... : …したかもしれない
  (2) must have done ... : …したにちがいない

(1) [図] have p.p. O 副詞が入る可能性あり
※未来完了→p.48

(2) [図] have been C ... must 副詞が入る可能性あり
（注）beingの▱に対し、beenは▱で表す。

(1) He may have gotten quite **a tongue-lashing** about the matter from the man in charge.
（彼は担当者から、その件で相当な**憎まれ口**をたたかれたでしょう）

(2) The rep must have been **a cut or two above** us.
（そのセールスマンは、**我々よりも一枚上手**に違いないね）

....

● (1) might have p.p.は、さらに確信度が低い意味で用いられる。なお、仮定法の意味もあり、その場合は、p.p.が示す動詞が表す内容は実現していない。つまり意味的に曖昧なのである。

→ (a) He may have been killed in the accident.
    彼はその事故で死亡したかもしれない。［直説法］
  (b) He might have been killed in the accident.
    1. 彼はその事故で死亡したかもしれない。［直説法］
    2. 彼はその事故で死亡した可能性があるのに。［仮定法］

※ (b)の2の仮定法の意味では、実際には彼が死亡していない。つまり、たとえば次のようなif節が省略されている。

→ if he had not taken her advice.（彼女の助言を無視していたら）

第1章　動詞に関わる構文

攻略22　＜should have done ...＞構文

● should have done ...の4つの意味
（1）「…すべきだった（のに、しなかった）」（過去に対する反省）
（2）「…してしまっているべきである」（完了の義務）
（3）「…したはずである」（過去の推量）
（4）「…したであろうに」（仮定法過去完了）

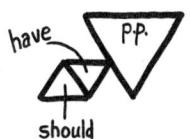

それほど安定した形ではない。実際意味が4つにあいまいなので、意味的に不安定。文脈に依存する表現である。

(1) All I can think about is I should have done things differently.
（ああすればよかったな、などと思うことばかりですね）

(2) You should have taken Course A if you want to take Course B.
（講座Bをとりたければ、すでに講座Aをとっておくべきだ）

(3) She should have reached the office because she left home earlier.
（彼女は早めに家を出たので、会社に着いているはずだ）

(4) I should have been more careful if I had known that.
（もしそのことが分かっていたら、もっと気をつけたのに）

3. 助動詞do

疑問文を作るときに、beや助動詞としてのhaveや助動詞（will、may、mustなど）があれば、それらを前置して疑問文ができますね。

もし、beやhaveや助動詞がなければ、doを用いることになります。つまり、助動詞doは「他に担当する言葉がなくて、困ったときに出てくる」というありがたい助動詞なのです。

あるいは、動詞を不定詞化するtoは、代不定詞としても機能します（→p.328）ね。一般の前置詞（ofなどが代表的）もまた、動詞を動名詞化するという重要な機能を持っています。

(a) She went to Austria with the purpose of studying music.
(彼女は音楽の研究にオーストリアへ行った)

　　注：for the purpose of doingのforの代わりにwithも使える。

以上のようなbe、have、willなどの助動詞、to不定詞のto、そして前置詞は、動詞に対して何らかの役割を持っていますが、これらがないときにdoが使えるのです。逆に言うと、これらと一緒に助動詞のdoは使えません。一見使えそうな強調のdoなども、これらと一緒には使えないんですよ。

(b-1) ×I will do submit my report tomorrow.
(明日には必ずレポートを提出します)

(b-2) ×Jack seems to do play the violin very well.
(ジャックはバイオリンを大変上手に弾きますね)

(b-3) ×Hanako is afraid of doing making grammatical mistakes when she speaks English.
(花子は、英語を話すとき文法的な間違いをするのを恐れている)

第1章 動詞に関わる構文

4 動詞関連重要構文

動詞が英語構文を作っていると言いきっていいほど、動詞は構文において中心的役割を果たします。この節では動詞関連構文を学びます。

1. 受身構文

●SVO構文が受身になるとは限らない

次の文は曖昧です。どう曖昧なのでしょう。

　(a) John hit the car.

これは次の (a-1) (a-2) の2つの意味が出ます。

　(a-1) ジョンはその車を殴った。

　(a-2) ジョンはその車にぶつかった。

ところが、これを受身文にすると、(a-1) の受身の意味しか出ません。

　(b) The car was hit by John.

　(b-1) ○その車はジョンによって殴られた。

　(b-2) ×その車はジョンによってぶつかられた。

なぜ、(b-2) の意味の受身がないのでしょう。目的語が被害者(または受益者)になった場合に限り、受身が可能なのです。(a-1) の意味では、目的語であるcarが殴られるわけだから、「車」が被害者ですね。だから受身が可能なのです。

一方、(a-2) の意味では、車にぶつかるのがJohnだから「ジョン」が被害者といえそうですね。目的語が被害者ではないので、受身になれないわけです。

ここで次の法則がいえます。

> **受動可能性の法則その1**
> 他動詞が目的語に対して影響力を与えるほど受身を作りやすい。

例えば、次の文を考えてみましょう。
　　（c）I have a book.（私は本を持っています）
この文においてhaveがbookに対して何ら影響を与える感じはしませんね。だから A book is had by me. という文は普通存在しないわけです。

● 受身文と主題階層

受身はSVO構文を＜O be V-ed by S＞の形にする変形といえます。名詞句の意味役割に階層があるという考え方があり、この考え方をSとOに適用すれば、どんな場合に受身が可能であるかが分かるといわれています。まず、各階層とその例を挙げてみましょう。

階層	名詞句の意味役割の種類
第1階層（高）	Agent（動作主）＝動作の行為者を表す名詞句
第2階層（中）	Location（場所）＝主題が位置しているところを表す名詞句 Source（起点）＝主題が元あった場所を表す名詞句 Goal（着点）＝主題が移動した先を表す名詞句
第3階層（低）	Theme（主題）＝移動や変化を受ける名詞句

具体的例文で、意味役割を示してみましょう。
　　(d-1) Surprisingly, the **boozer** left a lot of wine for us.
　　　　　　　　　　　　[Agent]　　　　　[Theme]
　　（驚いたことに、その**酒飲み**は我々に大量のワインを残してくれた）

(d-2) The **widely traveled** man left Paris for Tibet.
　　　　　　[Theme]　　　　　　　[Source]
　　(その**旅慣れた**人は、チベットに向けてパリを発った)
注：(d-2) の主語は移動するので [Theme] とされます。
そこで、次の法則が成り立ちます。

> **受動可能性の法則その2**
> 　O（受身の主語）の意味役割がS（by句の目的語）よりも階層が低ければ受身を作りやすい。

上の法則により、(d-1) は受身になり、(d-2) が受身にならないことが分かります。

(f-1) Surprisingly, a lot of wine was left for us by the boozer.
　　　　　　　　　[第3階層]　　　　　　　　　　[第1階層]
　　(驚いたことに大量のワインが、酒飲みによって我々に残されていた)

(f-2) ×Paris was left for Tibet by the widely traveled man.
　　　[第2階層]　　　　　　　　　　[第3階層]
　　(×パリがチベットに向けてその旅慣れた人によって発たれた)

つまり、次のように結論づけることができます。

> **受身可能構文Aと受身不可能構文B**
> A：[Theme以外] +V+ [Theme] → 受身を作れる。
> B：[Theme] +V+ [Theme以外] → 受身を作れない。

●**自動詞（SV）構文が受身にできないとは限らない**
　次の文を観察しましょう。自動詞の受身も「受身可能性の法則その2」に従っています。

(g-1) The **jet setter** arrived at the station.
　　　　[Theme]　　　　　　　[Goal]
　　　(その**ジェット族**は駅に到着した)

(g-2) The **editorialist** arrived at the conclusion.
　　　　[Agent]　　　　　　　[Theme]
　　　(その**論説委員**はその結論に到達した)

(h-1) ×The station was arrived at by the jet setter.
　　　(×その駅はジェット族によって到着された)

(h-2) ○The conclusion was arrived at by her.
　　　(△その結論は論説委員によって到達された)

日本語としてはあまりきれいではないものの、(h-2) の英語は問題ありません。

では、次の英文を観察しましょう。

(i-1)　Someone slept in the station.
　　　(誰かがその駅で寝ていた)

(i-2)　Someone slept in the bed.
　　　(誰かがそのベッドで寝ていた)

(i-1) と (i-2) のどちらも、someoneは [Theme] で、stationもbedも [Location] なので、法則その2によると、受身が作れないのですが、(i-2) のほうがより受身になりやすいといえます。

(j-1)　×The station was slept in.
　　　(×その駅は [誰かに] 寝られた)

(j-2)　△The bed was slept in.
　　　(△そのベッドは [誰かに] 寝られた)

そこで、次の法則がいえるでしょう。

受動可能性の法則その3
　動詞とより密接な名詞句は受身の主語にくる可能性が高い。

法則その3により、「ベッドで考えた」のほうが「ベッドで寝た」より受身になりにくいことが証明されます。［ベッド］と［考える］には密接な関係がないからです。

(k-1) ○The **high-strung** girl thought in the bed.
(その**神経質な**女の子はベッドの上で考えた)

(k-2) ×The bed was thought in by the high-strung girl.
(×そのベッドは神経質な女の子によって考えられた)

また、次のような法則もあります。

受動可能性の法則その4
　主語が後続の名詞句の価値を高める場合、その名詞句が受身の主語になる可能性が高い。

例えば次の文を比べてみましょう。

(l-1) John slept in the bed.
(ジョンはそのベッドで眠った)

(l-2) Einstein slept in the bed.
(アインシュタインはそのベッドで眠った)

(m-1) △The bed was slept in by John.

(m-2) ○The bed was slept in by Einstein.

(m-2) 文の容認可能性は、「他動性」(=受動可能性その1) の視点からも説明できます。主語が偉大な人間の場合は、目的語の価値が高くなるという変化を受けます。つまり、他動詞（広義には「自動詞＋前置詞」）が主語と一緒になって目的語に影響を与えているともいえるのです。

攻略23　他動詞の受身構文

●他動詞の受動態のパターン

(1) SVO
　→ O be V-ed by S　（OはSによりVされる）
(2) SVO1O2
　→ ○ O1 be V-ed O2 by S　（O1はSによりO2をVされる）
　　△ O2 be V-ed O1 by S　（O2はSによりO1にVされる）
　　◎ O2 be V-ed to O1 by S　（O2はSによりO1にVされる）
(3) SVOC
　→ O be V-ed C by S　（OはSによりVCされる）

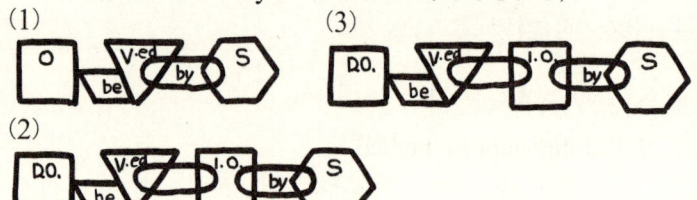

※（3）においてCが原形不定詞の場合は、O be V-ed to C by Sの形になる。（→p.97、攻略26）
　→ I was made to draw up the document.
　　（私はその書類作成を強制された）

(1) I hear the securities company is **headed for the rocks**.
（その証券会社は**危ない**という噂だよ）

(2) She was bought an MD player by him.
（彼女は彼に、MDプレーヤーを買ってもらった）

(3) The baby was called Alice after her aunt.
（その赤ん坊は、おばさんの名前にちなんでアリスと名づけられた）

第1章 動詞に関わる構文

攻略24　自動詞の受身構文

● 自動詞の受動態のパターン
(1) S ［VP］ O → O be V-ed P by S
(2) S ［VO₁P］ O₂ → ○ O₂ be V-ed O₁ P by S
　　　　　　　　　　 △ O₁ be V-ed P O₂ by S

(1) 移動！
［図：N be V-ed P by S の構造図］

(2) 移動！
［図：N be P by S の構造図］

(1) I was **taken in by** his stories and gave him some money.
（私は彼の話にだまされて、お金をあげてしまった）

(2) No attention was paid to the words he uttered.
（彼が発していた言葉に全然注意をしていなかった）

● (2) pay no attention to ...（…にまったく注意をしない）における payの目的語を主語にした受身構文。間接目的語が節でなければ、次のような第4文型も可能である。

→○ I paid the words no attention.
　△ I paid the words he uttered no attention.

※attentionにnoなどの修飾語句がつかない場合は、第4文型は好まれない。

→△ I paid my teacher attention.
　○ I paid my teacher more attention.
　○ I paid attention to my teacher.
　○ I paid more attention to my teacher.

2. 使役構文

●5つの使役動詞の構造と意味

　英語の中心的構文はSVO構文で、もちろん意味は「SはOをVする」となります。社会が発展すると、この行為を誰かにさせるという状況が起こってきます。それと同時に「SにOをVさせる」という言い方が発展してきます。これが「使役」に他なりません。

　「使役」を中心的に表す使役動詞は、普通letとmakeとhaveです。getとhelpを加えて、その構造と意味をまとめておきましょう。

	V+O+不定詞	V+O+過去分詞	V+O+現在分詞
let	let+O+do ... Oに…をさせる [許可]	なし	なし
make	make+O+do ... Oに…をさせる [強制]	make+O+p.p.～ Oを～させる	なし

第1章 動詞に関わる構文

have	have+O+do ... Oに…をさせる [使役]	have+O+p.p.~ Oを~してもらう Oを~される [受益][被害]*1	have+O+~ing Oに~させる [使役][容認]**2
get	get+O+to do ... Oに…をさせる Oに…してもらう [使役][受益]	get+O+p.p.~ Oを~される Oを~する [被害][完了]***3	なし
help	help+O+(to+)do ... Oが…するのを助ける、役立つ	なし	なし

*1 [米用法]で「完了」を表す場合もある。
→ I had my sleeping bag spread.（私は自分で寝袋を広げた）

**2 I won't、I can't、I wouldn'tの後に置いて、「~させるわけにはいかない」という意味を表す。
→ I won't have my staff doing the task in such a **slovenly** way.
（部下にその仕事を、そんな**だらだらとした**やり方でさせるわけにはいかない）

***3 getの用法
→ (a) She **got** me **cornered**.（彼女は私を**追い詰めた**）
　　　[被害]
　(b) I got the job done **tactfully**.（仕事を**手際よく**済ませた）
　　　[完了]

攻略25. 使役構文と原形不定詞

● 使役構文の5種と代表的意味、原形不定詞の有無
(1) let + O + do ... Oに…するのを許す ［常に原形不定詞］
(2) make + O + do ... Oに…するのを強制する
 ［常に原形不定詞］
(3) have + O + do ... Oに…させる ［常に原形不定詞］
(4) get + O + to do ... Oに…してもらう
 ［常にto do形］
(5) help + O + (to) do ... Oが…するのを助ける
 ［toが省略可能］

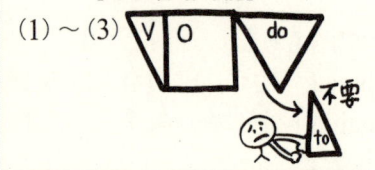

(1)〜(3) 不要 (4) 必要!

(1) You shouldn't **let** a chance like that **go by**.
 （そんなチャンスを黙って見過ごす手はないよ）
(2) The boss made them reconsider the project.
 （上司は彼らに、そのプロジェクトを再検討させた）
(3) I would like you to have him come help with this work.
 （私はあなたに、彼に来てこの仕事を手伝うようにと言ってほしい）
(4) I will get her to put in some overtime this week.
 （私は彼女に、今週は少し残業をしてもらうつもりだ）
(5) A trip to a hot spring would really **help** me **unwind**.
 （温泉旅行は本当に**くつろげる**ね）

● (5) help me unwindで「浮世の垢を洗い流せる」と訳せる。

第1章 動詞に関わる構文

攻略26. 使役構文の受身

● 使役構文の受身の法則
受身になると原形不定詞がto不定詞になる。

SVO+ do ... → O be V-ed to do ... by S.

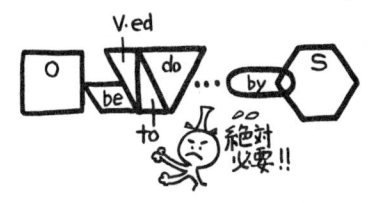

※使役動詞のhaveとletは受身にならない。
※知覚感覚動詞を用いた構文も、同じ受身形を持つ。[下の (2)]

(1) I **have a gut feeling that** he will be made to do something more difficult by his boss.
（彼は上司に、もっと難しいことをさせられる**ような予感がする**よ）

(2) The big noise was seen to go out the door by reporters and soon began to be **peppered with questions**.
（その大物は報道記者にそのドアから出てくるのを見られ、すぐに**矢継ぎ早の質問を受け**た）

● (1)「予感がする」という表現は他にもいろいろある。
　　→ have a hunch that ...
　　　 have a foreboding that ...
　　　 feel a premonition that ...
　　　 feel a presentiment that ...

3. 結果構文

●目的語が結果そのものを表すことがある

次の文を考察しましょう。

(a-1) He will dig the ground. (彼は土を掘る)

(a-2) He will dig the garden. (彼は庭を掘る)

(a-3) He will dig a hole in the garden. (彼は庭に穴を掘る)

(a-4) He will dig a well in the garden. (彼は庭に井戸を掘る)

(a-5) He will dig carrots in the garden. (彼は庭で人参を掘り出す)

(a-6) He will dig up new facts. (彼は新しい事実を探し出す)

(a-1)における目的語の「土」は、明らかに動詞digが影響を及ぼす対象です。(a-2)における目的語である「庭」は、掘る対象の意味が主流ですが、ある土を掘った結果、「庭」にするというような意味も出るかもしれません。つまり、庭は掘った後の結果を表す可能性があるのです。

これに対し(a-3)の目的語holeは、明らかに掘った後の結果を表しています。さらに、(a-4)の目的語も動詞の行為の結果を表し、その穴がより具体的なもの(=井戸)であることを示しています。

(a-5)の目的語はさらに発展したものとなっています。土を掘った結果できた穴から取り出したものを示しているからです。すなわち、(a-5)の意味は、人参に穴をあけるのでも、掘った結果人参にするのでもなく、掘った結果の穴から人参を掘り出すという、もっと先の結果を表しているといえるのです。

(a-6)は、意味がさらに抽象化しています。digした結果、新しい事実が出てくるような努力をするということを示しています。ある意味では、digという動作の結果の極致ともいえるでしょう。

結果を表す目的語(=結果目的語)しか使えない動詞もあります。例えば、makeがその代表です。<make A>という句におけるAは

makeの作用の及ぶ要素ではなく、makeの結果生み出されるものだからです。

また、日本語にも結果目的語の構文があり、むしろ英語以上に結果を重視する面があります。英語と比べてみましょう。

(b-1) ×水を沸かす / ○boil water
(b-2) ○湯を沸かす / ×boil hot water
(b-3) ○風呂を沸かす / ×boil the bath

(b-1) ～ (b-3) の例を見ると、日本語のほうが結果目的語を取りやすいのが分かりますね。

●目的語の状態が変化することを示す構文がある

「(どんなことであれ) 結果を知りたい」というのが人間の基本的欲求だからこそ、言葉にそのことが反映されたような、結果構文というものが英語に存在します。例えば次のような文が結果構文です。

(c-1) She painted her **convertible** red.
(彼女は自分の**オープンカー**を赤く塗った)
(c-2) He broke the vase into pieces.
(彼は花瓶をこなごなに割ってしまった)

(c-1) では、「車を塗った結果赤くなった」ことを示しています。一方、(c-2) では、「花瓶が割れた結果こなごなになった」ことを意味しています。意図的でないことを暗示する動詞は、多くの場合、目的語を主語位置に持ってくることができます。ただし、意図的行為を暗示するpaintなどの動詞については、目的語を前置できません。

(d-1) ×Her convertible painted red. (○車は赤く塗った)
(d-2) ○The vase broke into pieces. (×花瓶はこなごなに割った)

日本語訳では容認度が逆になっている点が興味深いですね。

また、意図的行為を暗示する動詞は、自動詞・他動詞の区別なく、主語の結果を表すことはできません。

(e-1) ×He talked hoarse.
(×彼は[喉を]からからにしゃべった)
(e-2) ×She painted the wall exhausted.
(×彼女は壁をくたくたに塗った)

●自動詞の結果構文

自動詞でも＜V＋名詞句（A）＋XP＞の形が存在する場合があります。その場合の意味は「Vした結果AはXPの状態になる」です。paintなどの他動詞の結果構文とはVと名詞句の関係が異なります。表にして比べてみましょう。

[A] 構文 自動詞の結果構文	構文：S＋V＋A＋XP 意味：SがVした結果、AはXPの状態になる。 例：He ran the sneakers threadbare. （彼が走った結果、スニーカーが擦り切れた）
[B] 構文 他動詞の結果構文	構文：S＋V＋O＋XP 意味：SがOをVした結果、OはXPの状態になる。 例：She painted the wall light green. （彼女が壁を塗った結果、壁は薄い緑になった）

自動詞の直後の名詞句は、純然たる「動詞の目的語」ではありません。それが証拠に、XPの部分を省略することはできません。確かに日本語訳もおかしいですね。

(f) ×He ran the sneakers.（×彼がスニーカーを走った）

次に、他動詞としても使える動詞が、上の[A]構文となる場合があります。それは(g)のような文です。

(g) They drank the teapot dry.

この意味は、「SはVした結果、AはXPの状態になる」に当てはめられ、Aはthe teapotで、XPはdryです。つまり、「彼らが飲んだ結果、そのティーポットは空の状態になった」がその意味になります。

第1章 動詞に関わる構文

　drinkという動詞は、他動詞としての機能はありますが、teapotを目的語にできません。

　　(h-1)　○ They drank the tea.（彼らはその紅茶を飲んだ）
　　(h-2)　× They drank the teapot.（△彼らはそのティーポットを飲んだ）

　(h-2) がいえないことから、(g) の例は、他動詞ではなく、自動詞の結果構文と考えられます。たまたまdrinkに他動詞の用法があったに過ぎないのです。

攻略27. ＜目的語→結果＞構文

● ＜目的語→結果＞構文
S＋V＋O＋XP　［XP＝形容詞句、副詞句または前置詞句］
→SはVした結果、OをXPの状態にする

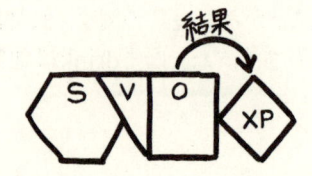

(1) He painted his house a **hideous** shade of green.
（彼は自分の家を、**趣味の悪い**緑系に塗った）
(2) The **crybaby** always cries his eyes out.
（その**泣き虫**はいつも目を泣きはらす）

....

● (1) paintの意外な用法2つ
　→ (a) The doctor painted iodine on the patient's cut.
　　　（医者は患者の傷口にヨードチンキを塗った）
　　(b) The critic always paints a rosey picture of Japan's economy.
　　　（その評論家は、常に日本経済については楽観的に述べている）
● (2) cry his eyesという表現はない。outが必要。同様に、out of ...の形が必要な例を挙げておこう。
　→ He drank his family **out of house and home**.
　　（彼は酒のために、家族を**路頭に迷わせ**た）

攻略28. ＜主語→結果＞構文

● ＜主語→結果＞構文
S＋V～＋XP　［XPは形容詞句、副詞句または前置詞句］
→ SはV～した結果、SはXPの状態になる

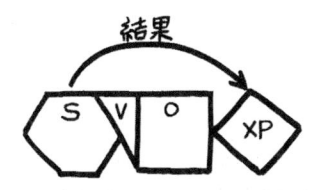

結果
S V O XP

(1) The river, which we had crossed, froze solid.
（我々が渡ってきた川が凍った）
(2) The guest arrived safe though he was caught **in a traffic jam**.
（**交通渋滞に**巻き込まれたが、そのゲストは無事到着した）

● (1) freezeの意外な用法2つ
　→ (a) The smile suddenly froze on her face.
　　　　（彼女の笑いの表情が急にこわばった）
　　(b) She froze me with a look when I said hello to her.
　　　　（彼女に挨拶をしたら、冷たい視線であしらわれた）

4. 状態構文

英語で動詞に直接関わる構文のうち、結果構文をすでに学びました（→p.98）が、この結果構文の形と同じ形でも、意味が異なる構文（＝状態構文）があります。意味は若干異なりますので、結果構文との比較をしてみましょう。

結果構文A	構文：S＋V＋O＋XP
	意訳：SはOをVして、XPの状態にする。
	例：She burned the toast black.
	（彼女はトーストを焼いて焦がしてしまった）
状態構文B	構文：S＋V＋O＋XP
	意訳：SはOをXPの状態でVする。
	例：He drinks coffee black.
	（彼はコーヒーをブラックの状態で飲む）

He drinks coffee black.の文は「彼はコーヒーを飲んだ結果、コーヒーがブラックになった」の意味では決してありませんね。この文は、彼がコーヒーを飲んだときの目的語の状態を記述しているので、本書では「状態構文」と呼びます。

さて、この状態構文は主語を記述する場合もあります。先に挙げた状態構文は目的語を記述していましたね。両構文を比べてみましょう。

状態構文A 目的語記述	構文：S＋V＋O＋XP
	意味：SはOをXPの状態でVする。
	例：John ate the meat raw.
	（ジョンはその肉を生の状態で食べた）
状態構文B 主語記述	構文：S＋V＋O＋XP
	意味：SはXPの状態でOをVする。
	例：Jack ate the meat nude.
	（ジャックは裸の状態でその肉を食べた）

上記の構文は、振る舞いが異なります。例えば、do so内に状態述語（上記のrawやnude）が含まれるかどうかについて差が生じます。

(a-1) ×John ate the meat raw, but I did so cooked.
（×ジョンはその肉を生で食べたが、私は調理してそうした）

(a-2) ○Jack ate the meat nude, but I did so fully dressed.
（○ジャックは裸でその肉を食べたが、私は服を着てそうした）

状態述語は、主語記述の場合のみ、文頭に移動可能です。

(b-1) ×Raw, John ate the meat nude.
（×生で、ジョンはその肉を裸で食べた）

(b-2) ○Nude, John ate the meat raw.
（○裸で、ジョンはその肉を生で食べた）

● 状態構文に似た様態構文

次の3つの文を考察しましょう。

(c-1) The jockey held the reins tight.
（その騎手は手綱をピンと張った）

(c-2) The janitor opened the door wide.
（その管理人はドアを大きく開けた）

(c-3) The operator spelled my name wrong.
（その［電話］交換手は、私の名前を間違って綴った）

これらの文は、(d-1) 〜 (d-3) の意味ではないので、結果構文ではありません。

(d-1) その騎手が手綱を持った結果、手綱が［物理的に］硬くなった。

(d-2) その管理人がドアを開けた結果、ドアが［空間的に］広くなった。

(d-3) その交換手が私の名前を綴った結果、私の名前が別のものになった。

また、これらの文は、(e-1) 〜 (e-3) の意味とは微妙に違うので、状

態構文でもありません。

　(e-1) その騎手は手綱が［物理的に］硬い状態で、それを握っていた。

　(e-2) その管理人は、ドアが［空間的に］広い状態で、それを開けた。

　(e-3) その交換手は、私の名前を間違った状態で、それを綴った。

　少し、分かりにくいと思われる (d-3) と (e-3) の意味を具体例を挙げて解説しましょう。

　(d-3) は、例えば、交換手がJohnと綴った結果、パソコン上のエラーか何かでBillというのが出てきたような場合の意味を示しています。

　(e-3) は、JohnのことをBillと思いながら、そのように綴った場合の意味です。

　(c-3) 文は、例えば、Johnを綴ろうとして、間違ってJonとしてしまったことを意味するのです。だから、(c-3) 文は結果構文でも、状態構文でもないわけです。

　(c-1) 〜 (c-3) の文は、(f-1) 〜 (f-3) の文と、機能が同じといえるでしょう。つまり、この構文の述語は様態副詞 (tightlyなど) を用いた文と同じ意味なのです。

　(f-1) The jockey held the reins tightly.

　(f-2) The janitor opened the door widely.

　(f-3) The operator spelled my name wrongly.

　(c-1) 〜 (c-3) の文および、様態副詞を用いた (f-1) 〜 (f-3) の文を本書では「様態構文」と呼んでいます。

攻略29. ＜目的語＝状態＞構文

● ＜目的語＝状態＞構文
S＋V＋O＋XP　　［XP＝形容詞句または前置詞句］
→Sは、OがXPの状態でVする

(1) The new secretary is always wearing her skirts short.
（その新しい秘書は、いつもスカートを短くしている）
(2) The hunter managed to capture the runaway animal alive.
（ハンターは、何とか逃げ出した動物を生きたまま捉えることができた）

● (2) shortを用いた意外な用法5つ
→ (a) My breath grew short.（息切れしてきた）
(b) He is short in experience.（彼は経験不足だ）
(c) She was short on patience.（彼女は忍耐力に欠けていた）
(d) He **was short with** me.（彼は私に**そっけなかった**）
(e) Her story is **short and sweet**.（彼女の話は**簡潔**だ）

攻略30. ＜主語＝状態＞構文

● ＜主語＝状態＞構文
S + V～ + XP 　　[XP＝形容詞句または前置詞句]
→Sは、SがXPの状態でV～する

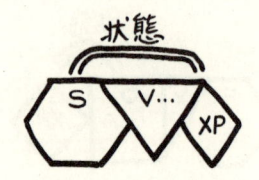

(1) The **works manager** left the room angry.
　　（その**工場長**は怒って部屋を出て行った）
(2) Scared of snakes, she didn't go deep into the woods.
　　（蛇が怖かったので、彼女は森を深くへは入って行かなかった）

● (1) 同じleaveを使っても、emptyという形容詞を状態述語に使うと、意味は目的語記述的なものになる。
→ The works manager left the room empty.
　（その工場長はその部屋を空にしておいた）
ただし、この文は完全な目的語記述ではない。完全な目的語記述であれば、「SはOをXPの状態でVする」という意味、すなわち、「その工場長は部屋を空の状態で出る」という意味にならなければいけない。しかし、この文は「工場長が部屋を出た」ということを意味しない。この文は、いわゆる第5文型（SVOC）の文である。
● (2) scared of ...の前にbeingが省略された分詞構文。分詞構文も一種の主語記述の状態構文であるといえる。

5. 中間構文

●「ジョンがメアリーを避けること」の不思議

「その軍隊がその町を破壊すること」という名詞句を、前置詞句を用いて英訳してみると次のようになります。

(a) the destruction of the town by the army

アポストロフィを使うと1つ前置詞を減らすことができます。

(b-1) the army's destruction of the town

(b-2) the town's destruction by the army

ここで注意すべきは、(b-2) において、元来destroy（破壊する）の目的語であるthe townにアポストロフィがついた構造も可能である点です。

そして、日本語の「の」は目的語を示すことが多い点にも注意しましょう。

(c-1) ×その町に関するその軍隊の破壊　［(b-1) に対応］

(c-2) 〇その軍隊によるその町の破壊　［(b-2) に対応］

さて、(b-2) のような用法は、全てに当てはまるとは限りません。

(d-1)　John's avoidance of Mary
　　　×メアリーに関するジョンの回避
　　　〇ジョンがメアリーを避けること

(d-2)　×Mary's avoidance by John
　　　×ジョンによるメアリーの回避

なぜ、avoidの目的語であるMaryを前置できないのでしょうか。これには次の法則が働いているものと思われます。

109

> **アポストロフィの使用制限の法則**
> 「名詞に派生する前の動詞」の目的語が、その動詞が行う行為の前に、主語の手元または手中にあるとしか考えられないときのみ、その目的語名詞句にアポストロフィが使える。

つまり、「JohnがMaryを避ける」という状況の場合、MaryがJohnの近く（=手元）にいる場合でも避けることになるのですが、近くにいない場合でも避けることが可能（むしろ、そのほうが普通）なので、「目的語（=Mary）が、avoidという行為の前に主語（=John）の近くにいるとしか考えられない」ということはないですね。したがって、(d-2)の言い方はだめなのです。

一方、townは、軍隊の手中にあるのは間違いないので、(b-2)の表現は文法的なんですよ。

● **中間構文と目的語前置**

英語構文の中には、能動態と受動態の中間に感じられる構文があります。これを、文字通り「中間構文」（=middle construction）と呼びます。

(e-1) John painted the wall easily.
（ジョンは楽々と壁を塗った）

(e-2) The wall was painted easily by John.
（その壁はジョンによって楽々と塗られた）

(e-3) The wall paints easily.
（その壁は簡単に塗れる）

(e-1)は能動態、(e-2)は受動態、そして、(e-3)が中間構文と呼ばれます。さて、この中間構文は、それに相当する能動態の文からの目的語移動について、先の「アポストロフィ使用制限の法則」と似た制約がかかります。

> **目的語前置の法則**
> 目的語が、動詞が行う行為の前に、主語の手元または手中にあるとしか考えられない場合のみ、目的語が主語の位置に上がり、中間構文が成立する。

(e-1) において、the wallは、Johnの近くにあるので、中間構文 [＝ (e-3)] が可能となるのです。

 (f-1) ○They acquire German easily.
  （彼らはドイツ語を簡単に習得する）
 (f-2) ×German acquires easily.

(f-1) においてGermanはacquireという行為の前には、主語の手中にない（＝習得していない）ので、(f-2) のような中間構文はできないのです（習得する前には習得していないのだから、当たり前ですね）。

また、次の例を考察しましょう。

 (g-1) ○The ground digs easily. （その土は簡単に掘れる）
 (g-2) ×A tunnel digs easily. （トンネルは簡単に掘れる）

(g-2) 文がだめなのは、掘った後にできるトンネルが目的語だからです。このtunnelはdigという行為の前には存在していませんね。一方、dig the groundの場合は、そのgroundがdigという行為の前に厳然と存在するから、(g-1) のような中間構文が可能なのです。

攻略31. 中間構文

●中間構文の公式
S + V + O + easily.
→ O + V + easily. （OはVしやすい）
ただし、OはVにより影響を受ける（変化する）ものでなければならない。

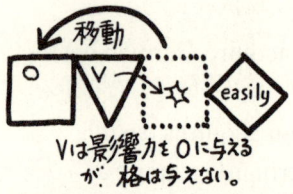

（図：移動　O ＜ V ☆ easily　Vは影響力をOに与えるが、格は与えない。）

(1) Sturdy clear plastic boxes assemble in seconds.
　　（がっちりした透明のプラスチックの箱は、数秒で組み立てられる）
(2) A chunk of ham cooks quickly in five cups of water in 7 minutes.
　　（ハムの塊は、7分あれば5カップの水ですばやく調理できるものだ）

●(2) この文は主語がこれから調理する材料で、料理をする人の手中にあるので、中間構文がOK。次の2文を比べてみよう。

(a) ○This expensive beef doesn't cook easily.
（○この高価な牛肉は調理しにくい）
(b) ×A delicious beef stew doesn't cook easily.
（△おいしいビーフシチューは調理しにくい）

(a) のexpensive beefは材料で、料理前に、料理をする人の手元にあるので、この構文が容認されるのに対し、beef stewは料理後にできるものなので、中間構文が不可なのである（→p.111）。
※(b) の日本語訳では「おいしいビーフシチューをさらに調理する」

なるほどコラム No.3　　　　　　　　　　　　　Column

> なぜThis book sells well.といえるのに、This book buys well.とはいえないか？

　対照的な意味の動詞の片方のみが中間構文になるという不思議な現象があります。

　　(1) a. ○This book sells well.（○この本はよく売れる）
　　　　b. ×This book buys well.（×この本はよく買える）
　　(2) a. ○This book reads easily.（○この本は読みやすい）
　　　　b. ×This book writes easily.（○この本は書きやすい）

日本語では（2b）の文は、著者の人がいえそうな感じですが、一般に英語では、（1b）と（2b）ともに非文法的です。

　（1a）は、目的語がsellという行為の前に売る人の手中にあるので、中間構文が可能なのです（→p.111）。

　一方、（1b）は、目的語がbuyという行為の前に買う人の手中にない（＝自分の所有物でない）から、中間構文が不可能です。

　また、（2a）が可能なのは、「読む」という行為の前に本が手中になければならないので、中間構文が可能です。

　一方、「書く」という行為は、企画があったり、原稿はあったりするかもしれないのですが、本は、その行為の後に形を表すものなので、行為以前に著者の手元にはないので、中間構文が不可能なのです。

　次の文はどうでしょうか。

　　(3) ○ This book translates easily.（○この本は翻訳しやすい）

　本を書く場合は、書く行為の後に本ができ上がりますが、翻訳の場合は、元の本が翻訳前にあるべきなので、中間構文が可能なのです。

6. 難易構文

●中間構文に似ている難易構文

　世の中には難しいことがあるものです。だから「~するのは難しい」という特別の構文ができても不思議ではありません。英語には、「難しい」という概念と、その対極としての「易しい」という概念も含めた構文が存在します。

　「我々がこの本を読むのは易しい」という文の英訳を考えてみましょう。

　　(a-1) ○It is easy for us to read this book.
　　(a-2) △For us to read this book is easy.
　　(a-3) ○To read this book is easy for us.
　　(a-4) ○This book is easy for us to read.
　　(a-5) ×We are easy to read this book.

上に挙げた文のうち、(a-1) はitがto以下を指す「仮主語構文」(→p.126) です。目的語を主語位置にまで繰り上げた (a-4) 文は、特に「難易構文」と呼ばれます。

　さて、この難易構文は、先に学んだ中間構文 (→p.109) に似ています。

　　(b-1) This book is easy to read.（この本は読むのが易しい）
　　(b-2) This book reads easily.（この本は読みやすい）

(b-1) が難易構文で、(b-2) が中間構文です。しかし、中間構文では不可能な文も、難易構文では可能になります。

　　(c-1) ○A tunnel is easy to dig.（トンネルは掘るのが易しい）
　　(c-2) ×A tunnel digs easily. (→p.111)
　　(d-1) ○Dissertations are not easy to write.
　　　　　（博士論文は書くのが易しくない）
　　(d-2) ×Dissertations don't write easily.

難易構文では、結果目的語 [=動詞の表す行為の結果、生じるものを表す目的語：例えば (d-1) では「書く」という行為の結果、dissertationsができ上がるが、このdissertationsが結果目的語である〕も主語位置にくることが可能なのです。

●難易構文の統語的制限

仮主語構文（→p.126）では可能なのに、難易構文にすると不可能な場合を示してみましょう。

(e-1) ○It was tough for us to claim that she stole the money.
（我々は、彼女がお金を盗んだと主張するのは困難だった）

(e-2) ×The money was tough for us to claim that she stole.
（△お金は、我々が彼女が盗んだと主張することは困難だった）

(f-1) ○It is hard for her to believe him to be honest.
（彼女が、彼は正直であると信じることは難しい）

(f-2) ×He is hard for her to believe to be honest.
（△彼は、彼女が正直であると信じることは難しい）

難易構文は、Vの目的語を主語位置に移動した構文（It is easy to read this book.〔仮主語構文〕→This book is easy to read.〔難易構文〕）ですね。しかし、埋め込み文の目的語は主語位置に移動できません〔→ (e-2)〕。また、Vの目的語であっても、動詞句内で主語的な役割をする目的語も移動できない〔→ (f-2)〕のです。

以上のことは、難易構文における統語的（＝意味に関わらない、単語の並べ方の観点による）制限です。

●難易構文の意味的制限

難易構文は、意味的にも制限されます。

(g-1) ○Joe is impossible to talk to because he's **stubborn as a mule**.
（ジョーは**きわめて頑固**だから、話をするのは不可能だ）

(g-2) ×Joe is impossible to talk to because he's out on

business.

(ジョーは今出張中だから、話をするのは不可能だ)

(g-3) ○Joe is impossible to talk to because he's always out on business.

(ジョーはいつも出張中だから、話をするのは不可能だ)

(h-1) ○Beavers are hard to find.

(ビーバーは見つけるのが困難だ)

(h-2) ×A beaver is hard to find with binoculars like that.

(ビーバーはそんな双眼鏡では見つけるのが難しい)

難易構文に理由節がつく場合は、性格などの恒常的な特質を表す場合はOK [→ (g-1)] ですが、一時的な状況は非文法的 [→ (g-2)] になります。しかし、alwaysなどをつけるなどして、恒常的なレベルになればOK [→ (g-3)] となります。

さらに、難易構文の主語には総称的な名詞がくることはOK [→ (h-1)] ですが、不定名詞句（＝不定冠詞のついた名詞句）が主語にくることは不可能 [→ (h-2)] です。

難易構文で不可能である文もitの仮主語構文ではOKです。

(g-4) ○It is impossible to talk to Joe because he is out on business.

(h-3) ○It is hard to find a beaver with binoculars like that.

●難易構文で可能で仮主語構文で不可能な場合

これまでは、難易構文で不可能で、仮主語構文で可能な例ばかりを扱ってきましたが、難易構文でしか表せないこともあります。

(i-1) ○John is being easy to please.

(ジョンは [他人が] 自分を喜ばせやすいようにしている)

(i-2) ×It is being easy to please John.

(j-1) ○John is intentionally easy to please.

(ジョンは意図的に喜ばせやすくしている)

(j-2) ×It is intentionally easy to please John.

難易構文では、人が主語になるので、人の意志を示すような、進行形 [→ (i-1)] や主語指向の副詞 [→ (j-1)] が現れてもOKです。

なお、be動詞の進行形は、意志などが働く一時的状態を示します。

(k) Jack is usually careless but this time he is being careful.
（ジャックは通常不注意だが、今回は注意深くしている）

(k) 文におけるbeing carefulは「意識的に注意深くしている」ということを表しています。

攻略32. 動詞の目的語を主語にした難易構文

● 難易構文の公式
(1) O+be+Adj.+for 人 to V （Oは人がVするのに〜だ）
(2) O+be+Adj.+N+for 人 to V （Oは人がVするのに〜だ）

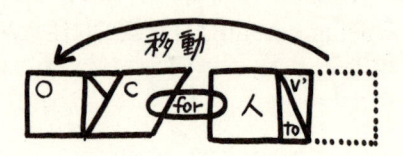

(1) The housing loan will be easy for me to repay because I got a **lucrative** job recently.
（その住宅ローンは私にとっては支払いが楽になるだろう。なぜなら、最近**儲かる**仕事に就いたから）

(2) A diamond is the hardest substance ... to get.
（ダイヤモンドは、最もえ〜カタイ（得がたい）物質だ）

● (2) substanceまで聞くと「ダイヤモンドは最も硬い物質だ」の意味であるが、to getをつけ加えると単に難易構文（の応用形）になる。A diamond is the hardest to get.のように、形容詞だけでなく、「形容詞＋名詞」の形も難易構文では可能である。

→ (a) ○He is the hardest man to please.
（彼は最も喜ばせにくい男だ）
(b) △He is the eagerest man to please.
（△彼は最も必死に喜ぼうとしている）

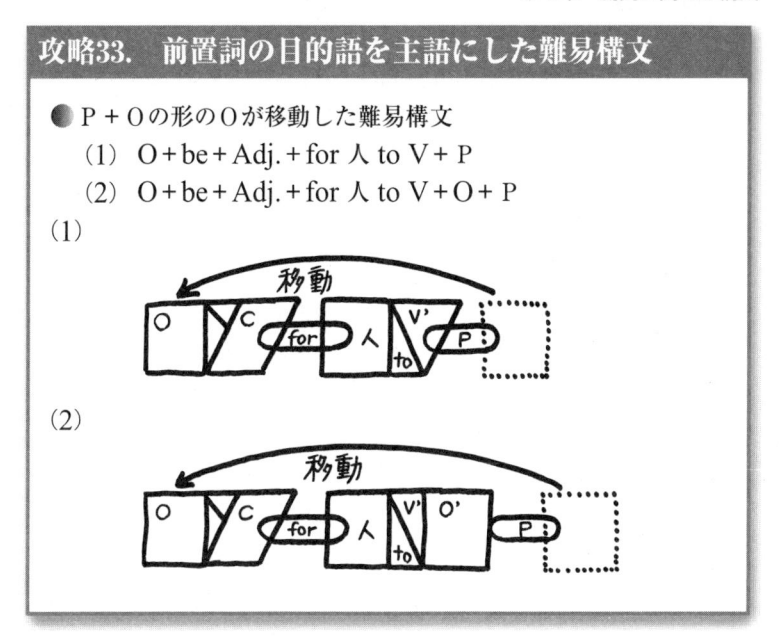

攻略33. 前置詞の目的語を主語にした難易構文

● P＋Oの形のOが移動した難易構文
(1) O＋be＋Adj.＋for 人 to V＋P
(2) O＋be＋Adj.＋for 人 to V＋O＋P

(1)

(2)

(1) **A rough diamond** is easy for me to get.
（**荒削りの人**［＝磨けば光る人］は、私にとって得るのが簡単だ）
(2) This violin is easy to play this sonata on.
（このバイオリンは、このソナタを演奏しやすい）

● (2) この文に似た次の文に注意。
→ (a) This sonata is easy to play on this violin.
（このソナタはこのバイオリンで演奏しやすい）

※(2) 文と (a) 文に関し、次のようなことがいえる。

(b-1) ○ Which violin is easy to play this sonata on?
(どのバイオリンがこのソナタを演奏しやすいの)

(b-2) ○ Which sonata is easy to play on this violin?
(どのソナタがこのバイオリンで演奏しやすいの)

(c-1) ○ Which violin is this sonata easy to play on?
(どのバイオリンでこのソナタは演奏しやすいの)

(c-2) × Which sonata is this violin easy to play on?
(どのソナタをこのバイオリンは演奏しやすいの)

日本語では、全てＯＫなのに、英語で (c-2) のみ不可なのは、sonataとviolinの両方が移動し、しかも、交差しているからである。Which sonata is this violin easy to play [which sonata] on [this violin]？

7. it 構文

●英語は頭でっかちを嫌う

次の文を考えてみましょう。

(a) The study of a foreign language in this age of internationalization is important.
(国際化というこの時代における外国語の勉強は重要である)

文法的には正しい文ですが、文体的にはあまりよい文とはいえません。その理由は、主語が長すぎるからです。英語は主語が長いのを好みません。

この文をよりよい文にするために、例えば、補語の部分も長くしてみましょう。

(b) The study of a foreign language in this age of internationalization is of vital importance.
(国際化というこの時代における外国語の勉強はきわめて重要だ)

(b)文のようにすると、意味は若干強調されましたが、いくぶんすわりがよくなりました。

主語がまだ長いので、文頭に前置詞句などが移動できるかどうかを考えてみましょう。すると、in this age ...は移動できそうですね。

(c) In this age of internationalization, the study of a foreign language is of vital importance.
(国際化というこの時代において、外国語の勉強はきわめて重要だ)

英文としてはずいぶんよくなりましたね。では、次の文はどのようにしたら、文体的によくなるでしょうか。

(d) To study a foreign language in order to learn a foreign culture is desirable.
(外国文化を学ぶ目的で、外国語を勉強することは望ましい)

121

(d) 文において、in order to ...は文頭に出すわけにはいきません。

(e) △In order to learn a foreign culture, to study a foreign language is desirable.

(e) 文があまりよくないのは、in order to以下が、to study ...以下の文を修飾するからです。In order to ...が文頭に出ると、「〜する」という動作の表現がこないと論理的ではありません。

(f) ○In order to learn a foreign culture, I would like to study a foreign language.

(外国文化を学ぶために、私は外国語を勉強したい)

しかも、英語は同じ表現が並ぶのを好みません。In order to learn ...もto study ...も同じ不定詞の表現ですね。形式まで同じなら、文体的にはほとんど容認されません。

(g) ×To learn a foreign culture, to study a foreign language is desirable.

●it構文は頭でっかちを避ける有効な手段

(d)のような文をよりよくするための文法的手段がit構文なのです。(d)文は、次のように書き換えることができます。

(h) ○It is desirable to study a foreign language in order to learn a foreign culture.

そして、同じ不定詞表現を避けるために別の表現形式を用いると、さらに文体上よくなります。

(i) ◎It is desirable to study a foreign language when you want to learn a foreign culture.

(外国文化を学びたければ、外国語を学ぶことが望ましい)

(i)の構文において、主語のitはto study以下を指しています。itを仮主語、to study以下を真主語といいます。

it自体は具体的な意味を持っていません。でも、このitが必要なのは、疑問文を作る場合に分かります。主語とbe動詞の倒置によって疑問文

ができるからです。
(j) Is it desirable to study a foreign language when you want to learn a foreign culture?
(外国文化を学びたいとき、外国語を勉強するのが望ましいですか)

このような事情から、英語では、必ず主語が必要なのです。

● it構文の形と特徴

itを用いた構文を総称してit構文と呼ぶとすると、実にさまざまな構文を代表できます。表にまとめて簡単に説明し、実例を挙げておきましょう。

it構文の種類			特徴と実例
非人称構文 (impersonal 'it')			時間、距離、天候、寒暖、明暗、季節を表す。 It is mid-autumn now. (秋たけなわです)
状況構文 (situational 'it')			漠然とした状況で、話し手と聞き手には分かっているようなことを表す。 It's my turn.（今度は私の番だ） That's it.（まさにそれだ！）
先行構文 〈先行のitを用いるV〉	形式主語構文	語句代表	語句の前に置く。 It's boring, this sort of play. (退屈だよ、こんな劇は)
		不定詞代表	不定詞句の前に置く。 It is necessary to start at once. (すぐに始めることが必要だ)
		動名詞代表	動名詞句の前に置く。 It's fun working here. (ここで働くのは楽しい)

先行構文 ∧先行のitを用いるV	形式主語構文	that節代表	that節の前に置く。 It's a pity that he couldn't come. (彼が来なかったのは残念だ)
		Wh節代表	Wh節の前に置く。 It doesn't matter what it is. (それが何であろうとかまわない) It makes no difference how it is. (その様子については、どうでもいい)
	形式目的語構文	不定詞代表	不定詞句の前に置く。 I think it a good idea to do so. (そうすることがよいと思う)
		動名詞代表	動名詞句の前に置く。 I think it dangerous her going there alone at night. (彼女が夜1人でそこへ行くのは危険だと思うよ)
		that節代表	I took it for granted that he would disagree. (彼の反対は当たり前だと思った)
強調構文 (→p.300)			It is X that (S) V〜の形式 It was Mary that John met. (ジョンが会ったのはメアリーだ)
It V-s that型構文	「らしい」型構文		It seems that he knows the secret. (彼は秘密を知っているようだ) *1
	「偶然〜する」型構文		It happened that she was out. (たまたま彼女は不在だった) *2
	「ひらめく」型構文		It didn't occur to me that they were twins. (彼らが双子だったことに気づかなかった) *3
It is 形 of 人 to do型構文			It is very kind of you to say so. (そう言っていただき、ありがとうございます)

※1 このパターンの動詞はseemとappearの2つ。

※2　このパターンの動詞はhappenとchance（←やや古い）の2つ。
※3　このパターンの動詞は、次の通り。
　　It occurs to 人 that ...（…という考えが人に浮かぶ）
　　It flashes across one's mind that ...（…の考えが急に頭をよぎる）
　　It dawns on 人 that ...（…ということが徐々に分かってくる）
　　It strikes 人 that ...（…ということであるような気がする）
　　It transpires that ...（…ということ［秘密］が分かってくる）

●難易形容詞のit構文の制限

　難易形容詞のit構文は、＜It is Adj.（for X）to V～.＞の形を持っていますが、＜「for X to V～」という命題がAdj.である＞という意味を表しているのではなく、＜「to V～」という行為がXにとってAdj.である＞ということを表しています。だから、命題ではなく、行為に対して判断を下す場合でないと、難易形容詞のit構文が成立しません。

　　(k-1)　×It is hard for the book to turn out to be good.
　　　　　（△その本が結果的によいものになることは難しい）
　　(k-2)　×It would not be easy for it to be cold in June.
　　　　　（×6月に寒いということは簡単ではないだろう）

「for X to V～」全体の命題に判断を下すわけではないし、また、for以下の無生物は仕事を成し遂げられないので、(k-1) と (k-2) は不可なのです。

　また、たとえfor以下に有生物（=主として人）がきても、Vは積極的な動詞に限られ、状態動詞は避けられます。

　　(1)　△It is not easy for Joe to belong to the research team.
　　　　　（ジョーが研究チームに属することは容易でない）

　ただし、この (1) 文は、「ジョーが実際にその研究チームに所属しており、意見が一致しないなどの理由で、そのメンバーとしてはなかなかうまくいっていない」という状況であれば自然な文です。

攻略34. 仮主語構文

● 仮主語構文
(1) It is ... (for 人) to do〜： (人が) 〜するのは…だ
(2) It is ... that S+V〜： SがV〜するのは…だ

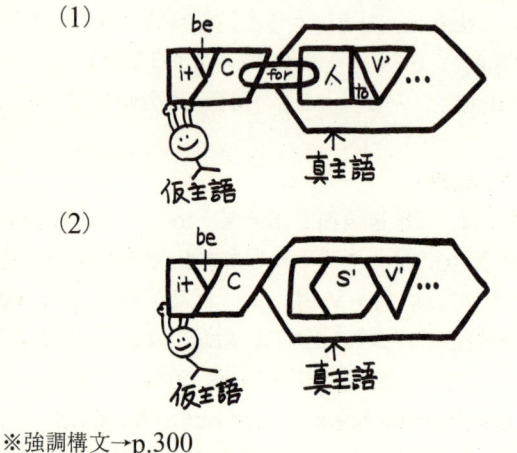

(1) [図：it+C+be / for 人 / V' to ... → 仮主語／真主語]

(2) [図：it+C+be / S' V' ... → 仮主語／真主語]

※強調構文→p.300

(1) It is dangerous to swim in this river.
（この川で泳ぐのは危険だ）
(2) It is important that you should pay close attention to trends in foreign markets.
（海外市場の動向に十分注意することが重要だ）

●(1)のパターンの仮主語構文で、(2)のパターンに書き換えられるものとそうでないものがある。
　(a)「It is ...（for 人）to do 〜.の構文で、It is ... that S+V 〜.に書き換えることが不可能な構文」における形容詞の代表例は次の通り。

第1章 動詞に関わる構文

> difficult、easy、hard、tough、dangerous、safe、useless、usual

(b) 「It is ... (for 人) to do ~.の構文で、It is ... that S+V~.に書き換えることが可能な構文」における形容詞の代表例は次の通り。

> necessary、important、natural、desirable、strangeなど多数

※dangerousは「(人、物、事が) 危険な状態を引き起こしそうだという意味で「危ない」のであるから、人が危ない状態にある場合は、次のようにいう。→ You are in danger. (危ないよ)

● (2) ＜It is 形容詞＋that節＞の形しかとらない形容詞は、主に話し手の感情を表すような意味を持つものが目立つ。

> strange (奇妙だ)、odd (変だ)、sad (悲しい)、surprising (驚きだ)、disappointing (つまらない)、irritating (腹立たしい) など

※このパターンの形容詞の構文の注意点2つ。
その1：①＜it is 形容詞 for 人 to do...＞と②＜it is 形容詞 that ...＞を使い分ける形容詞possibleに注意する。

①の構文は「能力や可能性」を述べる構文である。It is possible that ...に書き換えられない。一方、②の構文は「推量」を表す。
→ It might be possible for her to master the dance in a few days.
(彼女は、数日間でそのダンスをマスターするのが可能であろう)
Would it be possible to exchange this for another one?
(これを他のと交換していただくことは可能ですか)
　[×Would it be possible that you will exchange ...?]
It is possible that she mastered the dance in a few days.

127

(彼女は数日のうちに、そのダンスをマスターしたかもしれない)

その2：①「主観的判断」や②「感情の強調」を表す場合that節内にshouldが入るが、shouldのない形とのニュアンスの違い

→① (a) It is natural that he should have doubts about it.
(彼は、そのことに疑問を抱いても当然だ)

(b) It is natural that he has doubts about it.
(彼が、そのことに疑問を抱いているのは当然だ)

［違い］(a) 彼が疑問を抱いているかどうかを話者は知らない。
(b) 話者は彼が疑問を抱いているのを知っている。

→② (a) It is surprising that she should say so.
(彼女がそう言っているとは驚きだ)

(b) It is surprising that she says so.
(彼女が実際そう言ったのは驚きだ)

［違い］(a) 本当に彼女がそう言ったかどうかを話者は知らない。
(b) 実際に彼女がそう言った。

攻略35. 仮目的語構文

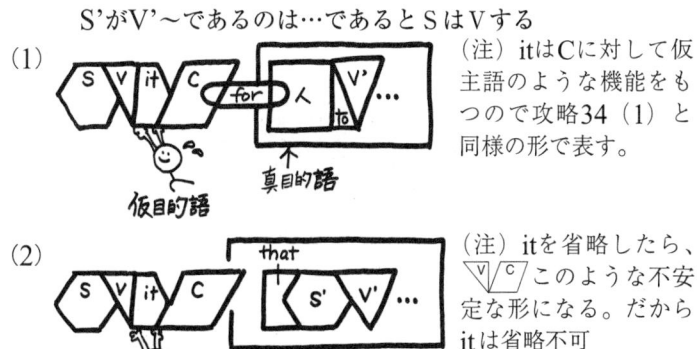

● 仮目的語構文
(1) S + V + it + ... + (for 人) + to do〜：
　　（人が）〜するのが…であるとSはVする
(2) S + V + it + ... + that S' + V' 〜：
　　S'がV'〜であるのは…であるとSはVする

(1) [図：S V it C for 人 to V'... 仮目的語 真目的語]

（注）itはCに対して仮主語のような機能をもつので攻略34（1）と同様の形で表す。

(2) [図：S V it C that S' V'... 仮目的語 真目的語]

（注）itを省略したら、V/C このような不安定な形になる。だからitは省略不可

(1) I found it necessary for them to **streamline** the system.
（私は、彼らがそのシステム**を合理化する**のが必要だと分かった）

(2) I thought it strange that the petition had been turned down.
（私は、その請願が却下されたのはおかしいと思った）

● (2) that節の直前に目的格補語（形容詞）がこない例もある。
→ I take it from your silence that you are not happy with my answer.
（君が黙っているということは、私の答えに不満なのですね）
from以下はthat節内のことがいえる「判断の根拠」を表している。
※仮目的語のitが前置詞の目的語になっている例もある。

→ You must see to it that the payment is paid in full.
(支払いがきちんと完全に行われるよう取り計らうように)

攻略36. ＜it is 形 of 人 to do＞構文

● ＜it is 形 of 人 to do＞構文
It is ... of 人 to do〜：　〜するなんて人は…だ
［＝人 is ... to do〜.］

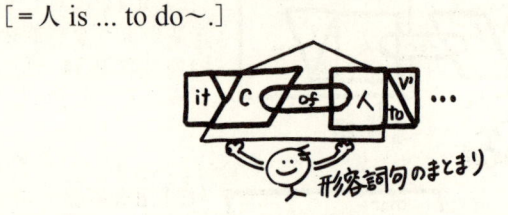

(1) It is sensible of you to take his advice.
(彼の忠告を聞くとは、あなたは賢明な人です)

(2) It was wrong of him to **swindle** money out of the customers.
(客の金**をだまし取る**なんて、あいつはけしからんやつだ)

● (2)「道徳的に反する、正義に反する、不正な」を意味するときは、＜of 人 to do ...＞の構文であるが、「事実に反する、判断・行動などが間違った」を意味するときは、＜for 人 to do ...＞の構文となる。

→ Is it wrong for me to want to be a doctor?
(私が医者になりたいと思うのは間違っていますか)

第1章　動詞に関わる構文

攻略37.　itの特殊構文

● 「～のようだ」の構文
(1) It seems that S + V ～　：SがV～であるようだ
　　[= S seems to V～]
(2) It is likely that S + V ～：SがV～であるようだ
　　[= S is likely to V～]

(1) [図: it seem S' V' ...]

（注）that（ ）を入れてなくても形が安定している。だからthatは省略不能である。

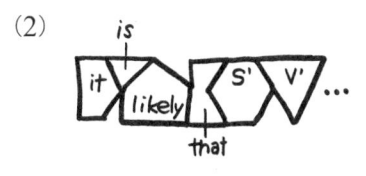

(2) [図: it is likely that S' V' ...]

(1) It seems that he is **pretty flush** these days.
（彼は近ごろ金回りがよいようだ）
(2) It is likely that her full schedule **bears witness to** her popularity as a speaker.
（彼女の予定がいっぱいなのは講演者として人気がある**証拠**であろう）

● (1) 次のように言い換えられる。
　→○He seems to be pretty flush these days.
　　○He seems pretty flush these days.　[to beは省略できる]
　　×He seems that he is pretty flush these days.
　　×It seems for him to be pretty flush these days.

131

※次の (a) と (b) の違いに注意すること。
(a) It seems that the diamond is real.
(そのダイヤモンドは本物であるようだ)
(×That the diamond is real seems.) [itは仮主語ではない]
(b) It seems certain that the diamond is real.
(そのダイヤが本物であるということは確からしい)
(○That the diamond is real seems certain.) [itは仮主語]

8. there構文

●存在構文の存在意義

一見意味が似ている2つの文を比べてみましょう。

(a-1) The book is on the desk.
(本は机の上にある)

(a-2) There is a book on the desk.
(机の上に本がある)

日本語訳に注目すると、(a-1)で「本は」、(a-2)で「本が」と訳されていますね。(a-1)は旧情報、(a-2)は新情報であることが分かります（→p.381)。旧情報と新情報については次のようなことがいえます。具体例と共にまとめておきましょう。

情報→	旧情報	新情報
日本語の助詞	「は」でマークする →「本は」	「が」でマークする →「本が」
英語の冠詞	定冠詞＋名詞句 →「the book」	不定冠詞＋名詞句 →「a book」

以上のことから、(a-1)文ではthe bookが旧情報なので、on the deskが新情報、(a-2)文ではa bookが新情報で、on the deskは旧情報です。there構文は、あるものが存在しているという新情報を導入する構文（＝存在構文）であるといえます。相手が知らない存在物を、相手に知らせるということが主な使命の構文であるという点において、この構文の存在意義があるのです。

●there構文は意味的に2種類、統語的に3種類、見た目は4種類

there構文は実に奥が深いのですよ。次の文を比べてみましょう。観点によって、種類は2つになったり、3つになったり、あるいは4つになったりします。次の4つの文を味わってみましょう。

(b-1) There were some vital errors in the statement of **accounts**. (**決算**報告に致命的な誤りが数カ所あった)

(b-2) There arose many trivial objections during the meeting. (会議中はつまらない反対意見がたくさん出た)

(b-3) There walked into the room a three-year-old **tomboy**. (部屋の中に入ってきたのは3つの**おてんば娘**だった)

(b-4) There was stolen from the safe **an ocean of** money. (その金庫から盗まれたのは**山ほどの**お金だった)

どのthere構文も新情報（Xで表すことにする）を導入するという意味では、1つの機能を持っているといえます。各文において、新情報の箇所は下線部で示しています。

しかし、訳のパターンでは、(b-1) と (b-2) は「XがVする」型で、(b-3) と (b-4) は「VするのはXだ」型です。つまり、(b-3) と (b-4) は、Xの部分を強調しています。意味的な視点から2種類に分けることができるわけです。

統語（＝単語と単語の結びつきの視点）的には、次の3種類に分類できます。

構造型		その例
(c-1)	「There＋V＋X＋〜」の型	(b-1) と (b-2)
(c-2)	「There＋V＋〜＋X」の型	(b-3)
(c-3)	「There＋be＋V-ed＋X」の型	(b-4)

(c-3) の構造において、V-edの後に「〜」がないのは、〜の部分が文末に移動可能だからです。ただし、容認度はそれほど高くありません。一方、(b-3) の場合はinto the roomの部分は移動不可能です。

(d-1) △There was stolen an ocean of money from the safe.

(d-2) ×There walked a three-year-old tomboy into the room.

最後に、やはり (b-1) 〜 (b-4) はそれぞれが違った形に見えますね。だから、単純に見た目で考えるとthere構文は4種類あるみたいですね。

第1章 動詞に関わる構文

●there構文を一歩進んで考えよう

一般に (b-3) のthere構文の典型的な訳が「VするのはXだ」ということからも分かるように「提示のthere構文」と呼ばれています。また、同じ訳が可能な (b-4) の構文は形が異なるので、その形を強調して「受動のthere構文」と呼ばれます。

この2つのthere構文は、存在構文の世界の常識を覆します。つまり、導入する新情報が定名詞句（つまり、定冠詞やone'sなどがついた限定表現）でもよいのです。

- (e-1) ×There was his pocketbook on the desk.
   （机の上に彼の手帳があった）[通常の存在構文]
- (e-2) ○There ambled into the room my neighbor's frog.
   （部屋の中にひょっこり入ってきたのは近所の蛙だった）
- (e-3) ○There was given to her the before-mentioned jewel box. （彼女に与えられたのは前に述べた宝石箱だった）

(e-3) は「受動のthere構文」で、定名詞句が後続可能ですが、よく似た次の文は通常の「there構文」（＝存在構文）だから文法的には不可能です（日本語もちょっと変ですね）。

- (f) ×There was the before-mentioned jewel box given to her. （△彼女に与えられた、以前述べた宝石箱があった）

●提示のthere構文と受動のthere構文の違い

受動のthereが提示のthereより制限が少ないことを示しましょう。

	提示のthere構文	受動のthere構文
A	疑問文が作れない。	疑問文が作れる。
B	間接疑問節に生じない。	間接疑問節に生じる。
C	強調構文の焦点になれない。	強調構文の焦点になれる。
D	否定文が作れない。	否定文が作れる。

具体例を挙げておきましょう。各文の1番は「提示のthere構文」、2番は「受動のthere構文」です。なお、(g)～(j)はそれぞれ、上記の表の、A～Dの項目に相当します。

(g-1) ×Did there walk into the room a fierce-looking **tomcat**?
(部屋に入ってきたのは、恐ろしい顔をした**オス猫**ですか)

(g-2) ○Was there given to her by him such a valuable jewel?
(彼から彼女に与えられたのは、そんな価値のある宝石だったの)

(h-1) ×I am not sure why there came out of the mansion **a loose fish**.
(その大邸宅から出てきたのが、なぜ**だらしない男**だったのかは、よく分からない)

(h-2) ○I am not sure why there was offered to him by his close friend **an unfavorable proposal**.
(彼の親友から彼に申し出られたのが、なぜ**不利な提案**であったのかは、よく分からない)

(i-1) ×It was an objection that there arose among them.
(彼らの間に起こったのは1つの反対意見であった)

(i-2) ○It were the remains of an unknown civilization that there were excavated.
(発掘されたのは、知られざる文明の遺跡であった)

(j-1) ×There doesn't stand on her dresser a unique lamp.
(△彼女の鏡台にないのは、ユニークなランプだ)

(j-2) ○There was not **hijacked** an invaluable bag.
(△**強奪され**なかったのは、非常に高価なバッグであった)

攻略38. ＜there + V + X + 〜＞の構文

● 存在のthere構文

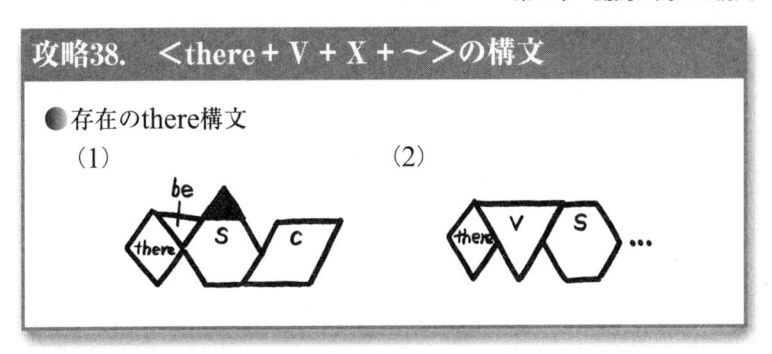

(1) Since there were no taxis available, we walked home.
（タクシーがつかまらなかったので、我々は歩いて帰った）

(2) There came more questions than answers during the press interview.
（その記者会見では、回答が追いつかないほど質疑応答が活発だった）

● (1) there構文も分詞構文化が可能である。その場合、thereは主文と一致しないので、分詞構文の意味上の主語となる。
→ There being no taxis available, we walked home.

● (2) この動詞の部分に入るべき単語は、主に存在を表す動詞である。

ひとことメモ ─────────────── memo

（存在関連の動詞を用いたthere構文）

(a) There remains one more important problem to be settled.
（未解決の重要問題がもう1つ残っている）

(b) There followed a few minutes of awkward silence.
（それから気まずい沈黙が数分続いた）

(c) There once lived an old man who liked going firewood gathering.
（昔［あるところに］柴刈りに行くのが好きな老人が住んでいました）

攻略39. ＜there + V + ～ + X＞の構文

● 提示のthere構文

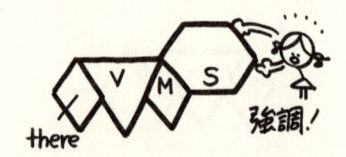

（注）there構文における意味上の主語（S）は焦点となる。特に文尾にSが現れると強調を示す。パターン表記でも強調して上にSをつける。

(1) There appeared as a witness in court a man **of an athletic build**.
（裁判の証人として出頭したのは、**たくましい体つきの**男であった）

(2) There ambled about in the park **a pack of** bad guys.
（公園をぶらぶらしていたのは、悪い男**の一団**だった）

● (1) 存在や出現、または移動の意味の動詞が、この構文で用いられる。存在や出現の反対概念ともいえる意味の動詞は用いられない。
→×There disappeared from the scene the man **of word**.
（そのシーンから消え去ったのは、その**約束を守る**男だった）

● (2) 「ぶらぶら歩く」という意味の単語は多い。
→walk aimlessly、amble/ramble/stroll/wander about、lounge/loiter/mooch/saunter/traipse alongなど

第1章　動詞に関わる構文

攻略40. ＜there + be + V-ed + X＞の構文

● 受動のthere構文
(1) There be V-ed+S+（～）．→　SがV（～）されている
(2) There be V-ed（～）+S．→　SがV（～）されている

※（1）と（2）は交換可能。

(1) With his honesty there was mingled an unfortunate blindness to reality.
（彼が正直なのはよいのだが、不幸にも現実を見なくなる面がある）

(2) There has been stolen from the safe **a mint of** money.
（その金庫から**大量の**お金が盗まれてしまった）

● (1) 直訳すれば「現実に対する不幸な盲目が彼の正直と混ざり合っていた」となる。元の文は次のようなものと考えられる。
　→ An unfortunate blindness to reality was mingled with his honesty.

● (2)「大金」（大量のお金）という意味の単語は多い。
　→ a large sum of money、a big sum of money、an enormous sum of money、a great deal of money、a pile of money、a pot of money、pots of money、a packet、a king's ransom

第2章
一文に関わる構文

＜英語界、文の種類は4種類＞

　英語の世界では、文型は5つあるとされていますが、文の種類は、さらに1つ減って4種類しかありません。

　平叙文、疑問文、命令文と感嘆文です。「あれ、否定文は？」という声が聞こえてきそうですが、否定文は、これらの4種類の文にそれぞれ存在します。だから文の種類の1つに挙げられないのです。

　肯定文と否定文の2種類の文が、上記4種類の文にあるので、総合すれば8種類の文ができますね。

　それでは、この4種の文の奥深さをご賞味ください。

第2章 一文に関わる構文

1 平叙文

文の種類に4つあります。平叙文、疑問文、命令文、感嘆文の4つです。この節では平叙文の特徴とその構造を学びます。

● 平叙文とは何か

文の種類は4つあります。表にまとめておきましょう。

平叙文	一般に事実を述べる文
declarative sentence	形式はS+V〜の形
疑問文	一般に疑問を述べる文
interrogative sentence	形式は主語と助動詞（成分）の倒置型を含み、疑問詞を用いることもある。 ※要求、依頼、勧誘、提案、命令なども表す。
命令文	一般に命令を表す文
imperative sentence	形式はV〜の形 ※Don'tやLet'sやDo（強調）がつくこともある。
感嘆文	一般に感動を表す文
exclamatory sentence	形式は How+形容詞/副詞+S+V！ What ...名詞+S+V！

以上の4つの文は重なることはなく、独立しています。つまり、平叙疑問文や命令感嘆文などはないということです。一方、否定文について言えば、これらと重なる場合があります。

　（a）否定平叙文　He is not an able accountant.
　　　（彼は有能な会計士ではない）

（b）否定疑問文　Isn't he an able accountant?
　　　　（彼は有能な会計士ではないか）
（c）否定命令文　Don't think negatively.
　　　　（マイナス思考はするな）
（d）否定感嘆文　△How negatively he doesn't think!
　　　　（△彼はなんとマイナス思考をしないのでしょう）
※否定感嘆文はあまり使われない。

● 平叙文だけが事実を表すとは限らない

次の4つの文を見てみましょう。
　（e）No one knows.（誰も知らない）
　（f）Who knows?（誰が知っているのであろうか）
　（g）You must go at once.（すぐに行かなければならない）
　（h）Go at once.（すぐに行きなさい）
　（e）と（g）は平叙文ですね。（f）は疑問文、（h）は命令文です。ところが、文の機能（＝役割）の面を考えると、（e）と（f）は事実を述べる文です。（f）は修辞疑問という疑問文で、No one knows.と同じ意味になります。
　また、（g）と（h）は命令を表す文ですね。だから機能と文の種類は、必ずしも一致しません。まとめておきましょう。

	事実を述べる	命令を表す
平叙文	No one knows.	You must go at once.
その他の文	Who knows? （疑問文）	Go at once. （命令文）

● 平叙文が事実だけを表すとは限らない

　平叙文は一般に事実を表すことに用いられますが、I thinkなどを用いると、事実のみならず意見を表すこともできますね。
　I thinkの構文が、「そのような意見を持っているという事実」を表

すという捉え方もできますね。その場合は幅広い意味で、平叙文は事実を表すといえます。

しかし、事実とは異なることを仮定する文も存在します。これが仮定法（→p.215）です。

(i) If you had let him know the fact, he would have been shocked.
（もしあなたが彼にその事実を知らせていたら、彼はショックを受けたことでしょう）

(j) Because you didn't let him know the fact, he was not shocked.
（あなたはその事実を彼に知らせなかったので、彼はショックを受けなかった）

上の (i) が仮定法の例で、その仮定法の文が意味する内容は (j) の文です。(j) の文は直説法と呼ばれます。

第2章 一文に関わる構文

2 疑問文

> 疑問文には、一般疑問文、特殊疑問文、選択疑問文そして、付加疑問文の4種類があり、最初の3つにそれぞれ間接疑問節があります。

●疑問文は7つの形を持つ

疑問文には、一般疑問文（Yes-Noで答える疑問文）と特殊疑問文（疑問詞で始まる疑問文）と選択疑問文（orが入った疑問文）と付加疑問文（平叙文にYes-No疑問文の短縮形が付加された疑問文）の4種類があります。

間接疑問の用法は、一般疑問文と特殊疑問文と選択疑問文に存在します。間接疑問を用いた節のSVの部分は倒置されないのが原則です。表でまとめておきましょう。現在形の形で代表する。

	直接疑問文	間接疑問節
一般疑問文	be動詞の文 →Am/Are/Is S ...?	if/whether S be C
	一般動詞の文 →v+S+V...?	if/whether S V ...
特殊疑問文	be動詞の文 →Wh~ am/are/is S/C ...?	Wh~ S be / Wh~ be C
	一般動詞の文 →Wh+ v +S+V...? →Wh+ (v) +V...?	Wh S (v) V ... Wh (v) V ...
選択疑問文	be動詞の文 →Am/Are/Is S [A] or [B] ?	if/whether S be [A] or [B]

	一般動詞の文 → v＋S＋V [A] or [B] ?	if/whether S (v) V [A] or [B]
付加疑問文	肯定文なら否定文の疑問形 否定文なら肯定文の疑問形 をその後につける。(→p.151)	存在しない

注1：直接疑問文という言葉はあまり用いられないが、本書では「間接」に対して用いる。間接疑問節と呼び、間接疑問文といわないのは、この形で独立した文ができないからである。

注2：vとは助動詞（的部分）を表す。つまり、doやdoes、また、助動詞、さらに、進行形や受身形の場合のbe、完了形の場合のhaveを表す。一般疑問文のそれぞれの形を具体的に表すと次のようになる。

		現在形	過去形
do/does/did型		Do/Does S V ...?	Did S V ...?
助動詞型		Will/Shall/Can/May/Must S V ...?	Would/Should/Could/Might S V ...?
be型	進行	Am/Are/Is S ~ing ...?	Was/Were S ~ing ...?
	受身	Am/Are/Is S ~ed ...?	Was/Were S ~ed ...?
have/has/had型		Have/Has S ~ed ...?	Had S ~ed ...?

攻略41. Wh疑問文

●Wh疑問文の法則
Wh句は複数の節を飛び越えて文頭に移動できる。

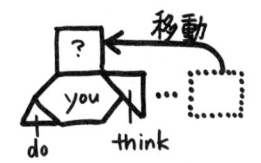

(1)　　　　　　　　(2)

ただし、例外があり、次の条件による。
(a) 主語の中からWh句を取り出せない。
(b) 形容詞節の中からWh句を取り出せない。
(c) 副詞節の中からWh句を取り出せない。
(d) 他のWh節を飛び越せない。

例外の例
(a) ×What does the picture of make her smile?
（何の写真が彼女をにこりとさせるの？）
(b) ×Who did they discuss the suggestion that should be in charge of the task?
（誰がその仕事を担当すべきだという提案を彼らは議論したの）
(c) ×What are you going to study it after you finish doing?
（何をし終わった後で、それを勉強するつもりなの）
(d) ×To whom did John wonder what Mary gave?
（ジョンは、メアリーが何を誰にあげたと思っているの）
※日本語はそれほど変ではない点にも注目しよう。

(1) What do you think that John believes that Mary said that Jack bought?
（あなたは、何をジャックが買ったとメアリーが言ったと、ジョンが信じていると思いますか）

(2) Excuse me, but I seem to be lost. Where am I now?
（すみませんが、どうも道に迷ったようです。ここはどこですか）

●(1) Wh句のwhatは元来boughtの直後にあって、そこから文頭に移動したと考えられる。
移動の様子を図式で示すと次のようになる。

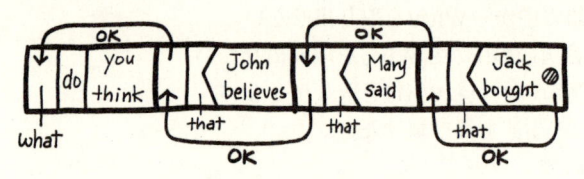

例文（1）の図式

例外の例（d）の図式

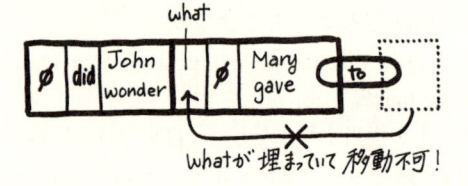

Whの入るところとthatの入るところが存在し、Wh句はあいている空白に入り込みながら移動する。もし、この部分に何かが入っていたら移動はできなくなり、生み出された文は非文法的ということになる。

● (2)「ここはどこ？」をWhere is here?とは言わない。なお、whereの意味はin which place（どの場所に）とto which place（どの場所へ）の意味を持ち、from which place（どの場所から）の意味を持たない。
　→○Where do you live?
　　　（どこ［＝どの場所］に住んでいるの）
　　○Where are you going?
　　　（どこ［＝どの場所］へ行くのですか）
　　○Where do you come from?
　　　（どこ［＝どの場所］出身ですか）
　　×Where do you come?
　※旅行などで道に迷ったときは、目的地への行き方を尋ねるのが普通で、Please tell me the way to ...などと聞く。だから、Where am I?は頻繁に使われる表現ではない。もし使う場合は、nowを伴うのが望ましい。

なるほどコラム No.4 ─────── Column

(複数の疑問詞を使う場合、どの疑問詞が文頭にくるのか？)

疑問詞を用いる疑問文において、疑問詞を文頭に用いるのが原則ですが、平叙文の形の文ならば疑問詞は元の位置のままの文も非文法的ではありません。

(1) a. You were absent from school when?
　　　（いつ学校を休んだの）

　　b. ×Were you absent from school when?

さて、疑問詞が複数生じるような文は作れるのでしょうか。例えば、日本語では「いつどこで誰が何をしたの」は意外と平気で作れますね。例えば、これは英語で言えるのでしょうか。4つの疑問詞を、それぞれ文頭で用いてみましょう。

(2) a. △When did who do what where?

　　b. △Where did who do what when?

　　c. ○Who did what when and where?

　　d. △What did who do when and where?

(2c)が正しいんですよ。これで分かると思いますが、疑問詞が複数生じた場合は動かさないほうがよいのですね。ただし、(2a)、(2b)および(2d)は、口語では用いられる可能性があります。

また、疑問詞を2つ用いた形も、平叙文の形が普通ですよ。例えば「君はいつどこで、それを聞いたの」という文は (3a) が正しく、(3b) は間違いです。

(3) a. ○You heard of that when and where?

　　b. ×When did you hear of that where?

ただし、andを用いるとwhereの疑問節を普通につないで、where以下を省略した形なので、OKとなります。

(4) 　○ When did you hear of that and where?

攻略42. 平叙文＋付加疑問

● 付加疑問文の法則　その1
(1) 肯定平叙文には、否定疑問の形を付加する。
(2) 否定平叙文には、肯定疑問の形を付加する。

(1) You had better be getting along, hadn't you?
（そろそろ出発したほうがいいですね）
(2) This method isn't going to **hinder** the rest of the work, is it?
（この方法だと、後の作業に**差し支える**ということはないですね）

● (1) had betterは助動詞のように機能しているので、付加疑問にするときは、hadを否定形にする。
→×You had better be getting along, didn't you?
※get alongに「その場を立ち去る」という口語の意味がある。
● (2) 相手に同意を迫ったり、脅したりするような場合には、肯定平叙文に肯定疑問の付加をする場合もある。
→ You told the truth, did you?
（本当のことを言ったのでしょうね）

攻略43. 命令文 + 付加疑問

● 付加疑問文の法則　その2
(1) 肯定命令文には、否定疑問と肯定疑問のどちらも付加できる。
(2) 否定命令文には、肯定疑問の形しか付加できない。
(3) Let's ...の命令文には、shall we?を付加する。

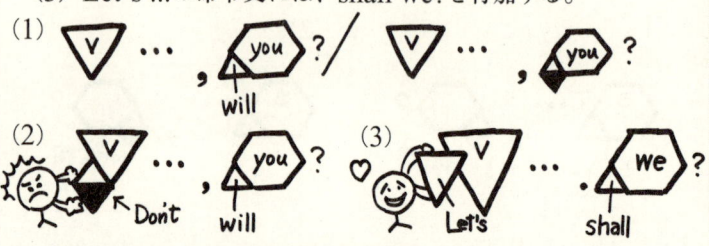

(1) Cut the **claptrap**, will you?（**はったり**はやめてください）
(2) Don't **be out to** make a quick profit, will you?
　　（手っ取り早く儲けようと、**必死になる**な）
(3) Let's leave this plan until **the time is ripe**, shall we?
　　（この企画、**機が熟す**のを待ちましょうか）

──────────────────────────────

● (1)「はったり」の英語に次のようなものもある。
　　→a bluff（こけおどし）/ heroics（人気取り）
● (2)「手っ取り早く」という副詞表現に次のようなものがある。
　　→expeditiously / with dispatch / more effectively / in a practical way
● (3)「機が熟すのを待つ」の他の表現
　　→wait for a ripe opportunity / wait until the ripe moment comes

第2章 一文に関わる構文

3 命令文

英語の文には主語が必要ですが、命令文のみ唯一の例外です。命令文の奥深さと共に、その特徴と役割をしっかり学びましょう。

●命令文の基本形式

命令文は動詞の原形で始まり、主語はつけません。肯定命令文の強調にはDoを用いるのが原則ですが、口語ではJustを用いることもしばしばあります。

否定の命令には通例Don'tをつけますが、Neverをつけることもあります。Don'tの否定命令文とNeverの否定命令文のニュアンスの違いを理解しておきましょう。

なお、Never命令文は、特定のときを表す副詞（句・節）を用いることはできません。

Don't 命令文	Never 命令文
Don't try to be sophisticated. Just be yourself. 気取った振る舞いをしてはいけないよ。自分らしくしましょう。 →現実に気取った振る舞いをしようとしているような場合に用いられる。	Never break your word. 決して約束を破ってはいけない。 [=Don't ever break your word.] →neverを用いる場合は、否定の強調を表す。 　口語では、Never mind!（気にするな）以外はあまり用いられない。
○Don't be late tomorrow. 　明日は遅れるなよ。	×Never be late tomorrow. 　日常的な心得を述べるのがneverであるから、具体的な時を入れない。

153

●命令文の制限

相手が自分でコントロールできることしか命令文にできません。例えば、be tall.（背が高くあれ）というのは無理な命令ですね。表にまとめて確認しましょう。

	自分で制御可能なこと	自分で制御不可能なこと
動詞	Listen.（聞きなさい） Come in.（入りなさい）	×Know.（知りなさい） ×Resemble〜.（〜に似なさい）
be＋形容詞	Be careful.（注意せよ） Be honest.（正直であれ）	×Be careless.（不注意であれ） →carelessであることは意識的にできない。
受身形	Don't be taken in.（だまされるな） Don't be surprised.（驚くなよ）	×Be taken in.（だまされよ） ×Be surprised.（驚け） →これらも意識的には不可。
	Get washed.（体を洗え） Get dressed.（服を着ろ）	×Be washed. ×Be dressed.
進行形	Be listening to this station the same time tomorrow night. （では、明晩の同時間にこの局の放送をお聞きください）	×Be going to do it. （△それをする予定であれ） →予定であるという状態にするのは意識的には無理。
完了形	Have the work done by 6 p.m. （午後6時までに仕事を終えてください）	完了形は容認度が低い。 △Have done the work by 6 p.m. （△午後6時までに仕事が終わっておれ）

一般に、動作は命令できますが、状態は命令できません。なぜなら「ある状態」になることは自己コントロールが不可能だからです。

だから、状態動詞、肯定の受身形、進行形、完了形の命令文はあまりありません。一方、動作を暗示するget＋p.p.の形の受身形はOKです。また、受身でも否定文の場合は、自己制御可能である場合が多いのでOKです。

攻略44. 命令文の否定

●命令文の否定の法則
(1) Don'tを動詞の前につける。[現在における命令]
(2) Neverを動詞の前につける。[現在から未来にかけての命令]

(注)▽の形は不安定。これはNot V〜が非文法的であることを示す。

ただし、Let'sの否定文はLet's not ...とする場合がある。

(1) Don't underestimate the power of **word-of-mouth communication**.
(口コミの力を侮ってはいけない)

(2) Never try to put on airs. Just be yourself.
(どんなときにも気取った振る舞いをしようとしないことだ。とにかく自分らしく振る舞おう)

●(1) Let's ...(…しよう)の否定命令文は次の3種類が存在する。例えば、「ここで午後11時までいるようなことのないようにしよう」を英訳すると…。
→ (a) Let's not stay here until 11 p.m.
　(b) Let's don't stay here until 11 p.m. [米用法]
　(c) Don't let's stay here until 11 p.m. [英用法]

第2章 一文に関わる構文

攻略45. 命令文の強調

● 命令文の強調の法則
(1) 肯定命令文には、DoやJustを動詞の前につける。
(2) 否定命令文には、Do notやDon't youを動詞の前につける。
　　　　　　　　　　　　　　　　　　[notには強勢が置かれる]

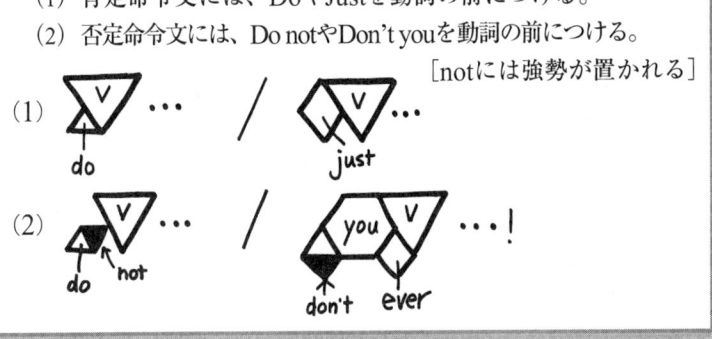

(1) Don't try to do it; do it. Just do it.
（それをしようとするのではなく、しなさい。そうするだけでいい。）
(2) Don't you ever be late again!
（君はもう二度と遅刻するなよ）

● (1) justは意味を和らげる効果も持つ。
→ Just imagine your own home near the beach.
（その海岸近くに自分の家を持つことを、ちょっと想像してごらん）
● (2) この命令文にyouが現れているが、肯定命令文にもyouは現れることがある。この場合は、「You+動詞の原形」で始まり、(a) 他の人との区別を示す場合と、(b) 話者のいらだちなどを表す場合の2つに分けられる。
→ (a) You sing the melody and I will harmonize.
（あなたはメロディーを歌いなさい。私がハーモニーをつけます。）
(b) You are always careless. You be careful this time.
（いつも不注意なんだから。今回は注意深くしろよ。）

なるほどコラム No.5 ──────────── Column

(命令文におけるbe動詞の強調は珍しい?)

be動詞でも命令文は作れます。

(1) Be quiet. (静かに)

(1)を強調した強い命令文を作るにはdoが使用されます。

(2) Do be quiet. (静かにしなさい!)

この文の付加疑問は、don't you?ではないことに注意しましょう。

(3) a. ○Do be quiet, won't you?
     b. ×Do be quiet, don't you?

さて、このdoは通常のbe動詞の文では、使えません。

(4) × He does be a **dyed-in-the-wool** salesperson.
  (彼は**筋金入りの**セールスマンだ)

この意味を強調したいのなら、be動詞にアクセントを置くか(ISで示す)、reallyなどの副詞で強調するなどの方法を利用します。

(5) a. He IS a dyed-in-the-wool salesperson.
    b. He is really a dyed-in-the-wool salesperson.
    c. He really IS a dyed-in-the-wool salesperson.
    d. He is a real dyed-in-the-wool salesperson.

なお、doによる強調は、他に助動詞があるとき [→ (6a)]、不定詞があるとき [→ (6b)]、動名詞があるとき [→ (6c)] などのときは使えません。そして疑問文のとき [→ (6d)] も使えません。

(6) a. ×I will do write to you. (必ずお便りします)
    b. ×Ann seems to do study. (アンは真の勉強家のようだ)
    c. ×He is fond of doing meditate. (彼は瞑想が大好きだ)
    d. ×Who did come? (いったい誰が来たの)

これらは次のように強調できるでしょう。

(7) a. I WILL write to you. [willにアクセントを置く]
    b. Ann seems to study very much. [副詞句を用いる]
    c. He is really fond of meditating. [副詞を用いる]
    d. Who on earth came? [on earthやin the worldを用いる]

第2章 一文に関わる構文

攻略46. Please＋命令文

●命令文の丁寧さの法則
(1) 命令の内容が話者の利益になる場合はpleaseをつけると丁寧。
(2) 命令の内容が聞き手の利益になる場合はpleaseをつけないほうがよい。(pleaseをつけると、かえって押しつけがましい)。

相手に負担がかかることを「－」、相手が得することを「＋」とすれば、pleaseには符号を変える力があると言える。

(1) Please let me know when you are finished.
（終わったら私に知らせてください）
(2) Please help yourself to the drinks.
（飲み物をご自由にお取りください）

★参考：「気配りの原則」(Tact Maxim)
　英語の世界には「相手に対する負担を最小限に、相手に対する利益を最大限にせよ」という原則（＝「気配りの原則」）が働きます。次の文は、下にいくほど相手に対する負担が多くなります。だから「気配りの原則」により、下の表現ほどpleaseをつけるとよいのです。
　(a) Have another sandwich. (もう1つサンドイッチをどうぞ)
　(b) Enjoy your holiday. (楽しい休暇をお迎えください)
　(c) Look at that. (あれを見てごらん)
　(d) Hand me the newspaper. (新聞をとってください)
　(e) Please peel these potatoes. (芋の皮をむいてください)
※本文(2)にpleaseがつくのは、この行為にも負担がかかるから。

第2章 一文に関わる構文

4 感嘆文

感嘆文は、HowまたはWhatで始まり、感嘆符で終わる形式の文です。感嘆符を用いる他の用法も含め、きっちり学んでおきましょう。

●感嘆文とは何か？

人間は感動する動物ですね。だから、文の形式にも「感嘆文」というのが存在するのでしょう。感嘆文の形は、よく知られているように、次の2つが原則です。

How型 How+形容詞/副詞+SV...!	How beautiful Mt. Fuji is! （富士山はなんと美しいのだろう）
What型 What+名詞句+SV...!	What an able man he is! （彼はなんと有能な男なのだろう）

感動すれば一般に、主語や動詞などもわざわざ言わなくなるので、How句やWhat句だけの表現になります。How beautiful!やWhat an able man!のような使い方が口語ではあたりまえです。

感嘆文と疑問文では、語順が異なります。

　　(a) How old is he?（彼は何歳ですか）［疑問文］
　　(b) How old he is!（彼はなんと年寄りなのだろう）［感嘆文］

ところが、How型、What型ともに、主語の部分が感動の箇所ならば、語順は一致してきます。違いは最後の句読点のみになります。

　　(c-1) How many flowers are on the table?　［疑問文］
　　　　（何本の花がテーブルにありますか）
　　(c-2) How many flowers are on the table!　［感嘆文］
　　　　（なんと多くの花がテーブルの上にあるのでしょう）

(d-1) What sort of people have come to the party? ［疑問文］
(どんな人たちがパーティに来たのですか)

(d-2) What sort of people have come to the party! ［感嘆文］
(何という人たちがパーティにやって来たのでしょう)

●感嘆符を使う感嘆文以外の8つの用法

感嘆符は感嘆文の専売特許ではありません。感嘆文以外に8つあります。表にしてまとめておきましょう。

用法	例文
①祈願文 May...!の文で祈願を表す	May you enjoy many years of happiness! (末永くお幸せに)
②平叙文＋！	I say!（まあ驚いた） You don't say so!（まさか） I'll be hanged!（これは驚いた）
③疑問文＋！	Isn't it wonderful!（素晴らしくないかい） Don't you dare! （[提案に対して] 絶対やめておけ）
④命令文＋！	Stop crying, damn it!（おい、泣くなよ） Out with it!（さっさと言えよ） Down with the director!（独裁者打倒！）
⑤不定詞句＋！	To think of your coming here and not letting me know! (こちらに来ているのに知らせてくれないなんて)
⑥that節＋！ Oh that ... !や Would that ... !の形もある	That it should come to this! (こんなことになろうとは) Would that she had been here! (彼女がここにいたらなあ)

161

⑦間投詞＋！	Ouch!（痛い）　Bravo!（でかした）
	Ha, ha!（あはは）［笑い声、嘲笑］
⑧名詞句＋！	Poor dog!（かわいそうな犬）
	That awful dream!（あの恐ろしい夢）

第3章
複数の文に関わる構文

<複文の理解で「英語の壁」突破！>

　英語では、文が文の中に埋め込まれる現象は、注意が必要です。基本文型まで変えてしまうパワーがあるからです。
　　I want to make plain how culture is related to nature.
　上の文は、plainが補語、howの節が目的語の役割をしています。つまり、第5文型がSVCOの形に変形しています。意味は「私は文化がいかに自然と関わっているかを明らかにしたい」です。
　本章では、パワーのみなぎる複文の制覇に挑戦します。

第3章　複数の文に関わる構文

1　名詞節構文

名詞節には疑問詞を用いた間接疑問節、what系関係詞を用いた関係節、thatやif（またはwhether）を用いた接続節の3種類があります。

1.　Wh構文

●名詞の3レベルと2側面

　具体的なものや、抽象的なことを表し、文の要素すなわち、主語や目的語や補語になるのが、名詞です。

　この名詞には、単語の並べ方によって3つのレベルがあります。1語からなる「名詞（＝語のレベル）」、2語以上のまとまりからなる「名詞句」、主語と動詞を含む「名詞節」の3レベルです。

　ある事象に関し、それをどう思うかについては、大きく2つに分けられます。それは、確信と疑問の2種類です。例えば、次の2つの側面です。

　　(a-1)　英語を勉強するべきであるということ
　　(a-2)　英語を勉強するべきであるかどうかということ
　　(a-3)　何を勉強すべきかということ

　(a-1) は確信を示し、(a-2) と (a-3) は疑問を示しています。語のレベルでは、(a-1) ～ (a-3) に見られる文的な情報を表すことはできませんが、句と節のレベルでは表せます。

第3章 複数の文に関わる構文

	確信と疑問をどう表現するのか？		
句	確信	(a-1)	for us to study English
	疑問	(a-2)	whether to study English
		(a-3)	what to study
節	確信	(a-1)	that we should study English
	疑問	(a-2)	whether/if we should study English
		(a-3)	what we should study

● 「もの」は3レベルで表せる

　以上は「こと」を表す方法ですが、具体的な「もの」の表し方についてはどうでしょうか。これは語、句、節の3レベルで表せます。具体的な例を示しましょう。

語	名詞1つで表す	furniture（家具）
句	名詞句（＋前置詞句）	a piece of furniture（家具一点）
		some furniture in the room
節	Wh系関係節	what I bought yesterday
		（私が昨日買ったもの）

　なお、Wh系の関係詞は抽象的な「こと」も表せます。

　(b) What I really want to say is this.
　　　（私が本当に言いたいことは、このことです）

● 「もの」「こと」の表し方一覧

　「こと」と訳せる表現において、「SがVすること」と「SがVするということ」の違いを理解しておくことが大切でしょう。

　(c-1) what I want to say（私が言いたいこと）
　(c-2) that I want to say it（私がそれを言いたいということ）

　一般に、「SがVすること」と日本語で訳せる場合は、「SがVすること」という表現が示すのは「Vの目的語」です。

165

ここで、「もの」「こと」に関わる表現の表し方をまとめておきましょう。

	語	句	節
もの	○	○	×
SがVするもの	×	×	Wh関係節
こと	○	○	×
SがVすること	×	不定詞句	Wh関係節
SがVするということ	×	×	that節
SがVするかどうか	×	whether to do	whether/if節
Wh疑問	×	Wh句 to do	Wh疑問節

第3章 複数の文に関わる構文

攻略47. 間接疑問節

● 間接疑問節5種
（1）疑問代名詞＋V〜型
（2）疑問代名詞＋S＋V〜型
（3）疑問詞（whose/which/what）＋N＋V〜型
（4）疑問詞（whose/which/what）＋N＋S＋V〜型
（5）疑問副詞＋S＋V〜型

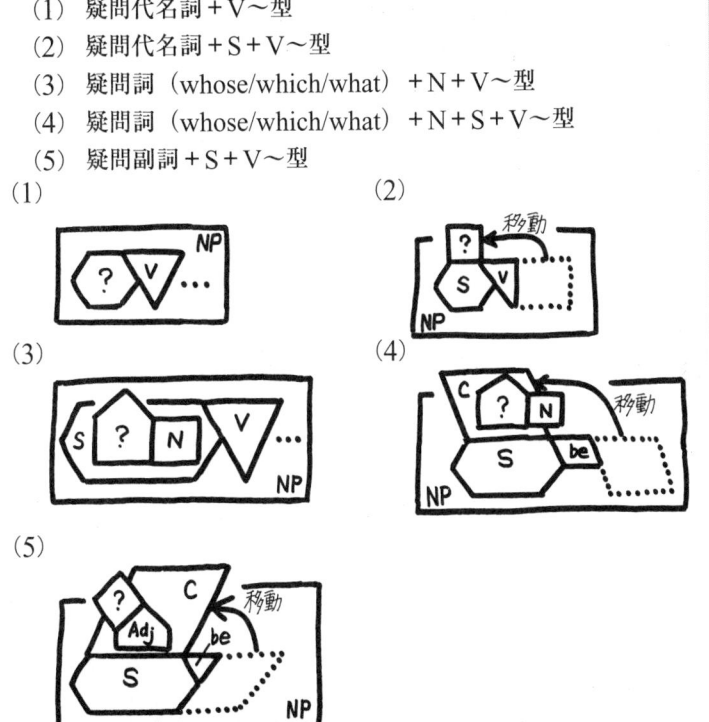

(1) Tell me who is qualified to be on the committee.
(その委員会の委員の資格があるのは誰であるか、教えてください)

(2) I know what they are keenly interested in.
(私は、彼らが何に非常に興味があるのか知っています)

(3) I'll inform you which person will be in charge of the project.
(どの方がその企画の担当者であるか、お知らせしましょう)

(4) Have you found out whose cellphone this is?
(これが誰の携帯電話か、分かりましたか)

(5) Recently I've been aware how weak my English actually is.
(最近はつくづく、私の英語力のなさを思い知らされる)

●参考：違いに注意
(a) He told me what he bought. ［what he boughtは間接疑問文］
(彼は買ったものは何であるかを教えてくれた)
(b) He brought me what he bought. ［what he boughtは関係節］
(彼は買ったものを私に持ってきた)

第3章 複数の文に関わる構文

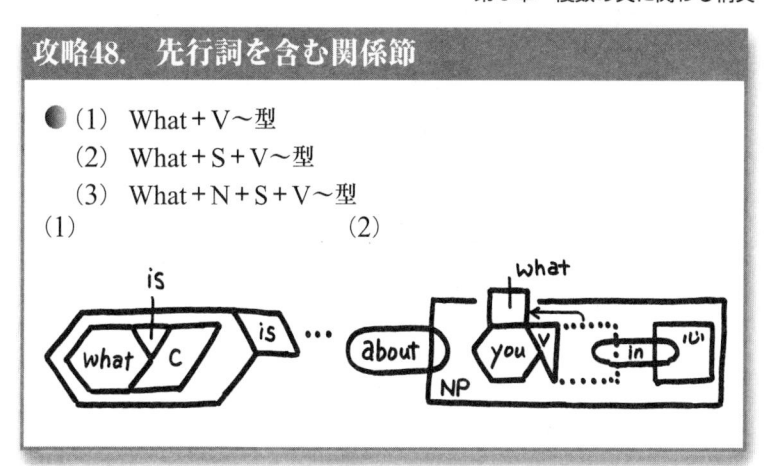

攻略48. 先行詞を含む関係節

● (1) What + V〜型
　(2) What + S + V〜型
　(3) What + N + S + V〜型

(1) What is most important is the feasibility of the plan.
（きわめて大切なことは、その企画の実行可能性である）

(2) Feel free to tell us about what you have in mind about it.
（それについて思うことを我々に忌憚なくお話しください）

(3) I will give you what help I can.（できるだけの援助をしましょう）

・・

● (1) この形の関係節が補語にきている例もある。

→ In this business planning ability is **what counts**.
（この業界では企画力が**肝心**だ）

● (2) aboutがなければ、間接疑問節となる。

→ Feel free to tell us what you have in mind about it.
（それについて何をお考えか、忌憚なくお話しください）

● (3) このwhat ...は「全部の…」を表す。他に次のような例がある。

→ I'll lend you what few books I have on the subject.
（その問題について私が所有している本は少ないですが、できる限りお貸しします）

なお、本文のcanの後にはgive youが省略されている。

2. that節の構文

●接続詞のthatは指示代名詞から派生した

英語構文において、thatはきわめて重要です。thatは指示代名詞、関係代名詞、従位接続詞という3つの役割をします。

指示代名詞は「話者の手元(=自分の領域)にあるもの以外のもの」を指すときに用いられます。聞き手が持っているものも、自分の領域にないので、thatを用いるのです。

(a) What is that? (それは何ですか)

聞き手の持っているものを指して、(a)のような疑問文を発することは可能です。「それ」という日本語からitを用いると思ってはいけません。itは文脈の中に出てくるものを指す人称代名詞だからです。

(b) You said you had bought something interesting. What was it?
(何か面白いものを買ったと言ってたね。それは何?)

(b)のように、itは文脈内の表現を指すのです。

自分の領域以外のものを指すthatは、関係代名詞を派生させることになります。日本語でも「それはね…」とか「そのような…」と話を続けることがありますね。英語のthatは、接続詞の役割を兼ねた代名詞(すなわち、関係代名詞)へ変化したわけです。関係代名詞の詳しい用法はp.187以降を参照しましょう。

(c) I want to buy a book that will be a great help in my study.
(私は自分の勉強に大いに役立つ、そんな本を買いたい)

さらに、thatは名詞にくっついて「そんな〜」という意味になりますが、thatが文にくっつくようになって、従位接続詞のthatが生まれたのです。

(d-1) that apple (そのようなりんご)

(d-2) that I want to eat an apple
(私がりんごを食べたいという、そんなこと)

(d-2)のような訳し方をすると、thatの指示代名詞としての意味の痕跡が感じ取れますね。

●that節の名詞的用法
　従位接続詞のthatは、名詞節になります。だから、主語となり、目的語となり、補語となります。
- (e-1)　That we should **rationalize** the systems is important.
　　　　（システムを**合理化する**ことが重要だ）[主語]
- (e-2)　The Road Traffic Act **stipulates** that drivers should not drink.
　　　　（道路交通法は運転者の禁酒**を規定している**）[目的語]
- (e-3)　**The upshot is** that they decided to relocate their main office.
　　　　（**結果として**、彼らは本社の移転を決定した）[補語]

英語は主語が長いのを好まない（→p.121）ので、(e-1)は仮主語構文にするのが望ましいとされます。ついでに、英用法のrationalizeを米用法のstreamlineにしておきましょう。
- (f)　◎It is important that we should streamline the systems.

特に、that節が主語の構文は、疑問文にできません。
- (g)　×Is that we should streamline the systems important?
　　　（システムを合理化することが重要ですか）

また、that節独特の同格の用法があります。
- (h)　Do you know the fact that the company went bankrupt?
　　　（その会社が倒産したという事実を知っていますか）

(h)文において、the factとthat節は同格の関係です。また同格に見える別の構文もあるので注意しましょう。
- (i-1)　the fact that he knows（彼が知っている事実）
　　　　[thatは関係代名詞目的格でknowの目的語を表す]
- (i-2)　the fact that he knows it

(彼がそれを知っているという事実)
[thatは従位接続詞で、that節とthe factは同格]

	品詞	役割	用法
(i-1) 文のthat	関係代名詞	形容詞節	thatは目的格
(i-2) 文のthat	従位接続詞	名詞節	同格用法

●that節の副詞的用法

この用法には主に2種類あります。表で示しておきましょう。

that節の副詞的用法	具体例
動作の目的を表す (→p.357)	Their father works hard that the family may live in comfort. (彼らの父親は、一家が楽に生活できるよう一生懸命に働いている)
感情の原因を表す (→p.68)	I am surprised that your wife objects. (奥さんが反対とは驚きですね。)

●thatの省略

「that+語」の形において、thatは省略できませんが、「that+文」の形においては、thatが省略可能な場合があります。

 (j-1) ○I like that car.（私はその車が気に入っている）
 (j-2) ×I like car.
 (k-1) ○I think that he is a **milliner**.
   （彼は**婦人帽販売業者**だと思う）
 (k-2) ○I think he is a milliner.

省略可能なのは、動詞と形容詞の直後にくる場合です。動詞の場合は、(k-2)で確認済みなので、形容詞の場合を示しましょう。

 (l-1) ○I'm sure that the prices will **skyrocket**.
   （きっと物価は**急騰する**よ）

(l-2)　○I'm sure the price will skyrocket.

それ以外は、省略不可能です。たとえ、動詞の後でも直後でなければthatの存在が望ましく［(m-1)］、また、同格用法では、動詞や形容詞の後ではないので、原則としてthatが必要［(n-1)］です。

(m-1)　○I think, if my memory is correct, that he was an **optician**.
　　　　（もし、記憶が正しければ、彼は**眼鏡屋**だったと思う）

(m-2)　△I think, if my memory is correct, he was an optician.

(n-1)　○There is a strong possibility that she will succeed.
　　　　（彼女が成功する見込みが高い）

(n-2)　△There is a strong possibility she will succeed.

ただし、(m-2) と (n-2) は口語では認められつつあります。

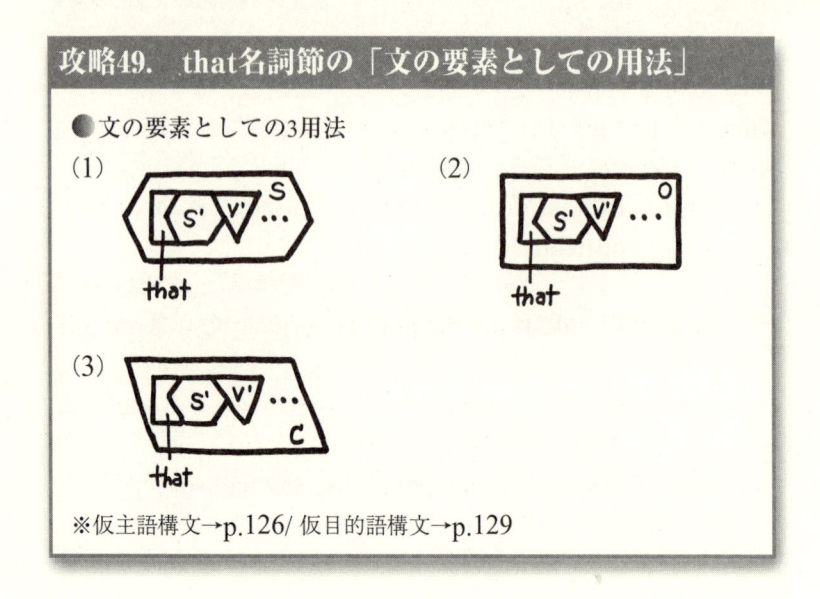

攻略49. that名詞節の「文の要素としての用法」

● 文の要素としての3用法

(1) [図: that S' V' ... S]

(2) [図: that S' V' ... O]

(3) [図: that S' V' ... C]

※仮主語構文→p.126/ 仮目的語構文→p.129

(1) That we have to make desperate efforts to survive in this **dog-eat-dog** world is what makes me sad.
(この**食うか食われるかの生存競争の激しい**世界で生き抜いていく必死の努力をしなければならないなんて、本当に悲しい)

(2) I **heard through the grapevine that** the newly employed man, who everyone said is a can-do man, is going to quit our company.
(やる気のある男だとみんなが言っていた、あの新入社員は会社を辞める**なんていう噂を耳にしたよ**)

(3) The **drawback with** this system is that errors within plus or minus two percent or so seem to be unavoidable.
(このシステム**の欠点**は、±2%程度の誤差が避けられないということである)

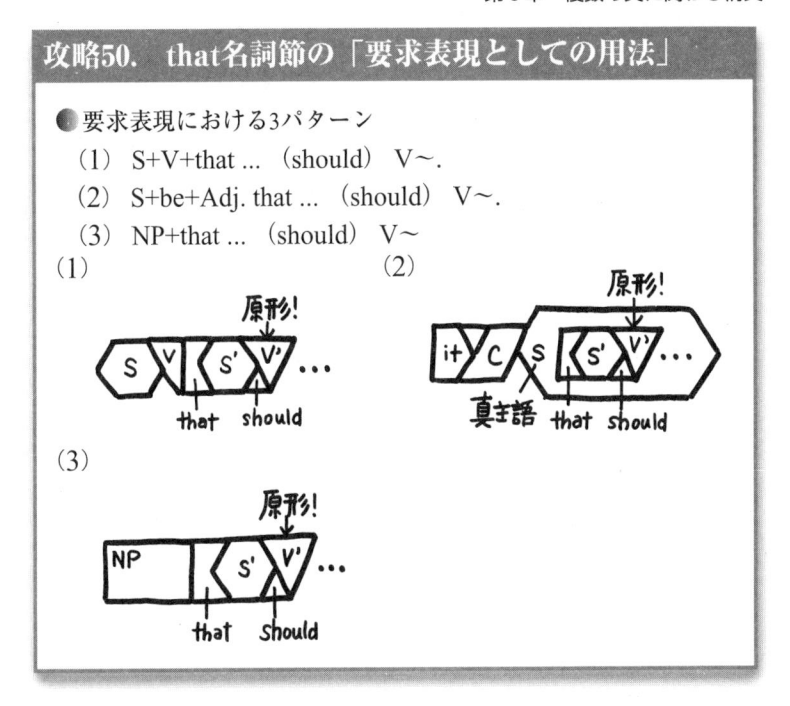

攻略50. that名詞節の「要求表現としての用法」

● 要求表現における3パターン
 (1) S+V+that ...（should） V～.
 (2) S+be+Adj. that ...（should） V～.
 (3) NP+that ...（should） V～

(1) 図：S V that S' should V'（原形!）...
(2) 図：it C 真主語 that S' should V'（原形!）...
(3) 図：NP that S' should V'（原形!）...

(1) He suggested that the company make compensation for the loss.
 （彼は会社に、その損害を補償すべきであると提案した）
(2) It is essential that you win the voters' hearts.
 （有権者の心を捉えることが不可欠である）
(3) She reluctantly accepted his proposal that she be operated on.
 （彼女は、手術を受けるべきという彼の提案をしぶしぶ受け入れた）

● (1) <suggest+that節>は「ほのめかす」という意味の用法もある。
 → (a) She suggests that he be there.
  （彼女は、彼がそこにいるべきだと提案している）
  (b) She suggests that he is there.
  （彼女は、彼がそこにいるということをほのめかしている）

※＜insist+that節＞も「強く求める」と「言い張る」の2つの微妙な使い分けがある。2用法とも「主張する」と訳せるから注意。
→ (a) He insisted that she come to the party.
　　　（彼は、彼女がパーティに来るべきだと強く求めた）
　(b) He insisted that she would come to the party.
　　　（彼は、彼女はきっとパーティに来るよと言い張った）

第3章 複数の文に関わる構文

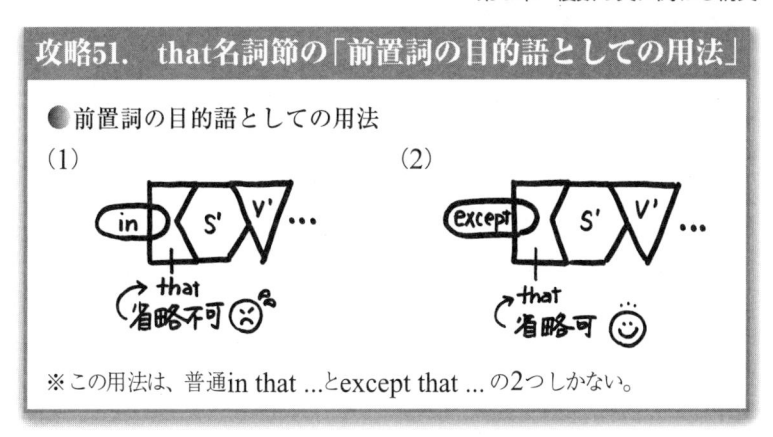

攻略51. that名詞節の「前置詞の目的語としての用法」

●前置詞の目的語としての用法

※この用法は、普通in that ...とexcept that ...の2つしかない。

(1) I regard him as a man of great promise in that he is **never crestfallen**.
（私は、彼は**決してへこたれない**という点において将来有望だとみなしている）

(2) I remember nothing, except that I had some **bloodcurdling** experience.
（私は、**身の毛もよだつような**経験をしたということ以外は何も覚えていない）

●(2) except that ... においては、thatが省略可能である。
→I remember nothing, except I had some bloodcurdling experience.

攻略52. that名詞節の「同格の用法」

●同格の用法

(1) [図: the 印象 ⟨S'⟩ ... that]

(2) [図: the 見込み are C ⟨S'⟩ ... that]

(1) I am under the impression that the new boss is **short-circuited**.
（新しい上司は、**短気である**ような印象を受けている）

(2) The chances are very good that she will be promoted in the **not-too-distant future**.
（彼女が**そう遠くない将来**に昇進するという見込みは、大いにある）

●(1) under the impression that...はof the impression that...の形も可能。
→ At first, I was of the impression that he was a Thai.
（最初は、彼がタイ人だとなんとなく思っていた）

●(2) the chancesとthat節は同格の関係であるが、このように離れてしまうこともある。

3. if節とwhether節

●whether節のすごさを知る

　if節とwhether節に共通して名詞節としての用法があります。意味は「～かどうかということ」です。このif節とwhether節を比べてみると、if節のほうが使える環境が制限されています。if節は、動詞の直後と形容詞の直後しか使えません。

　if節が使えないところでは、whether節が使えます。if節が使えるところでもwhether節が使えるので、whether節は万能といえます。表にまとめておきましょう。

(1) 動詞の直後　［if節とwhether節共に使える］
a.○ I don't know if he is a doctor.（彼が医師かどうか知らない）
b.○ I don't know whether he is a doctor.
(2) 形容詞の直後　［if節とwhether節共に使える］
a.○ I'm not sure if she's kind.（彼女が優しいかどうか分からない）
b.○ I'm not sure whether she's kind.
(3) 主語の位置　［普通if節は使えない］
a.△ If it is true is important.（それが正しいかどうかが重要だ）
b.○ Whether it is true is important.
(4) 補語の位置　［普通if節は使えない］
a.△ The point is if it is true.（要は、それが正しいかどうかだ）
b.○ The point is whether it is true.
(5) 前置詞の直後の位置　［普通if節は使えない］
a.△ It depends on if you like it.（それは君が好きかどうかによる）
b.○ It depends on whether you like it.
(6) 名詞の直後の位置　［普通if節は使えない］
a.△ The question if he can do it is important. 　　（彼がそれをできるかどうかという問題は大切だ）
b.○ The question whether he can do it is important.

(7) 挿入節の後　［普通 if 節は使えない］
a.△ I don't know, because I have not been there, if he is present.
（そこへ行ってこなかったので、彼がいるかどうか知らない）
b.○ I don't know, because I have not been there, whether he is present.
(8) 文頭の位置への移動　［if 節は移動しにくい］
a.△ If he will leave soon, I am not sure.
（彼がすぐに出発するかどうか、私には分からない）
b.○ Whether he will leave soon, I am not sure.
(9) or not の後続　［if の直後に or not はこない］
a.× I don't know if or not he is an **ophthalmologist**.
（私は、彼が**眼科医**かどうか知らない）
b.○ I don't know whether or not he is an ophthalmologist.
(10) 不定詞の後続　［if の直後に不定詞はこない］
a.× They discussed if to **implement** the plan submitted by him.
（彼が提出した計画**を実行する**かどうか、彼らは議論した）
b.○ They discussed whether to implement the plan submitted by him.

　注1：(3)〜(8) の a は、口語では OK とするネイティブもいる。
　注2：(9) で、or not が節の後ろにくると OK。
　　→○I don't know if he is an ophthalmologist or not.

● if 節—whether 節の意外な関係

　「if 節」と「whether 節」の関係は、「that 節の that を省略した節（ϕ 節と仮に呼ぶ）」と「that 節」の関係に似ています。というのは、that が省略できない環境と if 節が使えない環境が酷似しているからです。

　先の表 (pp.179-180) の「ϕ 節—that 節」のバージョンを示しましょう。ただし、(9) と (10) は if 節—whether 節のみに関連することなので省きます。

第3章　複数の文に関わる構文

(1)　動詞の直後　　[φ節、that節共に使える]
a.○ I know he is a doctor.（彼が医師であるのを知っている）
b.○ I know that he is a doctor.

(2)　形容詞の直後　　[φ節、that節共に使える]
a.○ I'm sure she's kind.（彼女はきっと優しいよ）
b.○ I'm sure that she's kind.

(3)　主語の位置　　[φ節は使えない]
a.× It is true is important.（それが正しいということが重要だ）
b.○ That it is true is important.

(4)　補語の位置　　[φ節は使えない]
a.× The point is it is true.（要は、それが正しいということだ）
b.○ The point is that it is true.

(5)　前置詞の直後の位置　　[φ節は使えない]
a.× High income tax is not good in it may discourage people to work harder.
　　（高い所得税は、勤労意欲をそぐという点でよくない）
b.○ High income tax is not good in that it may discourage people to work harder.

(6)　名詞の直後の位置　　[普通φ節は使えない]
a.△ The fact he can do it is important.
　　（彼がそれをできるという事実は重要だ）
b.○ The fact that he can do it is important.

(7)　挿入節の後　　[普通φ節は使えない]
a.△ I know, because I have been there, he is present.
　　（そこへ行ってきたので、彼がそこにいることを知っている）
b.○ I know, because I have been there, that he is present.

(8)　文頭の位置への移動　　[φ節は移動できない]
a.× He will leave soon, I am not sure.
　　（彼がすぐに出発するかどうか、私には分からない）
b.○ That he will leave soon, I am not sure.

181

注1： (6)と(7)のaは口語でOKと判断するネイティブもいる。
注2： (4)で、thatを省略するとコンマをつけるのが普通。
　　→○The point is, it is true.
注3： (8)で、後ろが肯定文なら逆の現象がいえる。
　　→○He will leave soon, I am sure.
　　（彼はきっとすぐ出発するよ）
　　　×That he will leave soon, I am sure.
　　この構造についてはpp.332-335を参照。

ひとことメモ — memo

（「へこたれる」の意味の英語は多い）　[p.177、攻略51（1）]

①元気を失う →be discouraged、be disheartened、be downed、be dejected、be downcast、be crestfallen、be low-spirited、get throughly demoralized

②疲れる　→be tired out、be spent up、be done up for、be exhausted、flag

③屈服する　→yield、give in、come down、be defeated、get floored、get snubbed

第3章 複数の文に関わる構文

攻略53. if節名詞構文

● if節名詞構文
(1) 一般動詞直後型（直接目的語の節に用いる）
(2) 形容詞直後型

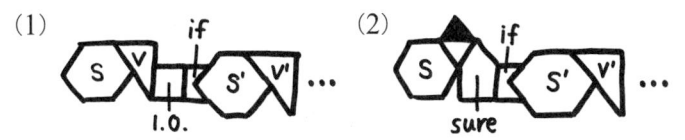

if節は半人前の節なので、
☒を小さくして示す。

※if節の代わりにwhether節も用いることができる。
※if節直説法条件節→ p.232 / if節仮定法→ p.221

(1) I asked him if he had done such kind of work before.
（私は、彼が以前そのような仕事をしたことがあるかどうか尋ねた）

(2) I'm not sure if he **has the guts** to contradict the boss.
（私は、彼が上司に反論**する勇気がある**かどうか確信が持てない）

●(1) 一般動詞の直後といっても、SVOO構文を取る動詞の場合は、間接目的語の次にif節がくる。
※目的語の節が「疑問」を前提としないような動詞（例えばdiscussなど）の場合は、ifを使うことは避けたほうがよいとされる。ただし、口語では許されるというネイティブもいる。しかし、whether節は完全に文法的である。
→ △We discussed if we should close down the shop.
○We discussed whether we should close down the shop.
（我々は、その店をたたむべきかどうかを議論した）

攻略54. if節は不可能だが、whether節は可能な構文

●whether節は万能節だ！
(1) 主語型（whether節は主語になれる）
(2) 補語型（whether節は補語になれる）
(3) 前置詞直後型（whether節は前置詞の直後にこられる）
(4) 名詞直後型（whether節は名詞の直後にこられる）
(5) 倒置型（whether節は文頭に移動できる）
(6) 右方移動型（whether節は挿入節の後にこられる）

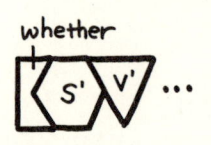

（注）前置詞の直後にwhether節がくるのは、この節の方が、if節に比べ、前置詞が結びつきやすいイメージがあるから。

(1) Whether there are any survivers is still uncertain.
（生存者がいるかどうかは、まだ確認されていない）

(2) The point is whether consumers are interested in the 'real thing.'
（重要なことは、消費者が本物志向であるかどうかである）

(3) It all depends on whether you **know the ropes**.
（それは、あなたが**コツを知っている**かどうかにかかっている）

(4) Let's take up the question whether we should **further** the plan.
（その計画**を進める**べきかどうかという問題を取り上げましょう）

(5) Whether there is a 20% surcharge on taxi fares after 11 p.m., he asked. （夜11時以降はタクシー料金が20％増かどうか彼は尋ねた）

(6) I know, since I have talked with him about it, whether he is perfectly willing for his wife to **go into teaching**.
（彼とその件について話したので、彼は奥さんが**教師になる**ことに異存はないかどうかを、私は知っている）

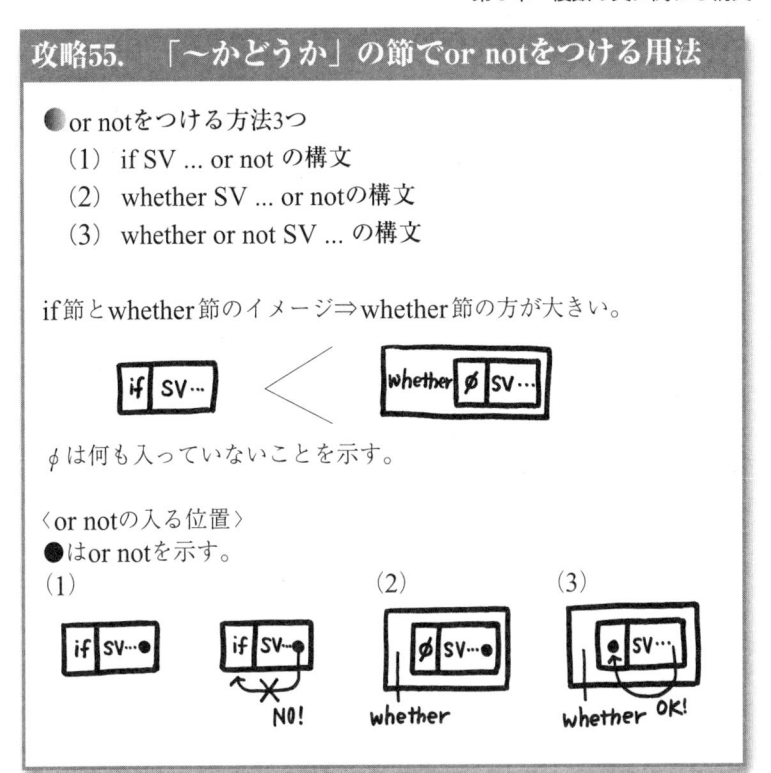

第3章 複数の文に関わる構文

攻略55. 「〜かどうか」の節でor notをつける用法

● or notをつける方法3つ
(1) if SV ... or not の構文
(2) whether SV ... or notの構文
(3) whether or not SV ... の構文

if節とwhether節のイメージ⇒whether節の方が大きい。

φは何も入っていないことを示す。

〈or notの入る位置〉
●はor notを示す。

(1) We want to know if we've been **leapfrogged** by our rivals or not.
(わが社が、ライバル社に**先を越された**かどうかを知りたい)

(2) Tell me whether you can weather this **financial storm** or not.
(この**財政危機**を乗り越えることが可能かどうか、教えてほしい)

(3) Let's talk about whether or not **video games** affect the growth of children.
(**テレビゲーム**が子供の成長に悪影響を与えるかどうか議論しましょう)

● (1) if ...or notは言えるが、if or not ...は言えない。ただし、whetherはどちらの用法もある。

ひとことメモ ——————————————————— memo

(video ...の訳に注意)

- (a) video game（テレビゲーム）
- (b) videophone（テレビ電話）
- (c) videoconference（テレビ会議）
- (d) video arcade（ゲームセンター）
  [=amusement arcade（英）]
- (e) video player（ビデオデッキ）[=video recorder、VCR]

第3章 複数の文に関わる構文

2 形容詞節構文

英語における形容詞節の代表格は何といっても関係詞の構文です。関係詞には関係代名詞と関係副詞と関係形容詞の3つがあります。

1. 関係代名詞構文

●関係詞の種類と構造

関係詞は、名詞と文を結びつける言葉です。関係詞は通例、その文の文頭あたりにきて、その文を引きつれ名詞を修飾します。この時点で、文は形容詞節と呼ばれます。2語以上からなるまとまりが、あるものを修飾する場合、後ろから修飾するのが原則（→p.22）でしたね。したがって次のような形になっています。

$$\boxed{\text{A：名詞（句）}} \ + \ \boxed{\text{B：関係詞＋〜}}$$
（意味→　BであるA）

日本語の順番とは異なりますね。

(a-1) 　○ a book + which is interesting to me
(a-2) 　× which is interesting to me + a book
(b-1) 　○ 私にとって面白い＋本
(b-2) 　× 本＋私にとって面白い

この関係詞は、自らが導く節の中で、自らがどんな役割をしているかによって品詞が決まってきます。

187

関係詞の後続の節内での役割	品詞名は？	具体例は？
主語や目的語になっている	関係代名詞	which、who
名詞を修飾している	関係形容詞	which、what
動詞（句）を修飾している	関係副詞	where、when、why

注1：whatは先行詞を含む関係詞。
注2：関係副詞のhowは常に先行詞（the way）を省略するか、先行詞を省略しない場合は関係詞（how）を省略する。

→ (i)　○This is the way he studies it.
　　　　　（これが、彼の勉強の方法だ）
　(ii)　×This is the way how he studies it.
　(iii)　○This is how he studies it.

●関係詞の先行詞

関係詞の前にくる先行詞と関係詞の関係は次のようになっています。

　(c-1)　先行詞が人の場合　→who、whose、whom、thatを用いる。
　(c-2)　先行詞が物の場合　→which、thatを用いる。
　(c-3)　先行詞が人と物の両方を表す場合　→thatを用いる。

先行詞が人と物の両方を含む場合は、thatしか使えません。

　(d-1)　○an old man and his dog that are walking in the park
　　　　　（公園を散歩している老人と彼の犬）
　(d-2)　×an old man and his dog who are walking in the park

動物も「物」であることに注意しましょう。

　(e-1)　○a dog which is walking in the park
　(e-2)　×a dog who is walking in the park

先行詞に人と物が含まれていても、中心語がどちらかであれば、当然関係詞は中心語に合うものになります。もちろんthatもOKです。

　(f-1)　○an old man with his dog who is walking in the park
　　　　　（散歩している犬を連れた老人）
　(f-2)　○an old man with his dog that is walking in the park

第3章　複数の文に関わる構文

なお、thatは制限性が強い名詞句を先行詞とするのが得意な関係代名詞であるといえます。どんな先行詞がありうるか、表にして確認しましょう。

なお、この関係代名詞のthatが目的格の場合は、省略されるのが普通です。

「唯一」の意味の修飾語を伴う名詞	最上級＋〜　→ the tallest man that ...
	序数＋〜　→ the first person that ...
	the only＋〜 → the only way that ...
	the very＋〜 → the very place that ...
「全」または「無」の意味の修飾語を伴う名詞、代名詞	all＋〜　→ all the staff that ...
	every＋〜 → everything that ...
	any＋〜 → any person that ...
	no＋〜 → no such things that ...

以上のように、関係詞thatが制限性の強い先行詞と結びつくということは、自らも制限性の強い関係代名詞であると思われます。だから＜制限をしないことを表す「非制限的用法」がない＞ということになるのです。

(g-1) ×Tom, that is a **philanthropist**, is liked by everybody.
（トムは**博愛主義者**であるので、皆から好かれている）

(g-2) ○ Tom, who is a philanthropist, is liked by everybody.

●関係詞の2用法

関係詞には制限用法と非制限用法の2種類があります。

(h-1) I met the man who was a prominent physicist.
（私は、著名な物理学者であるその人に会った）

(h-2) I met the man, who was a prominent physicist.
（私はその男に会った。すると彼は著名な物理学者であった。）

(h-1) では、who以下の関係節がmanを制限しています。「いろいろな男の中でwho以下のような男に会った」というニュアンスです。制限したためtheがmanについていると考えることができます。このような関係詞の使い方を制限用法といいます。

一方、(h-2) では、who以下はmanを制限していません。つまり、the manの説明をしているに過ぎません。このような関係詞の使い方は、非制限用法と呼ばれます。この場合は、コンマを関係詞の前に置きます。

関係詞の非制限用法は、元来制限できない名詞（例えば、固有名詞）が先行詞にきている場合に有効です。

(i) ○I met John, who used to be a **high-pressure** salesman.
（私はジョンに会った。彼はかつて**強引な**営業マンだった。）

●関係詞のwhichのすごさ

制限することができないものの中に、文のような抽象概念があります。文は、それ自体で1つの思想を表すもので、「りんご」や「犬」のような普通名詞とは違い、同じ文が複数存在することを暗示しませんね。

この文をも先行詞にできる関係詞が存在しています。それはwhichです。このwhichのみが名詞以外を先行詞にすることができるのです。

(j) ○Tom has told us many **bald-faced** lies, which makes us mad.
（トムは多くの**白々しい**嘘をついた。だから我々は怒っている。）

もし、liesが先行詞であればwhich以下の動詞は複数 (make) となるはずですね。(j) 文の先行詞はTom told us many bald-faced liesという文になります。そして、文は単数扱いです。

基本的に、文を含め抽象概念はandで結ばない限り単数扱いです。

(k) ○To study English and to speak it are both important.

(k) 文では元来単数概念であるto不定詞句が2つ並列されているので、複数扱いとなり、動詞が複数 (are) になっています。

さて、このwhichは、文だけでなく、いろいろなものを先行詞にできます。表にしてみましょう。

形容詞を先行詞にしている例	She was proud, which Jack never was.＊ （彼女にはプライドがあったが、ジャックにはまったくなかった）
動詞句を先行詞にしている例	I can persuade her to do so, which you cannot. （私は彼女にそうするように説得できるが、君はできないだろう）
節を先行詞にしている例	I think she is an able person, which he doesn't feel. （私は彼女が有能だと思うが、彼はそう感じていない）

＊省略する場合と同様、関係詞化された場合も、助動詞成分（was）を後ろにする。...which Jack was never.とはならない（→p.327）。

●前置詞と関係詞の関わり

　関係詞は前置詞と共に用いられる場合があります。つまり＜前置詞＋関係詞＞の形が存在するのです。この場合、関係詞は関係代名詞に限ります。前置詞の後には名詞または代名詞しかこないからです。

　次の文を観察しましょう。(l)文は「これは彼が住んでいる家です」、(m)文は「これは住むべき家です」の意味です。

　　　(l-1)　○This is the house in which he lives.
　　　(l-2)　×This is the house in he lives.
　　　(l-3)　○This is the house which he lives in.
　　　(l-4)　○This is the house he lives in.
　　　(m-1)　○This is the house in which to live.
　　　(m-2)　×This is the house in to live.
　　　(m-3)　×This is the house which to live in.
　　　(m-4)　○This is the house to live in.

関係詞と前置詞の関わりにおいて、2種類のパターンがあります。1つは (l-1) にあるように節を導く場合、もう1つは (m-1) にあるように不定詞を導く場合です。

＜前置詞＋関係詞＞の形の場合は、両方のパターンにおいて、関係詞を省略することができません [(l-2) と (m-2)]。しかし、前置詞を後ろに回した場合は、節の場合は関係詞の省略が自由 [(l-3、4)] であるのに対し、不定詞が後続する場合は、関係詞の省略が義務的 [(m-3、4)] です。

＜名詞/代名詞＋前置詞＋関係詞＞の形で用いられる場合があります。(n-1) は名詞が前置詞の前に現れる例で、(n-2) は代名詞が現れる例です。一般に前置詞はofであることが多く、＜名詞/代名詞＋前置詞＋関係詞＞のまとまりが、後続する節において主語または目的語になっているのが普通です。

(n-1) John wore the jacket, the color of which I liked.
（ジョンは、その色が私の気に入ったジャケットを着ていた）

(n-2) There have been fewer people in this college, many of whom try to study very hard.
（この大学の学生は徐々に減ってきているが、そのうちの多くの学生は一生懸命勉強しようとしている）

さらに、＜前置詞＋名詞＋前置詞＋関係詞＞の構造が後続する文において、副詞句のような役割をする場合があります。(n-1) の例を発展させたものを示しましょう。

(o) John wore the jacket from the pocket of which protruded something interesting.
（ジョンは、そのポケットから何か興味深いものが突き出ているジャケットを着ていた）

(o)を念のため分析しておきましょう。

第3章 複数の文に関わる構文

> **(o) の分析**
> John wore the jacket <from the pocket of which>
> S   V   O   M'
> protruded something interesting .
>   V'   S'

<先行詞と関係詞の格と役割の関係早見図>

先行詞→		人	物・動物	物・動物・人	先行詞を含む
主格	制限	who / that	which / that	that	what
	非制限	コンマ＋who	コンマ＋which	×	×
目的格	制限	whom / that	which / that	that	what
	非制限	コンマ＋whom	コンマ＋which	×	×
所有格	制限	whose	whose of which	whose	×
	非制限	コンマ＋whose	コンマ＋whose	コンマ＋whose	×
P＋目的格	制限	P＋whom	P＋which	×	×
	非制限	コンマ＋P＋whom	コンマ＋P＋which	×	×

注1：P=Preposition（前置詞） ／ ×＝その用法はない

注2：関係詞whichは、文や形容詞その他の句など何でも先行詞とすることができる。

●関係詞の省略の原則

「関係代名詞の目的格は省略できる」ということを学んだ人も多いと思います。次のようなデータを見れば、関係代名詞の主格は省略できないのに対し、目的格は省略できることが分かりますね。

(p-1) ◯I will meet the man who met Mary.
(私は、メアリーに会った人に会うつもりだ)

(p-2) ×I will meet the man met Mary.

(q-1) ◯I will meet the man whom John met.
(私は、ジョンが会った人に会うつもりだ)

(q-2) ◯I will meet the man John met.

ところが、主格でも省略できる場合があります。

(r-1) ◯I will meet the man who I think met Mary.
(私は、メアリーに会ったと私が思う人に会うつもりだ)

(r-2) ◯I will meet the man I think met Mary.

(r-1)において、whoはmetの主語として機能しています。I thinkは挿入節に過ぎません。

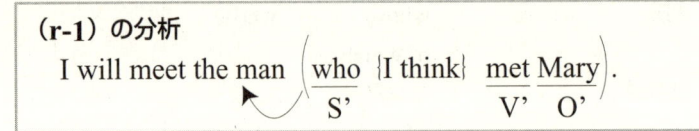

(r-1) の分析

I will meet the man (who {I think} met Mary).
　　　　　　　　　　　　 S'　　　　　　　V'　O'

また、目的格でも省略できない例があります。

(s-1) ◯I will meet the man whom yesterday John met.
(私は、昨日ジョンが会った男に会うつもりだ)

(s-2) ×I will meet the man yesterday John met.

実は、関係代名詞の省略現象に関する法則は、次のようなものなのです。

> **関係代名詞の省略の法則**
>
> ＜先行詞＋関係詞＋主語＋動詞＞の構造において、関係詞は省略することができる。

●関係詞省略の法則は多くを説明する

この法則は、(r-2)が文法的であること［→＜the man who I think＞と続いているので、whoの省略が可能…］と、(s-2)が非文法的であること［→＜the man whom yesterday...＞と続く、つまり、whomの直後にSがきていないのでwhomは省略不可能…］が説明可能ですね。

また、＜前置詞＋関係詞＞の構造において関係詞が省略できないことや、＜コンマ＋関係詞＞の構造において関係詞が省略できないことを説明できます。

(t-1) ○I will meet the man with whom I am going to do business.
　　　（私は、一緒にビジネスをする予定の男と会うつもりだ）

(t-2) ×I will meet the man with I am going to do business.

(t-1)は＜先行詞＋関係詞＞というつながりでないので、(t-2)が非文法的であると判断されます。

なお、(t-1)文で前置詞を後ろに回した表現の場合は＜先行詞＋関係詞＞のつながりができるので、もちろん、関係詞は省略可能です。

(t-3) ○I will meet the man I am going to do business with.

次に、非制限用法の場合、関係詞が省略できないことを説明します。

(u-1) ○I will meet the man, whom I am going to do business with.（私はその男に会うつもりだ。その人とビジネスを行うつもりだからである）

(u-2) ×I will meet the man, I am going to do business with.

(u-1)は＜先行詞＋コンマ＋関係詞＞のつながりになっているので、関係詞が省略できないのです。

●関係詞と格の法則

さて、ここで、(q-1) に注目しましょう。実は、次のようなデータがあります。特に [米用法] では、次のような容認度です。

(v-1) △I will meet the man whom John met. [= (q-1)]
(v-2) ○I will meet the man who John met.
(v-3) ○I will meet the man that John met.
(v-4) ◎I will meet the man John met.

省略が一番無難とされているわけですね。

(v-2) ではwhoという形が用いられていますが、who John metと続いているので、この関係詞の役割は目的格です。しかし、形は目的格でなく、主格になっています。どうしてこのようなことが起こるのかを説明すると、次のような法則があります。

代名詞の格の形の法則
その1：動詞と前置詞の直後は目的格の形にする。
その2：代名詞が節の先頭に現れる場合、その節が、その代名詞の前にあるX（先行詞や文など）と断絶している平叙文のときのみ、自らの節の影響を受ける。

(w-1) ○I love him. / ×I love he.（私は彼を愛している）
(w-2) ○Him I love. / ×He I love.（彼は私が愛している）
(w-3) ○Who did you go to the party with?
（誰と一緒にパーティに行ったの）
(w-4) ○With whom did you go to the party?
(w-5) ×With who did you go to the party?
(w-6) ○I like the woman who he hates.
（彼が嫌いな女性が好きだ）
(w-7) ○I came to like the woman with whom I talked the other day.（私は、先日一緒に話をした女性が好きになった）

(w-8) ×I came to like the woman with who I talked the other day.

(w-9) ○I came to like the woman, whom I talked with the other day.
(私はその女性が好きになった。だから先日一緒に話をした)

(w-10) ×I came to like the woman, who I talked with the other day.

「格の形の法則その1」により、(w-1)、(w-4)、(w-5)、(w-7)、(w-8) を説明できます。動詞の直後は目的格、前置詞の直後も目的格の形にしないと間違いですね [→ (w-1)、(w-5)、(w-8)]。

「格の形の法則その2」は、(w-2)、(w-3)、(w-6)、(w-9)、(w-10) を説明します。

(w-2) の場合、代名詞が先頭にあり、平叙文で、独立しているので、動詞の影響を受けて、目的格になっています。

(w-3) の場合は、疑問文なので、動詞の影響を受けず、目的格になっていません。

(w-6) では、関係節が前の先行詞と断絶していないので、関係節内の動詞の影響を受けず、関係詞は目的格の形になっていません。

(w-9) では、コンマにより、関係節が前の文と断絶するので、関係節内の前置詞の影響を受け、関係詞は目的格の形になります。

●関係詞による二重限定と並列限定

関係詞は名詞句と文をうまくつなぐ役目を持っているので、大変便利です。この便利さのゆえに、関係詞の歴史上、これを2つ用いる方法が生まれるのもうなずけますね。

さて、関係詞を2つ用いる方法には、2種類あります。表でまとめましょう。

二重限定の用法　→　＜X＋that～＋wh ...…＞
意味：＜～するXのうちで…なもの＞
例：What is the book that you read which you can recommend? 　　　（あなたが読んだ本のうち、推薦できるものは何ですか）
並列限定の用法　→　＜X＋wh ...～ and wh ...…＞
意味：＜～し、かつ、…するようなX＞
例：I want to know the book which you read recently and which was interesting to you. 　　　（あなたが最近読んだ本、しかも面白かった本を教えてほしい）

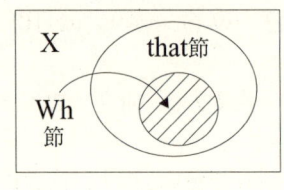

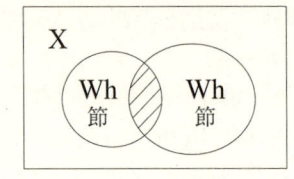

<二重限定>　　　　　　　<並列限定>

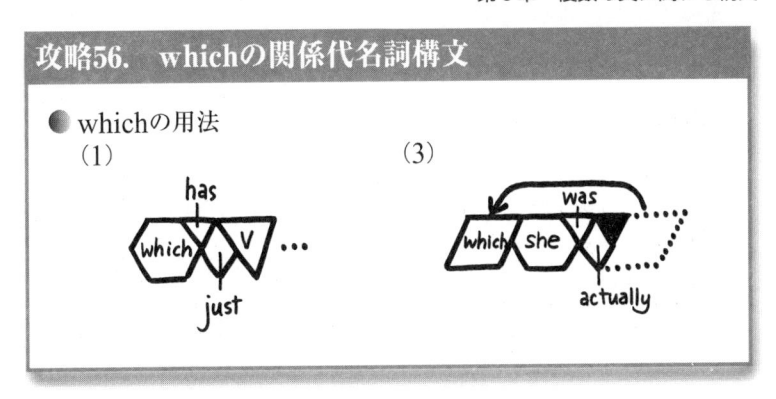

攻略56. whichの関係代名詞構文

● whichの用法

(1) The family which has just arrived here doesn't know what to do.（ここに到着したばかりの家族は、何をすべきか知らない状態だ）
(2) The police came, after which the situation became a little calmer.（警察が来た。その後は、事態がやや収まった。）
(3) I thought that the new secretary had been a **certified public accountant**, which she was actually not.
（私は新しい秘書は**公認会計士**だったと思ったが、違っていた）

● (1) familyなどの集合名詞をwhichで受ける場合は、単数扱いになる。一方、whoで受ける場合は複数扱い。
→The family who have just arrived here seem to be all well.
（ここに到着したばかりの家族は、みんな元気そうだ）

● (3) この関係代名詞の先行詞は、a certified public accountantだが、後続の関係節において、この関係代名詞は補語の役割をしている。関係代名詞にそもそも「補格」のようなものはない。補語の役割をする関係詞はwhichを用いる。先行詞が人であってもwhoやwhomは用いることができない。
→×... a certified public accountant, who she was actually not.
×... a certified public accountant, whom she was actually not.

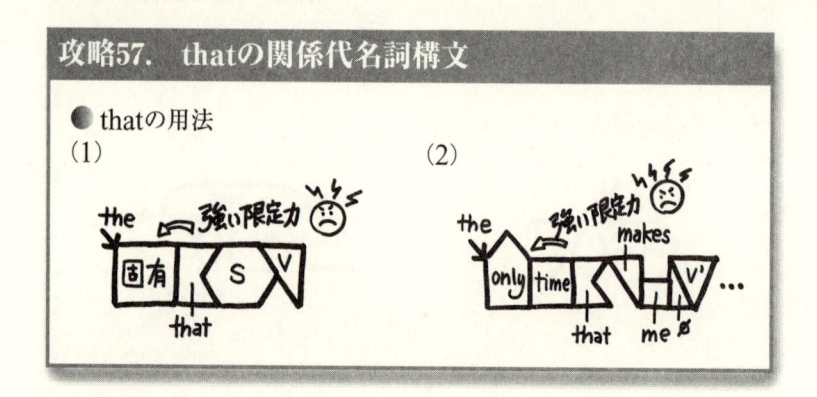

攻略57. thatの関係代名詞構文

● thatの用法

(1) 　　　　　　　　　　(2)

[図：(1) the → 固有 S V that（強い限定力）]
[図：(2) the → only time that me makes V'...（強い限定力）]

(1) That city I recently visited was not the Paris that I loved.
（私が訪れた都市は、もはや私が愛したパリではなかった）

(2) The only time that makes me come up with a good idea in writing a paper is when the deadline is **just around the corner**.
（締め切り**間際**にならないと、論文執筆時によい知恵が浮かばない）

・・・

● (1) 通常ならtheがつかない表現も関係詞節（主としてthat節）が後続するとtheがつくことがある。むしろtheをつけなければ非文法的である。theがつかない場合は、非制限用法を用いる。
 → (a) ○This is the Mt. Fuji that I long wanted to see.
 　　　（これは、私が長年見たかった富士山だ）
 　(b) ×This is Mt. Fuji that I long wanted to see.
 　(c) ○This is Mt. Fuji, which I long wanted to see.
 　　　（これは富士山だ。この山を私は長年見たかったのだ。）
 ※(a)文のthe Mt. Fuji ...は、富士山の1つの様相を表し、(c)文の意味は、ある富士山の様相を表しているのではない。訳の微妙な違いに注意。

● (2) 限定性が強い先行詞に対してthatが用いられやすい（→p.189）。

なるほどコラム No.6 ─────────── Column

（関係代名詞の前の先行詞の前の冠詞はaそれともthe？）

次の英文を観察しましょう。

 (a) ○An eighth of the rice was wasted.
   （8分の1の米が無駄になった）
 (b) ×The eighth of the rice was wasted.

(b)文のように、通例分数には定冠詞がつきません。ところが、関係詞節が後続する場合は、定冠詞がつきます。

 (c) ○The eighth of the rice that was given to me was wasted.
   （私がいただいたお米の8分の1が無駄になった）

他に、普段theがつかないのに、関係節を後続することが原因でtheがついた例を挙げましょう。

 (d) ○This is a book of John's.（これはジョンの本です）
 (e) ×This is the book of John's.
 (f) ○This is the book of John's that I want to read.
   （これは私が読みたいと思っているジョンの本です）

(c)や(f)の現象は、関係代名詞の前の名詞の前のtheが、関係詞節がついて限定されたことによるtheであるという解釈が成り立つことを示しています。また、始めからtheがついている表現の場合もありうる点にも注意しましょう。

 (g) ○This is a book. ＋ I bought it yesterday.
  → ○This is the book I bought yesterday.
   （これは、私が昨日買った本です）
   ["the book I bought yesterday"は新情報]
 (h) ○This is the book. ＋ I bought it yesterday.
  → ○This is the book I bought yesterday.
   （これが、私が昨日買った本です）
   ["the book I bought yesterday"は旧情報]

攻略58. 前置詞＋関係詞の構文

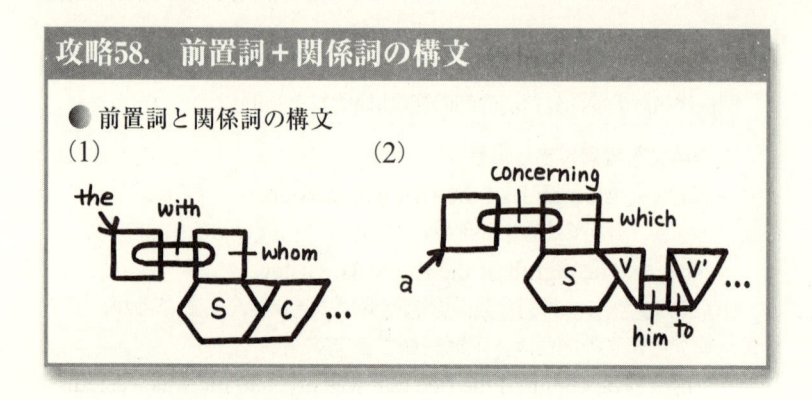

● 前置詞と関係詞の構文
(1) (2)

(1) The person with whom I work is very good at **figures**.
（私が一緒に働いている人は、**計算**が大変得意である）

(2) **The acting manager** gave to the committee a proposal, concerning which the president asked him to explain more.
（**部長代理**は委員会にある提案をしたが、それに関し、社長はもっと説明するように頼んだ）

....

●(1) 口語では、前置詞を後ろに回して、関係代名詞を省略する。
　→ The person I work with is very good at figures.
●(2) ＜前置詞＋関係詞＞の構造で、前置詞を関係節内に置くことができない前置詞が存在する。(i) (ii) は移動できる前置詞の例、(iii) (iv) は前置詞を移動できない例。
　→ (i)　○This is the office at which he works.
　　　　　（これは彼が働いている会社だ）
　　(ii)　○This is the office which he works at. ［口語的］
　　(iii) ○This is the city in which he works at an office.
　　　　　（ここは、彼が会社勤めをしている都市だ）
　　(iv) ×This is the city which he works at an office in.

なるほどコラム No.7 ──── Column

（関係節で前置詞が後ろに回せない構文があるか？）

＜前置詞＋関係詞＞の構造で、前置詞を後ろに回せない場合がいくつか存在しています。どういう場合に、前置詞を後ろに移動することができないのかを考えてみましょう。

(1) 付加的な情報の場合　[→p.202、(2) の (iv)]
　a. ○This is the room which he is usually in in the house.
　　（これは、彼が家の中でよくいる部屋である）
　b. ×This is the house which he is usually in the room in.
　　（△これは、彼がその部屋によくいる家である）

(2) 物の一部分を表す前置詞of
　a. ○This is the house the roof of which I am interested in.
　　（これは、その屋根に私が関心を持っている家である）
　b. ×This is the house which I am interested in the roof of.
　c. ○This is the house of which the roof I am interested in.

(2c)のように、the roof of whichの主要語であるthe roofは関係詞の直後にくる場合もあります。

(3) 先行の文を受けるwhichが前置詞の目的語になる場合
　a. ○I answered "yes," after which I added "and no."
　　（「Yes」と返事した。その後「Noでもある」と言った。）
　b. ×I answered "yes," which I added "and no" after.

(4) 特別の前置詞（的表現）を用いた場合
　a. ○I couldn't find Adam, all except whom attended it.
　　（アダムは見つからなかったが、他の人は皆参加した）
　b. ×I couldn't find Adam, whom all except attended it.

(4)における特別な前置詞には、他に次のようなものがあります。
　　--- concerning、during、beyond、without、as toなど

攻略59. 二重限定と並列限定

● 複数の節による限定
　(1) 先行詞X＋関係節A＋関係節B→AするXのうちのB
　(2) 先行詞X＋関係節A＋and＋関係節B→Aし、かつBするX

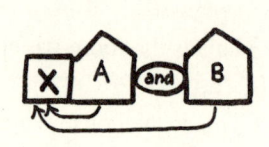

(1)　　　　　　　　　　(2)

※ (1) の関係節Aの関係詞はthatであることが多く、よく省略される。
　 (2) の関係節Bの関係詞は省略できない。この用法の場合、AもBも省略しないほうがよい。

(1) She is the only woman I know who is a lawyer and accountant.
　　（私が知っている女性の中で、弁護士と会計士を兼務しているのは彼女だけだ）

(2) He had a remarkable capacity for learning languages that was inherited from his mother and which he **turned to great account**.
　　（彼は母親譲りで、それを**大いに役立てた**語学の才能があった）

● (1)「(that) I know」がwomanを限定し、その集合に対し、who以下が限定している。その限定した結果、1人に絞られたという意味をonlyが表している。

※ 限定のしくみ
　　the only [woman (I know)](who is a lawyer and accountant)

第3章 複数の文に関わる構文

● (2) 並列限定の場合の2つ目の関係代名詞は、whichであるほうが分かりやすい。thatの場合は、従属接続詞と混乱する。

なるほどコラム No.8 ──────────────── Column

(なぜ、the subject I think that is importantという表現が間違いなのか?)

次の文を観察しましょう。
 (1) a.○I will study the subject which I think is important.
   b.×I will study the subject which I think that is important.
   c.○I will study the subject I think is important.
   d.×I will study the subject I think that is important.
 (2) a.○I will study the subject which I think he teaches.
   b.○I will study the subject which I think that he teaches.
   c.○I will study the subject I think he teaches.
   d.○I will study the subject I think that he teaches.

(1)文の意味は全て「重要だと私が思う科目を勉強するつもりだ」で、(2)文の意味は全て「彼が教えていると私が思う科目を勉強するつもりだ」になります。

(1)文、(2)文共に、I thinkは挿入節です。しかし、thatという接続詞を入れてもOKなのは、関係詞が目的格の場合のみです。このことは英文法界の謎です。

私は、このことに関し、統語論的に説明する論文をすでにいくつか出していますが、統語論的説明はきわめて高度な知識が必要なので、ここでは認知的な説明をしてみましょう。

(1b)において、I think that ...とした場合、関係節の動詞句と組み合わされて「that is important」のように読めますね。文法的にはそう分析はできないのですが、この部分だけを見ると、これがSVCに解釈されてしまいます。

曖昧な構造は認知しにくいので、認知しやすい「省略する形」が好まれるのです。

2. 関係副詞構文

●関係副詞の比較

関係副詞は4つあります。表にしてまとめておきましょう。

	代表的な形	非制限用法	先行詞の省略
when	the time (when) the day (when) the year (when)	コンマ+when このとき、先行詞も、whenも省略不可。	先行詞がtimeのとき省略されることが多い。
where	the place (where) the case (where) the situation (where)	コンマ+where このとき、先行詞も、whereも省略不可。	先行詞がplaceのとき省略されることが多い。
why	the reason (why) why	なし	the reasonは通常省略する。 または、the reason thatの形も多い。
how	the way＊ how	なし	もともと先行詞がない。

注＊：the way howの形は現在存在しない。常にhowを省略する。

●関係副詞の代わりにthatを用いる場合もある

基本的には、全ての関係副詞の代わりにthatを用いることができます。しかし、thatを用いる場合は、先行詞が限られています。先行詞がthe reasonやthe wayの場合は、常にthatを用いることができますが、whenやwhereの代わりにthatが用いられる場合は、先行詞が限られます。

the last time、the first timeなどのような限定された意味を持つ先

行詞の後にはthatを用いることができます。

　また、the placeなどの概略的な意味の先行詞の直後にはthatを用いることができます。また、anywhere、somewhere、nowhereの直後にはwhereよりもthatが適切です。なお、全てthatを省略することもできます。具体例を示しておきましょう。

The last time （that） we were here, it was very fine. (この前我々がここに来たときは、よく晴れていた)
I will go nowhere （that） you don't want me to go. (君が私に行ってほしくないところには行かないよ)
This is the reason （that） I disagreed with you. (これが、私があなたに反対した理由です)
That is the way （that） the boss explained the plan to us. (そんなふうに上司は、その企画を我々に説明しました)

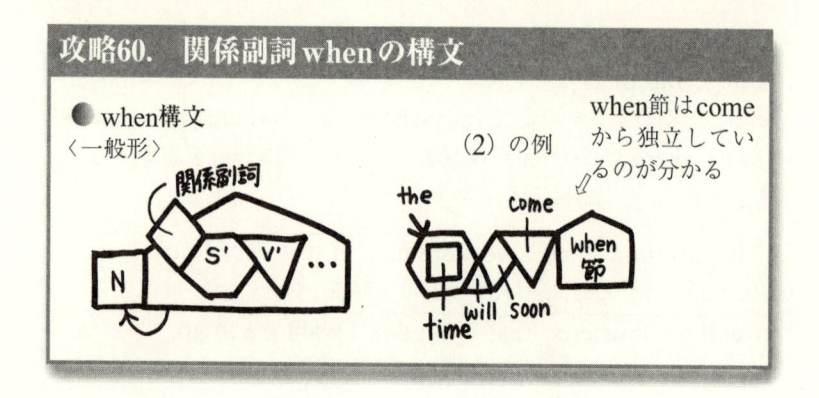

攻略60. 関係副詞whenの構文

(1) Now is the time when we just have to hold on.
（今が辛抱のしどころです）
(2) The time will soon come when you will regret it.
（そのことを後悔する時がすぐくるだろう）
(3) I was about to leave, when there was a knock on the door.
（ちょうど出かけようとしていたら、ドアをノックする音がした）

- (1) whenは省略可能。また、先行詞the timeは省略可能。しかし、2つとも省略は不可。
  → ○Now is the time we just have to hold on.
    ○Now is when we just have to hold on.
    ×Now is we just have to hold on.
- (2) このように、先行詞とwhenが離れる場合がある。その場合は、whenは省略不可。
  → ×The time will soon come you will regret it.
- (3) 非制限用法の場合は、先行詞が文全体であることも可能。ただし、その文は時間的な意味を持つ必要がある。

第3章　複数の文に関わる構文

攻略61. 関係副詞whereの構文

● where構文

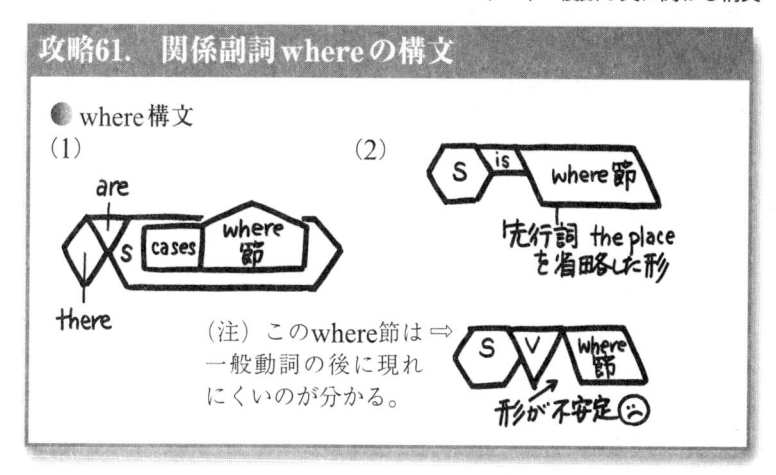

(1) 　　　　　　　　　(2)

（注）このwhere節は⇒一般動詞の後に現れにくいのが分かる。

(1) There are cases where **no** treatment is **of any avail**.
　（どんな治療もまったく効き目がないという症例もある）
(2) This library is where I spend most of the time on Sunday.
　（この図書館は、日曜日に私がほとんどの時間を過ごす場所です）

....

● (1) whereはin whichで置き換え可能。
　→○There are cases in which no treatment is of any avail.
● (2) the place where ...のthe placeが省略された形。
　同じ意味の表現として次の2つがある。
　　→This library is the place that I spend most of the time on Sunday.
　　=This library is the place I spend most of the time on Sunday.
　※このようにthe place where ...の意味の場合、the placeの省略が可能である。

209

→○A car **zoomed by** only half a meter away from where we were standing.
（我々が立っているところからわずか50センチのところを、車が猛スピードで**通り過ぎた**）

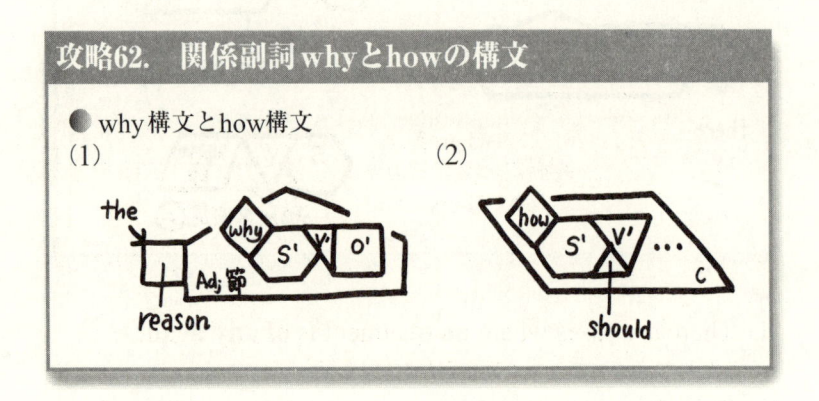

攻略62. 関係副詞whyとhowの構文

● why構文とhow構文

(1) Tell me the reason why the sales plan in question needs **a major overhaul**. （問題の販売計画がなぜ**大幅な見直し**の必要があるのか、教えてほしい）

(2) He is always ready to listen to the complaints of his staff; that is how an administrator should act.
（彼は、自分のスタッフの不満を常に聞こうと努力している。それは管理職のあるべき姿だ）

● (1) no reasonが先行詞にきてもよい。
→There is no reason why we should not do it.
（我々がそれをすべきでない理由はない）
[=There is no reason for us not to do it.]

● (2) howはthe wayに置き換え可能。
→That is the way an administrator should act.

3. 関係形容詞構文

●関係形容詞は2つある

関係形容詞は、接続詞と形容詞の2つの役割をする品詞で、whatとwhichの2つがあります。

whatはall the ... thatの意味で、意味を一層明確にするためにfewやlittleをつけることがあります。

(a) He gave her what money he had with him when she was in trouble.
(彼女が困っていたときに、彼は彼女に所持金を全てあげた)

(b) The branch manager is planning to give his staff what little help he can.
(支店長は部下に、わずかながらできるだけの援助をする予定だ)

whichは非制限用法のみがあり、＜コンマ＋which＋名詞＞と、＜コンマ＋前置詞＋which＋名詞＞の2つの形があります。表にまとめてみましょう。

＜コンマ＋which＋名詞＞型

The email was written in Armenian, which language I happened to know.
Eメールはアルメニア語で書かれていたが、その言語を、たまたま私は知っていた。

＜コンマ＋前置詞＋which＋名詞＞型

They may **flatly refuse** to agree with our plan, in which case we have to revise it more drastically.
彼らは我々の計画に同意するのをきっぱりと拒むかもしれない。そのような場合は、それをもっと抜本的に修正しなければならない。

●＜which＋名詞＞と＜whose＋名詞＞の違い

一見構造的に似ている＜which＋名詞＞と＜whose＋名詞＞はまったく意味が違います。

まず、whichは関係形容詞で、whoseは関係代名詞の所有格なので、言い換えると、＜which＋名詞＞は＜and that＋名詞＞、＜whose＋名詞＞は＜and one's＋名詞＞になります。

関係形容詞も関係代名詞も関係詞には違いありません。関係詞の「関係」の意味は、「先行詞と関係詞が導く節を結びつけるということ」、すなわち、接続詞の役割をしていることを示しています。だから、関係形容詞と関係代名詞の所有格の違いは、次のように分析できます。

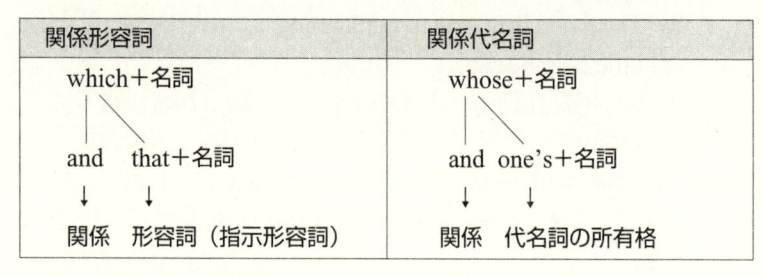

関係形容詞	関係代名詞
which＋名詞 and　that＋名詞 ↓　　　↓ 関係　形容詞（指示形容詞）	whose＋名詞 and　one's＋名詞 ↓　　　↓ 関係　代名詞の所有格

関係形容詞と関係代名詞の所有格を使った例文を比べてみましょう。

(c) He went to Lake Titicaca, which name we didn't know.
　　(彼はティティカカ湖へ行ったが、そんな名前を我々は知らなかった)
　　[=He went to Lake Titicaca, and we didn't know that name.]

(d) He went to a lake, whose name we didn't know.
　　(彼はある湖へ行ったが、その名前を我々は知らなかった)
　　[=He went to a lake, and we didn't know its name.]

第3章 複数の文に関わる構文

攻略63. 関係形容詞whatの構文

● 関係形容詞のwhat

〈一般形〉

[図: what N' を含むNP、S'とV'...の構造]

(1) I've told you what little I know about the movie.
(その映画について知っていることは全てお話ししました)
(2) What old friends I have do not live nearby.
(私の旧友たちは皆、近くに住んでいない)

● (1) whatは関係形容詞でlittleを修飾している。whatの代わりにhowを用いると、howは疑問副詞なので意味的に間接疑問節をつなぐことになる。
→ I've told you how little I know about the movie.
(その映画について私がいかに知らないかをお話ししました)

● (2) what old friendsはall the old friendsの意味であるが、(2)の意味を表すには、none of the old friendsで文を始める。
→ None of the old friends I have live nearby.
(私の旧友たちは誰も、近くに住んでいない)
cf. Not all the old friends I have live nearby.
(私の旧友たちみんなが、近くに住んでいるわけではない)
※all the old friends I haveよりall the old friends of mineが普通。

213

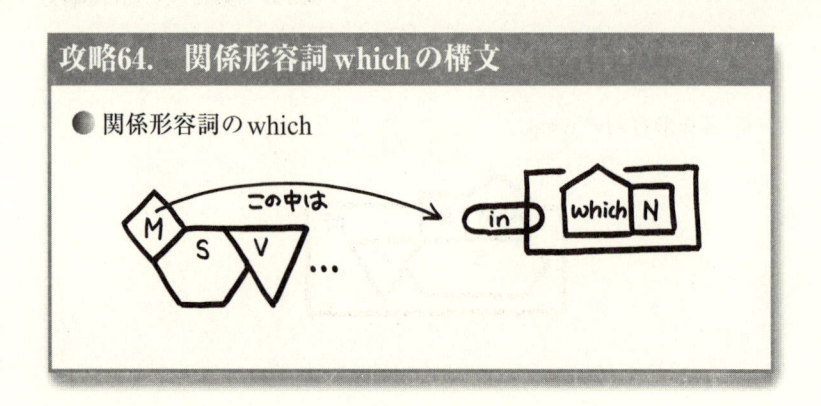

攻略64. 関係形容詞whichの構文

● 関係形容詞のwhich

(1) They went to Paris, in which place they parted.
（彼らはパリまで行き、そこで別れた）
(2) "He may not finish his job before Saturday." "In which case, we have to leave without him."
（「日曜日までに彼は仕事が終わらないかもしれない」「そんな場合は、彼抜きで出発しなければならない」）

● (1) in which placeはwhereで置き換え可能。whereの構文のほうが普通。
　→ They went to Paris, where they parted.
● (2) 前の文を受けて、which caseという形を用いて、関係節が独立する場合がある。

第3章 複数の文に関わる構文

3　副詞節構文

副詞節を作る代表的品詞は従位接続詞ですが、複合関係詞（複合関係代名詞・複合関係副詞・複合関係形容詞）もこの分野で活躍します。

1. 仮定法構文

●仮定法は「法」の1つ

　仮定法は、「法」という概念の1つです。「法」とは、ある伝達すべきメッセージに対する話者の心的態度（=気持ち）の表し方をいいます。

　法（=話者の気持ちの表し方）には、直説法と命令法と仮定法の3つがあります。

　　(a-1)　Will you help me?（助けてくれませんか）
　　(a-2)　Please help me.（どうか助けてくれ）
　　(a-3)　If you should help me, I would be happy.
　　　　　（万一、助けていただければ、ありがたく思います）

　同じ内容のメッセージでも、伝え方により、直説法 [= (a-1)]、命令法 [= (a-2)]、仮定法 [= (a-3)] の3種類が存在します。

　仮定法は、意味的には丁寧な方法で、形的には助動詞の過去形を用います。ただし、形だけで仮定法かどうかを決定するのが、現代英語では難しくなっています。なぜなら、直説法と仮定法の形が偶然共通している場合があるからです。

　　(b-1)　I could go.（私は行くことができた）[直説法]
　　(b-2)　I could go.（私は行こうと思えば行けるだろう）[仮定法]

　(b-2)は、「行けたこと」を表すのではなく、これから「行けること」を表しているからです。実際には「行っていない」ですね。

215

● 仮定法の用法

仮定法といえばif節が代表的ですが、必ずしも、if節のみによって仮定法が表せるわけではありません。仮定法の用法をすべて表にまとめてみましょう。

主節の中で用いる方法	願望の仮定法	原形や過去形で表す。 Long <u>live</u> the Queen!（女王様万歳） Oh, <u>were</u> I there!（今そこにいたらなあ）
	意志の仮定法	原形で表す。現在は成句でしか用いない。 <u>Suffice</u> it to say that he is a coward. （彼は臆病者であるとだけ言っておこう）
	帰結節のみで用いる	助動詞の過去形で表す。成句ではhad better、would ratherぐらいが残っている。 I <u>would</u> like to go there.（そこへ行きたい） He <u>had better</u> not talk like that. （彼はそんなふうに話すべきでないよ） I <u>would rather</u> die.（絶対いやだ）
従属節内で用いる方法	名詞節の中で用いる	要求動詞や要求形容詞と共に、原形で用いる。 I demand that she <u>do</u> it at once. （私は、彼女がそれをすぐ行うことを要求する） It was necessary that some urgent measures <u>be</u> taken.（緊急措置が必要だった）
	形容詞節の中で用いる	It is high time that...のthat節（=timeを修飾する形容詞節）の中で、過去形で用いる。 It is high time you <u>went</u> to bed. （そろそろ寝る時間だよ）
	副詞節の中で用いる	(a) 仮定・想像を表す。 1. 通常の仮定法（→p.221、p.225） 2. as ifの仮定法（→p.226） (b) 目的を表す。lest ... shouldの構文*

第3章　複数の文に関わる構文

* lest ... should の構文および関連構文の文例
 →a.○He whispered lest his wife should hear him.
　　（彼は、妻が聞くといけないから小声でしゃべった）
　b.○He whispered lest his wife hear him. ［should省略可］
　c.◎He whispered for fear that his wife might hear him.
　d.○He whispered for fear that his wife should hear him.
　e.◎He whispered so that his wife might not hear him.
　f.◎He whispered so his wife cannot hear him. ［口］

● 仮定法の形式

代表的な仮定法の種類と形式そして、その意味を表にまとめておきましょう。

仮定法現在：現在または未来の不確実な仮定を表す。*   If S'＋動詞の原形〜, S＋V...   （もしS'が〜なら、SはV...する）
仮定法過去：現在の事実の反対の仮定、または現在または未来についての可能性があまりないことの想像を表す。   If S'＋V'-ed/were〜, S＋would/could/might/should V...   （もし今S'がV'〜なら/〜であれば、SはV...するのに）
仮定法過去完了：過去の事実の反対の仮定を表す。   If S'＋had V'-ed 〜, S＋would/could/might/should have V-ed...   （もしあのときS'がV'〜だったなら、SはVしたのに）
仮定法should：未来の実現可能性が小さいことの仮定を表す。   If S'＋should V'〜, S＋would/could/will/can, etc. V... ［or命令文］   （万一S'がV'〜したら、SはV...する ［Vしてください］）
仮定法were to：まったく不可能なことの仮定から通常の仮定まで、幅広く仮定を表す。   If S'＋were to V'〜, S＋would/could/might/should V...   （S'がV'〜したら、SはV...するだろうに）

* 仮定法現在は①法律、②古風な文章、③慣用表現ぐらいしか現れない。

→① If any person be found guilty, he shall have **the right of appeal**.（何人も有罪判決を受けたら、**控訴する権利**を有する）

② If it be inappropriate to have said this, I **humbly** apologize.（かく申し上げたことが不適切ならば、**謹んで**お詫び申し上げる）

③ If need be, I will take the blame.（いざとなれば、私が責任を取ろう）

第3章　複数の文に関わる構文

●条件節と帰結節の時制の違い

if節を用いる仮定法の基本形式は次の通りです。

仮定法の基本形式
その1：文1〜 if 文2... → ［帰結節＋条件節］型
その2：If 文2..., 文1〜. → ［条件節＋帰結節］型

基本形式は単純ですが、時制は複雑な面があります。例えば、次のような2つの可能性があるのです。

可能性その1：帰結節＝仮定法過去
条件節＝仮定法過去完了
可能性その2：帰結節＝仮定法過去完了
条件節＝仮定法過去

具体例を挙げてみましょう。

可能性その1：[= if 仮定法過去完了の文、仮定法過去の文]
If you had not helped me then, I would not be successful.
（そのとき助けてくれなかったら、今の成功はないだろう）
[=そのとき助けてくれたから、私は今成功している]
可能性その2：[= if 仮定法過去の文、仮定法過去完了の文]
If I knew the answer, I'd have told you a long time ago.
（もし答えを知っているなら、とっくの昔に教えているよ）
[=今でも答えを知らないから、あのときも言えるはずがない]

219

● if節の代用

「もし〜なら、…なのに」という形が仮定法の基本ですが、このif節の意味が別の形で現れることがあります。これを＜if節の代用＞といい、主に4つの方法があります。表にしてまとめましょう。

4つの方法	具体例
副詞句で代用する	1. otherwiseを用いる。 I sent her a letter; <u>otherwise</u>, she would have worried about me. （彼女に手紙を出した。そうでなければ、彼女は私のことを心配したであろう） 2. with系前置詞句を用いる。 <u>With a little more care</u>, you wouldn't have made such a silly mistake. （もう少し注意していたら、こんなばかげた間違いはしなかっただろうに） 3. ago系副詞句を用いる。 <u>Ten years ago</u>, I could have played tennis better. （10年前なら、もっとテニスが上手だったのに）
不定詞で代用する	<u>To hear him talk</u>, you would think he is German. （彼が話すのを聞くと、ドイツ人だと思うだろう） You'd be crazy <u>to expect an earthquake to happen</u>. （地震が起こるのを期待するとは、君はちょっと変だ）
分詞構文で代用する	<u>Living in this century</u>, the man would be a hero. （今世紀に生きていたら、その男は英雄であろう） <u>Seen at a distance</u>, it would pass for a genuine one. （少し離れて見ると、それは本物に見えるだろう）
主語名詞句で代用する	<u>A man of common sense</u> wouldn't say such things. （常識のある人なら、そんなことは言わないよ） <u>The wisest man</u> could not solve the problem. （たとえ最も賢い人でも、その問題は解けないだろう）

第3章　複数の文に関わる構文

攻略65. 仮定法過去と過去完了の構文

● 現在や過去の事実と異なることを仮定する構文
（1）仮定法過去：If ... were / V-ed ..., S would V ～.
　　（今…だったら/したら、Sは～するであろう）
（2）仮定法過去完了：
　　If ... had V-ed ..., S would have V-ed ～.
　　（あのとき、…したら、Sは～したであろう）

〈仮定法構文の一般形〉

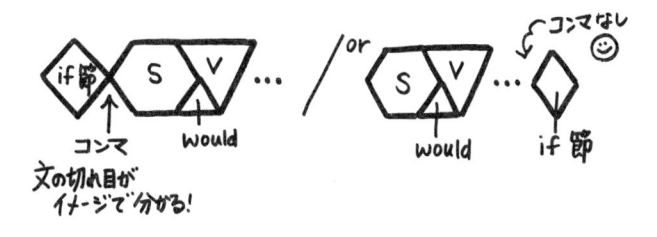

（図：if節＋コンマ＋S＋would＋V… ／ S＋would＋V…＋if節（コンマなし）
「文の切れ目がイメージで分かる！」）

※（1）は現在の事実と異なる仮定、（2）は過去の事実と異なる仮定を示す。
※仮定法の条件節（if節）の倒置　→p.318

(1) If you were upstairs, you could hear her talking.
（もしあなたが2階にいるなら、彼女の話し声が聞こえるでしょう）

(2) If I had known that he was there, I would have gone to meet him.
（もし彼がそこにいるのを知っていたら、彼に会いに行ったのに）

- (1) if節内が過去形だからといって仮定法過去だとは限らない。直説法過去である可能性があるからである。直説法過去の見分け方は、帰結節の時制を見ること。もし、帰結節の時制が過去形ならば、直説法過去である。
  - →○If you were upstairs, why didn't you come down to see me when I visited you?

  (もし2階にいたのなら、私が訪ねたときどうして降りてきてくれなかったの？)

  ※話者はyouが2階にいたかどうかははっきりしないので、ifを使っている。しかし、帰結節ではdidn't come down...と過去形で言っているので、「降りてこなかった」ことは事実。したがって仮定法ではない（仮定法なら、全てが仮定になる）。
- (2) if節内の従属節つまり、knowの目的語の部分は仮定法ではない。この文は、「＜彼が実際そこにいなかったのに、いた＞と仮定している文」ではないからである。目的語の部分は、過去の事実を表すので、he wasとなっている。he were ...とか、he had been ...にしてはならない。

仮定法と時制に関するルール

その1：　仮定法は時制の一致の影響を受けない。

その2：　仮定法は時制の一致の影響を与えない。

ルールその2により、(2)文のknowの目的語節のhe wasがhe had beenにならない。

時制の一致に影響を与えない例と、時制の一致の影響を受けない例を挙げておく。

- → (i)　○If he knew that she is there, he would go and see her.

  (もし彼女がそこにいるのを彼が知っているなら、彼女に会いに行くでしょう)

(ii) ×If he knew that she was there, he would go and see her.
[時制の一致に影響を与えない]
(iii) ×If he knew that she were there, he would go and see her.
[she 以下は仮定法ではない]
(iv) ○He told us that if he were a bird, he would fly to her.
(彼はもし鳥だったら、彼女のところに飛んでいくのに、と我々に言った)
(v) ×He told us that if he had been a bird, he would fly to her.
[if節内が、told（過去形）による時制の一致を受けない]

なるほどコラム No.9 ――――――――――――――― Column

（直説法と仮定法のif節のニュアンスの差は？）

次の文が直説法か仮定法か考えてみましょう。そして、ニュアンスの違いがいえますか。

(1) If he has much money on him, I will borrow some from him.
(2) If he had much money on him, I borrowed some from him.
(3) If he had much money on him, I would borrow some from him.
(4) If he had had much money on him, I would have borrowed some from him.
(5) If he should have much money on him, I would borrow some from him.
(6) If he had much money on him, I should have borrowed some from him.
(7) If he had had much money on him, I should have borrowed some from him.

223

さて、(1)～(7)まで微妙に違いますが、簡単に解説しましょう。
(1)「彼が大金を所持していたら、いくらか借ります」直説法の条件節で、話者は彼が大金を所持しているかどうか知らない。
(2)「彼が大金を所持していたなら、いくらか借りた」直説法で過去の条件節。話者は、彼が大金を所持していたとき、実際に借りた。
(3)「彼が（今）大金を所持しているなら、いくらか借りるのに」仮定法過去で、話者は彼が大金を所持していないのを知っている。
(4)「彼が（あのとき）大金を所持していたら、いくらか借りたのに」仮定法過去完了で、話者は彼が過去に大金を所持していなかったことを知っている。
(5)「万一彼が大金を所持することになるなら、いくらか借りるのに」仮定法のshouldで未来に対するほとんど不可能なことを仮定している。
(6)「彼が大金を所持していたら、いくらか借りるべきだった」直説法の過去の条件節で、実際にはお金を借りていない。
(7)「彼が（あのとき）大金を所持していたら、いくらか借りたのに」(4)と同じ仮定法過去完了。

第3章 複数の文に関わる構文

攻略66. 仮定法shouldとwere toの構文

● 起こる可能性が低い未来を仮定する構文
 (1) If ... should ..., S would/will V 〜.
  （万一…ならば、Vするだろう）
 (2) If ... were to V ..., S would V 〜.
  （もし…することになれば、〜するであろう）

〈仮定法should構文の一般形〉

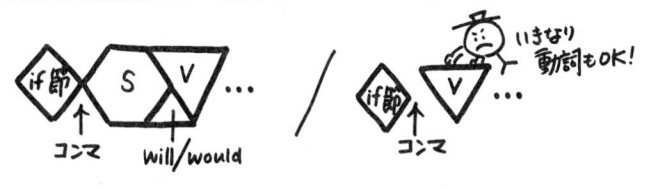

---

(1) If anything should happen to you, I will be responsible.
（万一あなたの身に何か起これば、私が責任を負います）

(2) **If I were to make a wish list**, it would be endless.
（欲を言えばきりがない）

....

● (1) shouldの仮定法の帰結節は、助動詞の過去形でなくてもOK（むしろ過去形はあまり使われない）。また、命令文が続くことがある。
 →○If anything should happen to you, be free to consult me.
  （あなたの身に何か起これば、遠慮なく私に相談してください）
  ○If it should rain, take **the washing** in.
  （万一雨が降ったら、**洗濯物**を取り込んでください）
● (2) 口語ではwas to... になることがある。
 → Who do you think would take over if he was to resign?
  （もし、彼が辞めたら、後継者は誰だと思いますか）

225

※参考：was/were to have p.p.~は「~する予定だった」という意味で、実現されなかった予定を表す。
→We were to have met him at 2, but he canceled the appointment **at the last minute**.
(2時に会う予定だったが、彼は**間際に**約束を取り消した)

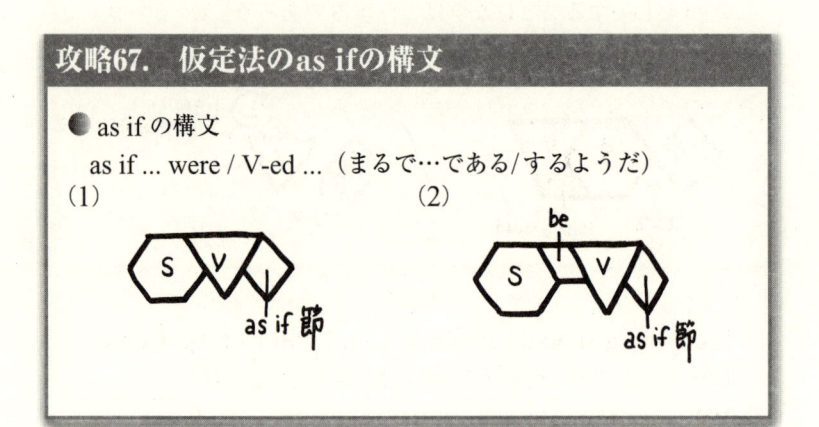

攻略67. 仮定法のas ifの構文

● as ifの構文
as if ... were / V-ed ... (まるで…である/するようだ)
(1)　　　　　　　　　　(2)

[図：(1) S V → as if節／(2) S be V → as if節]

---

(1) The **corporation lawyer** of their firm talks as if he knew all about it.
(彼らの会社の**顧問弁護士**は、それについて何でも知っているかのような話しぶりだ)

(2) He is walking as if he didn't know where he is headed for.
(彼は、どこへ向かっているかを知らないような歩き方をしている)

●(1)のas ifの時制は、未来を表す場合や、口語では現在形も可能。
→ It looks as if it is going to snow. (雪でも降りそうだ)
※このit looks as if ...はit seems as if ...と同じ意味の慣用表現。
→ It seems as if it is going to snow.

第3章 複数の文に関わる構文

● (2) as if を as though で書き換え可能だが、その場合は現在形を用いる。

→ He is walking as though he doesn't know where he is headed for.

ひとことメモ ─────────────── memo

as if 構文の重要注目例文

1. As if I cared!（かまうものか）
2. As if you didn't know!（知っているくせに）
3. It's not as if she doesn't know the rules.
   （彼女は規則を知っているくせに）
4. The little bird cocked its head on one side, as if to listen.
   （小鳥は、聞き耳を立てるかのように小首をかしげた）

2. 順接構文と逆接構文

●世の中は順接と逆接で成り立っている

ここに難しい課題があるとします。これに対する対処の方法は、「難しいからやめておく」という態度と、「難しいけれども行う」という態度の2つです。言語学的には、前者を順接、後者を逆接といいます。

この順接や逆接を表すのに必要な品詞は、等位接続詞と従位接続詞と接続副詞の3種類です（→p.253）。

これらの品詞のうち、等位接続詞と接続副詞は、主文をつなぐので、その主文の内容は真実であると考えられます。知らないことは言えないからです。

ところが、従位接続詞の場合は、その節内に知らないことを組み込むことができます。

　(a) If she is a doctor, I will consult her.
　　（もし彼女が医者なら、私は診てもらう）

(a)文におけるif節内が表している事柄、すなわち、「彼女が医者であること」は真とはいえませんね。話者は彼女が医者かどうかは知りません。she is a doctorは仮想にすぎません。これは「仮想節」と呼ばれます。

先に、学んだように、if節のもう1つの重要な用法として、仮定法がありますね。これは事実に反することを仮定するのが基本なので、if節内は、反事実といえ、次の(b)文のshe were a doctorは「反事実節」と呼ばれます。話者は彼女が医者でないことを知っています。

　(b) If she were a doctor, I would consult her.
　　（もし彼女が医者なら、私は診てもらうのに）

もちろん、従位接続詞によっては、事実を表す場合もあります。例えば、becauseなどを用いる場合です。

　(c) Because she is a doctor, I will consult her.
　　（彼女が医者なので、私は診てもらいます）

(c) 文において、because 節内の she is a doctor は真ですね。逆に言えば、話者は「彼女が医者であること」を知っている場合に because を使うことができます。because 節内が真なので、この節を「事実節」と呼びます。

以上述べたのは、従位接続詞の順接の場合ですが、逆接の場合も「仮想節」「反事実節」「事実節」が存在します。すべてを一覧表にまとめましょう（なお、本節では、従位接続詞の用法に絞って学びます。→p.230以降）。

<順接・逆接構造一覧表>

	節の種類	順接構文	逆接構文
等位接続詞	事実節	文1 and 文2 文1, so 文2 (文1だから文2)	文1 but 文2 文1, yet 文2 (文1だけれども文2)
従位接続詞	事実節	Because 文1, 文2 (文1だから文2) [=文2 because 文1]	Though 文1, 文2 (文1だけれども文2) [=文2 though 文1]
	反事実節	If 文1, 文2 (文1なら文2なのに) [仮定法]（→p.215）	Even if 文1, 文2 (たとえ文1でも文2だ) [仮定法]＊
	仮想節	If 文1, 文2 (文1なら文2)	Even if 文1, 文2 (たとえ文1でも文2)
接続副詞	事実節	文1; therefore, 文2 文1. Therefore, 文2 文1. S, therefore, V... (文1。それゆえ文2。)	文1; however, 文2 文1. However, 文2 文1. S, however, V... (文1。しかし文2。)

※ even if の仮定法の例
→ Even if she were a doctor, I would not consult her.

(たとえ彼女が医者でも、彼女には診てもらわないだろう)
※話者は「彼女が医者でないこと(＝事実)」を知っている。帰結節の部分は事実の逆にならない。つまり、「実際には彼女が医者でないけれども、彼女に診てもらう」という裏の意味は想定できない。

攻略68. 順接構文その1　原因構文と理由構文

● 原因構文と理由構文
(1) 原因構文：S1 because S2.（S2が原因でS1が起こっている）
(2) 理由構文：S1, because S2.（S1といえる理由はS2である）

(1)

(2)

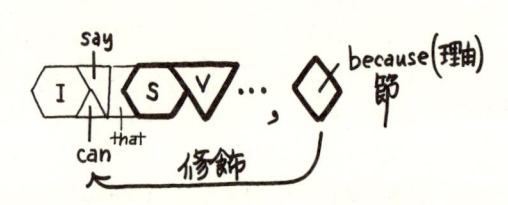

※(2)の構文では、becauseの前にコンマを用いるのが普通。

(1) I like him all the more because he has human weaknesses.
（私は人間的弱みがあるから、それだけ一層彼のことが好きだ）
(2) He will not be able to attend the meeting, because his wife called.
（彼は会議に出席できない。なぜなら奥さんから電話があったから。）

● (2) これは発言の根拠を示す表現（本書では、発言の理由を述べる構文ということで「理由構文」と呼ぶ）で、疑問文にそえることも可能。
→Have you been away, because I haven't seen you for a while.
（お出かけだったのですか。しばらくお見かけしなかったですね。）

ひとことメモ ─── memo

(because節が名詞節になる構文がある！)

動詞meanと結びつけば、because節が名詞節のような振る舞いをすることがあります。
→ Just because she said that it would be a good idea doesn't mean she totally agreed with it.
（彼女がそれはいい考えねと言ったからといって、完全に同意したわけではない）

攻略69. 順接構文その2　条件構文

● 条件構文
(1) 従位接続詞＋S'＋動詞の現在形〜, S＋V...
(2) 従位接続詞＋S'＋have p.p. 〜, S＋V...

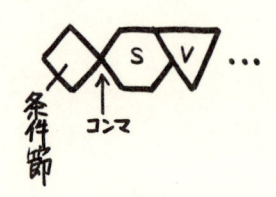

（図：条件節　S V ... ／コンマ）

※この構文に当てはまる従位接続詞
→ when、after、once、if（仮定法を除く）
※(2) は (1) の強調形。

(1) When I wear this pendant, I **have good luck**.
（このペンダントをしていると、**運がいいんですよ**）
(2) It's easy once you have gotten the basic techniques.
（いったん基本的なコツが分かれば簡単ですよ）

●(1) このように習慣行為的な状況を述べるときは、意味を強調する場合、wheneverが用いられる。
　→○Whenever I wear this pendant, I have good luck.
●(2) 状態動詞の場合はhave+p.p.の形は避けられる。
　→△It's easy once you have understood the basic techniques.

第3章　複数の文に関わる構文

攻略70.　逆接構文

● 逆接構文（譲歩構文）
(1) Though ... , (…であるが)［節内には事実を表す節がくる］
(2) Even if ... , (たとえ…でも)［節内には仮想を表す節がくる］

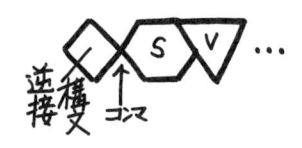

(1) Though I **maintained my composure on the scene** in some way or other, I've never felt such embarrassment.
（何とか**その場を繕った**が、あれほど気まずい思いをしたことはなかった）

(2) Even if we work at top speed from now, meeting the deadline is going to be **touch and go**.
（今から目いっぱいがんばっても、期限を守るのは**際どいところ**です）

● (2) meet the deadline（期限に間に合わせる）の反対は、miss the deadline（期限に間に合わない）。

ひとことメモ — memo

「コンマ+when」の副詞節（→非制限関係節ではない）

帰結節が過去進行形または過去完了形の場合、「コンマ+when」の構造がありえます。A, when B.の形で、時はA→Bの順に流れます。

→ She had opened her mouth to protest, when her father unexpectedly **cut in**.
（彼女が口を開いて異議申し立てをしようとすると、彼女のお父さんが不意に**口を挟んだ**）

ひとことメモ — memo

even if も、＜S+be＞を省略できる

if節の場合は、その節内の＜S+be＞におけるSが主文のSと一致している場合は、＜S+be＞が省略可能です。

→ If I am invited, I will go.
（もし招待されたら行きます）
[=If invited, I will go.]

even if ...の場合も同じことがいえます。

→ Even if I am invited, I won't go.
（たとえ招待されても行きません）
[=Even if invited, I won't go.]

第3章 複数の文に関わる構文

3. 複合関係詞構文

■複合関係詞は3種類2用法

　複合関係詞は、複合関係代名詞と複合関係副詞と複合関係形容詞の3つの種類があり、名詞的用法と副詞的用法の2つの用法があります。

　複合関係代名詞は、who(m)everとwhichever、whateverに3分類でき、複合関係副詞はwhenever、wherever、howeverに3分類できます。なお、複合関係形容詞にはwhicheverとwhateverの2つがあります。whoseverは比較的まれで、whyeverは存在しません。

　注意すべき文例を示しておきましょう。

　　(a-1) ○I will give it to whoever is interested in it.
　　　　（私は、それに関心のある人なら誰にでもそれをあげる）
　　(a-2) ×I will give it to whomever is interested in it.
　　(a-3) ○I will give it to whoever I will meet.
　　　　（私は、私が会う人なら誰にでもそれをあげる）
　　(a-4) △I will give it to whomever I will meet.

　複合関係代名詞の形は、それが導く節の中でどんな役割をしているかによって決まってきます。(a-1)において、複合関係代名詞は主語になっているので、主格のwhoeverを用います。

　基本的にはその前の前置詞に影響されません。だから、(a-2)のようにtoの影響を受けてwhomeverになりません。

　では、(a-4)における複合関係代名詞は、目的語になっているので、目的格のwhomeverを用いるのが文法的なのに、なぜ△なのでしょうか。もちろん、これは前の前置詞toの影響を受けているのではありません。これは、一般に目的格が主格にとって代わられている現象によるものです［代名詞の格の形の法則→p.196］。

　現在では、関係代名詞の目的格は主格で代用されているので、(a-3)のほうが好まれるのです。

最後に複合関係詞の意味と用法を表にまとめておきましょう。

<複合関係詞の意味と用法の早見表>

	名詞節	副詞節
複合関係代名詞	whoever [＝anyone who] 〜する人は誰でも	whoever [＝no matter who] 誰が〜しようとも
	who(m)ever [＝anyone who] 〜する人は誰をも	who(m)ever [＝no matter who] 誰を[に]〜しようとも
	whichever S：どちらでも O：どちらをも	whichever [＝no matter which] S：どちらが〜しようとも O：どちらを〜しようとも
	whatever S：〜するものは何でも O：〜するものは何をも	whatever [＝no matter what] S：何が〜しようとも O：何を〜しようとも
複合関係副詞	なし	wherever [＝no matter where] どこで〜しようとも
		wherever [＝at/to any place where] 〜するところならどこ（へ）でも
		whenever [＝no matter when] いつ〜しようとも
		whenever [＝at any time when] 〜するときはいつでも
		however＋形容詞/副詞 [＝no matter how＋形容詞/副詞] どんなに〜しようとも
		however＋S＋V [＝by whatever means] どんなふうに〜しても

第3章 複数の文に関わる構文

複合関係形容詞	whatever＋名詞A [any＋A＋that] S：どんなAが〜しても O：どんなAを〜しても	whatever＋名詞A [no matter what＋A] S：どんなAが〜しようとも O：どんなAを〜しようとも
	whichever＋名詞A S：〜するどちらのAでも O：〜するどちらのAをも	whichever＋名詞A [no matter which＋A] S：どちらのAが〜しようとも O：どちらのAを〜しようとも

注：S＝主語、O＝目的語

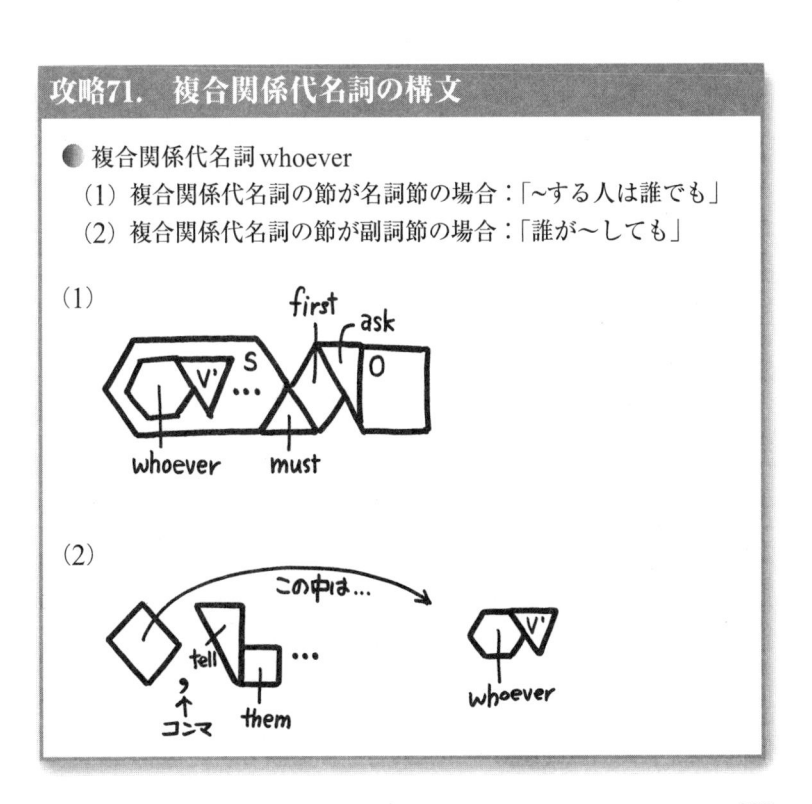

攻略71. 複合関係代名詞の構文

● 複合関係代名詞 whoever
(1) 複合関係代名詞の節が名詞節の場合：「〜する人は誰でも」
(2) 複合関係代名詞の節が副詞節の場合：「誰が〜しても」

(1)

(2)

(1) Whoever wants to visit must first ask permission.
（見学を希望する人は誰でも、まず許可を受けなければならない）

(2) Whoever telephones, tell them I'm out.
（誰が電話してきても、外出していると言ってくれ）

....

● (1) whoeverが名詞節を導く場合は、any person whoと置き換えることが可能である。

→Any person who wants to visit must first ask permission.

● (2) whoeverが副詞節（譲歩節）を導く場合は、no matter whoと置き換えることができる。

→No matter who telephones, tell them I'm out.
whoeverは単数形の代名詞heなどで受けることができるが、複数形のほうが好まれる。女性も含めることができるからである。

※whoever he may be（[口語] whoever he is）は、「どなたかは存じませんが」ほどの意味。

→While you were away, someone called John Jones came to see you, whoever he is.
（留守中にジョン・ジョーンズという方が尋ねてこられました。どなたかは存じませんが。）

第3章 複数の文に関わる構文

攻略72. 複合関係副詞の構文

● 複合関係副詞 whenever と wherever

〈一般形〉

（図：複合関係副詞 + S be ... / 複合関係副詞 + S V ...）

(1) Please come and see us whenever you are **in the vicinity**.
（**お近くに**来られたら、ぜひ遊びに来てください）
(2) I will follow you wherever you may go.
（あなたがどこへ行こうとも、私はあなたについていきます）

● (1) このように「いつでも」の意味の場合は、「at any time when」で置き換えられる。
　→Please come and see us at any time when you are in the vicinity.
● (2) このように「たとえ〜でも」の意味の場合は、譲歩節と呼ばれ、「no matter wh 句」で書き換えられる。
　→I will follow you no matter where you may go.

攻略73. 複合関係形容詞の構文

● 複合関係形容詞 whatever と whichever
  (1) 複合関係形容詞の節が名詞節の場合：「どの/どんな〜も全て」
  (2) 複合関係形容詞の節が副詞節の場合：「どの/どんな〜をしても」

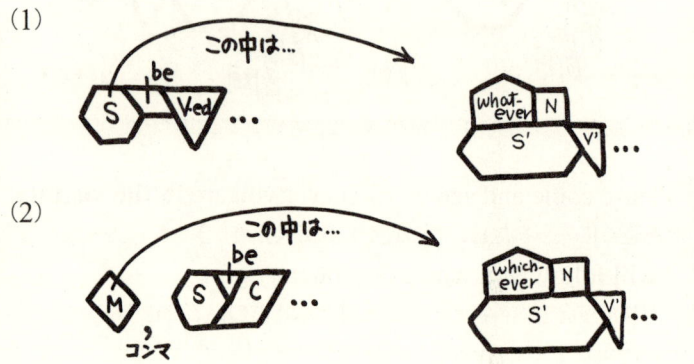

(1) Whatever benefits they received were used to pay the debt.
   (彼らが得た利益は全て、借金の返済に充てられた)

(2) Whichever course you take, you are sure to be **put on the spot**.
   (どちらの路線をとっても、きっと君は**困ったことになる**だろう)

● (1) whatever に続く名詞が複数形の場合は、この whatever 節が主語にきたとき、動詞は複数扱いが普通。

● (2) be put on the spot は米口語で「困ったことになる」の意味。be put in a spot ともいう。

ひとことメモ — memo

(「困ったことになる」の英語は多い)

get into trouble; get into difficulty;
encounter a difficulty; meet with a difficulty;
be landed in difficulties; be beset with difficulties;
come to have a hard time（of it）

第4章
接続という視点から見た構文

<接続詞、andとbutをまず理解>

　接続詞界に君臨する両雄であるandとbutを征服することが、「接続」に関わる構文をマスターするのに不可欠です。
　まず、辞書を眺めてみましょう。いろいろな発見をしますよ。例えば、1対のものを示すときは、A and Bの形は変更できず、また、単数扱いであるのが分かります。
　Gin and tonic is popular in England.
　　（ジントニックはイギリスで人気がある）
　×Tonic and gin is ...
　×Gin and tonic are ...
本章では、「接続」の基本から応用までを総合的に学びます。

第4章　接続に関わる構文

1　並置構造

AとBの2つがあるとき、この2つに対して、「並置」「等位」「従位」の3つの形が存在します。ここでは「並置」を学びます。

●2人の関係の3種類

　AさんとBさんの2人がいるとしましょう。その場合の関係は3種類あります。
　　（a）　他人の関係→AさんもBさんもお互い知らない関係
　　（b）　対等の関係→AさんとBさんが対等である同僚や友人の関係
　　（c）　上下の関係→AさんかBさんのどちらかが目上（上司、教師など）である関係
これと同じことが言語の世界でも起こります。
次の名詞句2つからなる表現を考えてみましょう。
　　(a-1)　a little girl a big doll
　　(b-1)　a little girl and a big doll（小さな少女と大きな人形）
　　(c-1)　a little girl with a big doll（大きな人形を抱いた小さな少女）

　(b-1)はandで結ばれています。この接続関係は等位構造と呼ばれます。つまり、等位接続詞で結ばれる構造は全て、接続詞の名前にもあるように等位構造です。

　また、(c-1)はwithが介在しています。この表現の中心語はgirlです。というのはwith句は修飾語に過ぎないからです。したがって、(c-1)の表現においてはa little girlがa big dollを従えている形です。だから(c-1)の関係は従位構造と呼ばれます。

　では、(a-1)の関係は何でしょう。英語では、接続詞や前置詞を介

第4章　接続という視点から見た構文

在させない構造は、お互いに関係がない構造で、これ自体は意味を持ちません。この関係は単に並べただけの関係で、「並置構造」と呼ばれます。

●並置構造が意味を持つ場合

　英語で名詞句の並置構造が意味を持つ場合がひとつあります。それは二重目的語として使われた場合です。つまり、次のような授与動詞を用いた構文の中では、この並置構造が堂々と存在意義を発揮していますね。

　　（d）The Santa Claus gave a little girl a big doll.
　　　　（サンタクロースが、小さな少女に大きな人形をあげた）

　（d）文を第3文型に変えた（e）文における2つの句は前置詞を介在しているとはいえ、従位関係は成立していません。というのは、この2つの句が1つのまとまりをなしていないからです。

　　（e）The Santa Claus gave a big doll to a little girl.

　SVOO文における目的語の並置が代表的な並置構造ですが、そのほか、名詞句が偶然並置構造になる場合があります。

　　（f）The big doll the little girl got from him was cute.
　　　　（小さな少女が彼からもらった大きな人形は、かわいらしかった）

　（f）文でthe big dollとthe little girlは並置構造になっていますが、偶然関係詞が省略されたため、2つの名詞句が並んだ結果です。英語では、「SがVするN」という表現が並置構造になる可能性があることを知っておくべきでしょう。

文を含む表現を英語にするコツ

「SがVするN」は、NSVで表すことができる。
「SがVすると思うN」は、N I think S Vで表すことができる。

以上から、Vはまとまった形の表現でもOKです。

(g-1) the task he is in charge of（彼が担当の仕事）

(g-2) the task I think he is in charge of（彼の担当だと思う仕事）

● 付加疑問文は並置構造の文だった！

これまで述べてきたのは2つの「句」の関係でしたが、2文の関係にも、この3つの関係がありえます。

等位接続詞（→p.248）を用いてつないだ2つの文は、もちろん等位構造の関係です。また、従位接続詞（→p.253）を用いて接続した2つの文は、従位構造になっています。

では、並置構造の文とは何でしょう。実は、付加疑問文における最初の平叙文と付加部の関係は、どちらも主節と考えられます。そして、独立した関係ですね。すなわち、接続詞が用いられていません。句でないので前置詞は当然用いられません。だから、平叙文と付加部との関係が、並置構造です。

さらに、次の (h-1) (h-2) のような構文も並置構造となります。

(h-1) He **double-parked** his car, I think.
(彼は車を**並列駐車していた**と思います)

(h-2) What did she **gift-wrap**, do you think?
(彼女は何に対して**進物用の包装をした**と思いますか)

(h) の構文は、それぞれ下の (i-1) (i-2) から派生した形なので、元来はthinkを含む節が主節だったのですが、(h) においては元の目的語節が主節に格上げされた形です。したがって、主節が2つあることになり、並置構造ということになります。

(i-1) I think that he double-parked his car.

(i-2) What do you think she gift-wrapped?

(h) のI thinkやdo you thinkは挿入節と呼ばれます。ここで、主節と挿入節の肯定・否定関係を表にまとめておきましょう。

第4章 接続という視点から見た構文

主節＼挿入節	肯定文	否定文
肯定文	○He's right, I think.（彼は正しいと思う）	×He's right, I don't think.
否定文	○He isn't right, I think.（彼は正しくないと思う）	○He isn't right, I don't think.（彼は正しいとは思わない）

　挿入節が否定文の場合は、主節も否定文でなければならないことが分かりますね。しかも、両方とも否定文の場合は、従属関係がないので、「否定×否定」で肯定の意味ではなく、どちらも主節なので、これは否定文を並べているに過ぎないのです。だから、意味は否定なのです。

第4章 接続に関わる構文

2 等位構造

等位構造の基本はandによる接続です。そして、句や節を並べる最も簡単な方法です。この節では等位構造の基本を、学びましょう。

●単文と重文と複文
　文のレベルの等位構造を理解するために、次の（a）〜（c）の文を眺めましょう。

(a) Under no circumstances should you use it without his consent.
（いかなる場合でも、決して彼の承認なしにそれを使うべきではない）

(b) Do be quiet and do work hard.
（黙って一生懸命に仕事をしなさい）

(c) I hear he often **jaywalks**.
（彼は、しばしば**信号を無視して道路を横断している**らしい）

　SVの構造が1つある文は、単文です。どんなに長い文であっても単文です。(a)は否定副詞の前置用法（→p.315）の文ですが、SVが1つあるだけなので、単文です。
　一方、SVの文がandなどの等位接続詞で結ばれた文は重文です。(b)は命令文でSは省略されているものの、文を2つつないでいることには変わりないので重文です。
　最後に、従位接続詞で結ばれた文は、複文です。例えばthatは従位接続詞で文をつなぐことができますね。たとえthatが省略されても、文と文を結んでいるには違いないので、(c)は複文ですね。

第4章　接続という視点から見た構文

●重文と複文の違い

　重文は、2つの文をつなぐ場合、「主文+主文」の構造ですが、複文は「主文+従文」の構造です。

　従位接続詞を用いた従文は、主文の資格を持っている4種類の文のうち、「平叙文」のみがそのまま用いられます。つまり、「疑問文」「命令文」そして「感嘆文」は従文にはなりません。このあたりのことを表で示しましょう。また、(a)のような倒置現象は主文における現象なので、普通は複文中の従文には現れません。

重文	複文
主文+主文（平叙文） ○Our car broke down and we had to walk.（車が壊れたので歩かざるをえなかった）	主文+従文（平叙文） ○All this happened while you were on a business trip.（出張中に、これら全てが起こったのです）
主文+主文（疑問文） ○He criticized his boss, but why did he do so? （彼は上司を批判したが、なぜだ）	主文+従文（疑問文） ×All this happened while were you on a business trip.
主文+主文（命令文） ○Time is limited, so work hard. （時間が限られているのだから、一生懸命仕事しましょう）	主文+従文（命令文） ×He can do it while do work hard.
主文（感嘆文）+主文（感嘆文） ○What a nice car he has and how carefully he drives! （彼は、なんと素晴らしい車を持っており、なんと注意深い運転をするのでしょうか）	主文+従文（感嘆文） ×He has a nice car when how carefully he drives.

主文+主文(倒置現象)	主文+従文(倒置現象)
○The door was knocked on and in came John. (ドアがノックされて、ジョンが入ってきた)	×The door was knocked on when in came John.

注:感嘆文は平叙文につけることはあまりない。

攻略74. 等位構造の特徴

● 等位構造の法則
(1) andで接続する場合は、次のようにする。
   (a) 2つの句や節を接続するときA and Bの形にする。
   (b) 3つ以上の句や節を接続するとき、A, B, ... and Nの形にする。最後の句や節の前にandを入れる。
(2) and以外の接続詞は、原則として2つの句や節を接続する。つまり、3つ以上は接続できない。

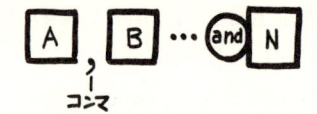

(1) a.　　　　　　　　　　b.

    [A]-(and)-[B]　　　　　[A],[B]...(and)[N]
                             コンマ

(2)

    [A]↔[B]
      but

※等位構造と省略の法則→p.323

第4章 接続という視点から見た構文

(1) Each ethnic group in India has its own language, food, customs and traditions to protect and defend.
（インドの各民族には独自の言語、食物、習慣と守るべき伝統がある）

(2) Of course it's true, but I don't want to believe it.
（もちろんそうなんですが、私はそんなことを信じたくありません）

● (1) andが用いられた場合、何を並列しているかを見抜くことは大切である。この文では、4つのものを並列している。
　→a. ○ [language] と [food] と [customs] と [traditions to ...]
　　b. × [language] と [food] と [customs and traditions to ...]
　もし、bのような並列構造であれば、(1)文は次のようになる。
　→ Each ethnic group has its own language, food, and customs and traditions to protect and defend.

※andは、いろいろなものをたくさんつなぐことができる等位接続詞界の王様である。例えば、andが従属節もつなぐことができるのに対し、butは従属節をつなぐことができない。

　→○They will further the project if it is approved at the meeting and if the president doesn't object.
（もし会議で承認され、社長が反対しないなら、彼らはそのプロジェクトを推進するでしょう）

×They will further the project if it is isn't approved at the meeting but if the president doesn't object.
（もし会議で承認されなくても、社長が反対しないなら、彼らはそのプロジェクトを推進するでしょう）

○If the president doesn't object, they will further the project even if it isn't approved at the meeting.
（もし支社長が反対しないなら、たとえ会議で承認されなくても彼らはそのプロジェクトを推進するでしょう）

また、butは1つの文の中に、等位構造として複数入れることがで

きない。butを含む文をbutで等位接続している場合は問題はない。
→ ×She is intelligent but he is stupid but you are perfect.
（×彼女は賢いが、彼は愚かであるが、あなたは完全だ）
○She is beautiful but less intelligent, but you are perfect.
（○彼女は美しいがちょっと賢くない。しかし、あなたは完全だ）

ひとことメモ — memo

try and V〜 と come and V〜の比較

(a) I'll try and eat something.（何か食べるようにするよ）
(b) ×I tried and ate something. [→○I tried to eat something.]
　　［＝×I tried and eat something.］
(c) She often comes and talks.（彼女はよく話をしにやって来る）
　　［＝She often comes to talk.］

注：Vが原形になる場合しかtry and ...は用いられない。

第4章 接続に関わる構文

3 従位構造

従位接続詞を用いた構造を従位構造と呼びます。従位接続詞の特徴と用法を、等位接続詞の場合と比較しながら、確認しましょう。

● 等位接続詞と従位接続詞の関係

接続詞には2種類あります。まず、表で代表的なものを確認しておきましょう。接続詞に似た接続副詞についても挙げておきます。

	順接	逆接	その他
等位接続詞	and so	but yet	or（または、すなわち） for（というのは）
従位接続詞	because if	though even if	after、before while、when、since
接続副詞	therefore consequently	however nevertheless	besides、otherwise

等位接続詞の導く節と従位接続詞が導く節との関係を考えてみましょう。次の例文を眺めましょう。

(a) They sold the land, and though he objected, they gave the money away.
（彼らは土地を売った。そして彼が反対したが、そのお金を寄付した。）

(b) We thought that though he had disagreed, we should tell her the truth.
（彼は反対していたが、彼女に本当のことを話すべきだと思った）

(c) △She smiled because when she entered, I waved to her.
(彼女が入ってきたとき、彼女に手を振ったので、彼女は微笑んだ)

(a)～(c)から分かることは、等位接続詞の直後に従位接続詞が導く節をつないでもOKであるのに対し、従位接続詞の直後に従位接続詞をつなぐことはあまりよくない [→ (c)] 場合があるといえることです。

ただし、(c)は後の従位接続詞が導く節を後ろに回せば、まったく問題のない文になります。

(d) ○She smiled because I waved to her when she entered.

that節の場合は直後にthat以外の従位接続詞が生じてもまったく問題はありません [→ (b)]。

また、that節は比較的多くの文を埋め込むことができる従位接続詞です。その意味では、等位接続詞のandと肩を並べますね (→p.148)。

(e) I think that he said that she believed that you told a lie.
(君が嘘をついたと彼女が信じていると彼が言った、と私は思う)

このような芸当は、他の従位接続詞にはまねができませんね。それでも埋め込む節は3つぐらいまでにしておくべきでしょう。

第4章 接続という視点から見た構文

攻略75. 従位接続詞の移動

● 従位接続詞の移動法則
(1) 従位接続詞が導く節は通例、文頭へ移動できる。
　　［文1　［Conj.文2］］ → ［Conj.文2］,［文1］
(2) 従位接続詞のうち、名詞節を作るthat節とif節は、通例文頭へ移動できない。ただし、目的語の節の移動はまったく不可というわけではない。

→ ×That he was elected CEO, she hated the fact.
○She hated the fact that he was elected CEO.
（彼女は彼がCEOに選ばれた事実がいやであった）
△If it will clear up tomorrow, I don't know.
○I don't know if it will clear up tomorrow.
（明日晴れるかどうかは知りません）

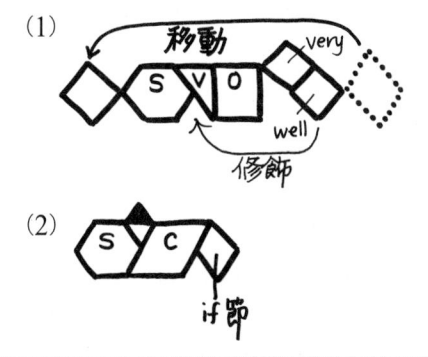

(1) 移動　very
　　S V O　well
　　　修飾

(2) S C
　　　if節

(1) Since I was in the same class at college, I know her very well.
（大学時代同じクラスだったので、彼女のことはよく知っている）
(2) I'm not sure if the carefully prepared project is **feasible**.
（その入念に準備された計画が**実行可能**かどうかは分からない）

255

● (1) sinceは「〜だから」という理由を表す意味の場合は、文頭に現れることが多い。なぜなら、sinceは話者が知っている情報（＝旧情報）を導き、旧情報は文の前のほうに現れる（→p.381）からである。この意味のsinceを後ろに回すときは、＜コンマ＋since ...＞の形になるのが普通である。

→ It must be true, since you say so.
（あなたがそう言うのだから、本当に違いありません）

● (2) if節の前置があまりよくないのは、if節が、もう1つ大きな意味、すなわち「もし〜なら」の意味を持っているので、混乱を避けるためと予想される。しかし、whether節を用いると混乱することはないと思われるので、whether節の前置はOK。[whether節についてはp.179以降参照]

→△If the carefully prepared project is feasible, I'm not sure.
○Whether the carefully prepared project is feasible, I'm not sure.

※従位接続詞が導く節を文頭へ移動しにくい例が1つある。それは次の構造で、P文がQ文をいえる根拠となる従位接続の場合である。

Q文、because P文

→○ He is drunk, because I saw him staggering.
（彼は酔っ払っているよ。彼がよろめいているのを見たから。）
△ Because I saw him staggering, he is drunk.

P文がQ文の状況の直接的原因であれば、文頭への移動は可能である。

→○ Because he drank too much, he is still drunk.
（彼は飲みすぎたため、いまだに酔っ払っている）

攻略76. 従位接続詞の省略

● 従位接続詞の省略
(1) 従位接続詞thatは目的語節の場合は省略可能である。
　　[文1　[that 文2]] → [文1 φ 文2]
　　特に、日常的に使用される動詞（例えばsay、tell、think、know、hope、wish、suppose、rememberなど）の場合によく省略される。
(2) ただし、意味が曖昧になる場合は省略不可能である。

(1)

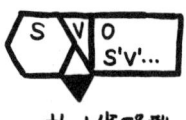

（図：that省略型／thatを省略しない場合）

(1) I don't suppose anyone will object to my proposal.
（私は、誰も私の提案に反対しないと思います）

(2) They told us once again that **the situation became acute**.
（彼らは、**事態は深刻になった**と再度我々に告げた）

....

● (1) 文語でよく用いられる単語や要求動詞（→p.175）のほとんどはthat節の省略があまり起こらない。例えば、admit、announce、inform、realize、suggest、maintain、stipulateなどは省略しないほうが普通。

→The Road Traffic Act **stipulates** that drivers should refrain from drinking.（道路交通法は、運転者が飲酒を差し控えるべきであると**規定している**）

※that節が等位接続詞で接続された場合は、2番目のthatは省略不可能。省略すると構造が異なり、意味が違ってくる。
→He says he has come to Japan quite recently but that he knows a lot about Japan. [thatを省略していない]
(彼はごく最近日本に来たばかりだ、しかし日本についてはたくさん知っていると言っている)

He says he has come to Japan quite recently, but he knows a lot about Japan.
(彼はごく最近日本にやって来た。しかし、彼は日本のことについてはたくさん知っている。)

● (2) thatを省略すると（a）と（b）の2つに意味が曖昧になるので、thatは省略されない。
→ They told us once again the situation became acute.
(a) They told us once again that the situation became acute. [= (2)]
(b) They told us that once again the situation became acute.
(彼らは、事態が再度深刻になったと我々に告げた)

第5章
否定という視点から見た構文

<英文は、「肯定・否定」を明確に>

A:「私は嘘つきじゃないよ」
B:「……」
C:「Bは『僕は嘘つきだ』と言ったよ」
さて、誰が嘘つきでしょうか?
　正直な人は正直に「私は嘘つきではない」と言うし、嘘つきの人は嘘をつくので「私は嘘つきではない」と言いますね。だから、Bは「僕は嘘つきだ」と言うわけがないので、Cが嘘つきということになります。
　上記の例は、「否定」ということに関する論理学的テーマを提供しますが、本章では、「否定」を言語学的テーマとします。具体的用法と共に、しっかり学びましょう。

第5章　否定という視点から見た構文

1　否定の特徴

否定とはどういうことなのかをしっかり学び、さまざまな否定の特徴を確認します。否定ということの奥深さを理解できますよ。

● John didn't walk slowly.は「歩かなかった」を意味しない

「否定」とはどういうことかを考えてみましょう。まず、次の文を比べてみます。

　　(a-1)　John didn't walk. (ジョンは歩かなかった)
　　(a-2)　John didn't walk slowly. (ジョンはゆっくりとは歩かなかった)

(a-1)文にslowlyを添えたのが (a-2) だからといって、(a-2) 文は (a-1) 文を少し飾った程度の意味になるのではありません。

(a-1)文は「ジョンは歩かなかった」という事実を示していますが、(a-2)文が意味していることは「ジョンは歩いた」ということです。(a-2)文は、「ジョンは歩いたが、その歩き方が遅くなかった」という意味を持つからです。

● 語彙否定は否定文を作らない

次の文を考えてみましょう。

　　(b-1)　John isn't happy. (ジョンは幸せでない)
　　(c-1)　John is unhappy. (ジョンは不幸である)

意味は同じみたいですが、(b-1) が否定文で、(c-1) は肯定文です。その理由は、次のようにいえるからです。

　　(b-2)　John isn't happy, and neither is Mary.
　　　　　(ジョンは幸せでない。またメアリーも幸せでない。)

(c-2)　John is unhappy, and so is Mary.
　　　（ジョンは不幸です。またメアリーも不幸です。）

　<so is 主語>の形を用いることができれば、前の文は肯定文です。そして、<neither is 主語>の形を用いることができるなら、前の文は否定文になります。

　(c-2)は肯定文でも意味は否定的ですね。その理由は、もちろん文中のunhappyという単語が「否定」の意味を含んでいるからです。これを語彙否定といいます。

●否定文の6つの特徴

　否定文は6つの特徴を示します。その特徴を示さなければ否定文ではありません。これらの特徴を表で示しておきましょう。それぞれの例文で、最後は肯定文の例です。

① 特徴その1　付加疑問文にする場合、肯定形の付加部を伴う。
　(a) The price is none too high, is it?
　　（その値段は決して高くないね）
　(b) There was nobody in the **studio apartment,** was there?
　　（そのワンルームマンションには誰もいなかったのですね）
　(c) It is an **nonevent**, isn't it?（期待はずれの出来事ですね）
　※(c)のnoneventは語彙否定だから、(c)文は肯定文。

② 特徴その2　<and neither ＋ v ＋S>の形を後続できる。
　(a) His remark was in no sense intended for them, and neither was hers.
　　（彼の言葉は彼らに向けたものではなかったし、また、彼女の言葉もそうであった）
　(b) This plan is far from being satisfactory, and so is that one.
　　（この計画は満足できないし、またその計画も同じだ）
　※(b)はand so is that ...が続いているので肯定文。

③特徴その3 「…もまたそうである」にand ... eitherを用いる。

(a) He is certainly not that sort of person, and she is not either.

（彼はそんな人では決してないし、彼女もそんな人ではない）

(b) He is the last person to do so, and she is too.

（彼はそんなことをするような人ではないし、彼女も同じだ）

※肯定文であれば、tooを用いる。だから（b）は肯定文。

④特徴その4　not evenという修飾語を用いることができる。

(a) No one showed up, not even the leader.

（誰も現れなかった。リーダーさえ来なかった。）

(b) ×He is childless, not even his wife.

（彼には子供がいなかった。妻さえいなかった。）

※(b)のHe is childless.は肯定文。childlessは語彙否定。(b)と同意の否定文は、He had no children, not even his wife.

⑤特徴その5　some、someone、somethingなどは生じない。

(a) He didn't **backbite** anyone.（彼は誰の悪口も言わなかった）

(b) I hear he backbit someone.（彼は誰かの悪口を言ったそうだ）

⑥特徴その6　否定要素が文頭に生じた場合、主語と助動詞の倒置が起こる（→p.315）。

(a) She wouldn't say a word.→Not a word would she say.

（彼女は一言も言わなかった）

(b) He will be happy at no time.→At no time will he be happy.

（彼はぜんぜん［どんなときも］満足しないであろう）

(c) He will be happy in no time.→In no time he will be happy.

（彼はすぐに満足するだろう）

※at no timeは否定要素。in no timeにおけるnoはtimeのみを修飾しており、語彙否定といえるので、(c) は肯定文。したがって(c) は主語と助動詞の倒置が起こっていない。

第5章 否定という視点から見た構文

2 否定の種類と位置

否定を表す要素の種類は5種類、否定要素の存在できる位置についても5種類の箇所があります。本節では否定の全体像を学びます。

●否定の要素の5つの種類

否定を表す要素（否定要素）は、文法的な特徴の視点から5つに分類できます。表で示しておきましょう。

否定要素	代表例
否定辞 not	notのみ notは他の否定副詞と違った振る舞いをする。
否定副詞	never、nowhere、hardly、barely、rarely、scarcely、seldom、little
否定名詞	nobody、none、no one、nothing、neither、few、little
否定限定詞	no、neither、few、little
否定接続詞	norのみ

littleは否定副詞、否定名詞、否定限定詞の全てにまたがります。

(a) I little dreamt of that kind of thing. ［否定副詞］
　（私はそのようなことは夢にも思わなかった）
(b) Little is known about the **bigwig**. ［否定名詞］
　（その**重要人物**については、ほとんど知られていない）
(c) There was very little difference between the two. ［否定限定詞］（両者にはほとんど差異はない）

● **否定要素に関する注意事項**

それぞれの否定要素に関して、注意すべきことがあります。表にしてまとめましょう。

否定要素	注意事項
否定辞 not	① not は否定副詞のように文頭に単独で現れない。（当然、倒置も起こらない） → ×Not do I think so.（私はそうは考えないよ） 　○Never do I think so. ② not は数量詞の前に置くことができるが、名詞の前に置くことはできない。ただし not A but B の形なら OK。 → ○Not all people are wise. 　（全ての人が賢いとは限らない） 　×Not John broke the window. 　○Not John but Jack broke the window. 　（ジョンでなくジャックが窓を割った） ③「コンマ＋not＋名詞句」を文に続けるのは OK。 → ○John saw Mary, not Mary John. 　（ジョンはメアリーを見たがメアリーはジョンを見なかった） 　cf. John saw Mary, and Tom, Lucy. 　（ジョンはメアリーを見た、そしてトムはルーシーを見た）
否定副詞	否定副詞の rarely は否定性が弱い。 → △He sees his parents rarely, does he? 　○He sees his parents rarely, doesn't he? 　（彼はまれにしか両親に会いませんね） 　○She seldom watches television, does she? 　（彼女はめったにテレビを見ませんね）

第5章 否定という視点から見た構文

否定名詞	①nobody、nothingは前置詞句を伴わない。 →×I know nobody of the staff. 　○I know none of the staff. 　（私はそのスタッフの誰も知らない） ②noneやfewなどはof句以下は複数がこないといけないが、andで接続された句はこない。 →×I know none of John, Mary and Nancy. 　（私はジョン、メアリー、ナンシーの誰とも面識はない）
否定限定詞	①noはof句を伴わず、単独でも用いられない。 →Do you have books on linguistics？ 　（言語学の本を持っていますか） 　○No, I don't have any.／×No, I have no. 　○No, I have none. 　　（いいえ、まったく持っていません） ②neitherに直接後続する名詞は単数である。 →○I support neither side.　[…×neither sides] 　（私はどちらの側も支持しない） 　○I support neither of the sides.
否定接続詞 （norのみ）	文に直接つなげても、独立させてもOK。ただし、andなどを介入させると不可。→neitherと比較 ○I don't feel **shortchanged**, nor does he. （私はだまされたと思わないし、彼もそうだ） ×I don't feel shortchanged, and nor does he. ×I don't feel shortchanged, neither does he. ○I don't feel shortchanged, and neither does he. ○"He isn't **flirtatious**." "Nor is she." （「彼は**浮気性**ではない」「彼女も同じだ」） ○"He isn't flirtatious." "Neither is she."

● 否定要素の5つの位置

否定要素が存在できる位置は5つの種類があります。それらを表で示しておきましょう。

第1助動詞の次の位置が原則	The **window-dressing settlement** ... (a) was not identified. (b) may not be identified. (c) may not have been identified. (d) has not been identified. **粉飾決算**は確認（a）されなかった、（b）されないであろう、（c）されなかったかもしれない、（d）されていない。
主語の位置	Nobody but me knew him. （私以外の誰も彼のことを知らなかった） Hardly thirty people were in the hall. （30人に満たない人がホールにいた）
動詞句内の位置	He **has no backbone to** fire someone. （彼には人を首に**する勇気がない**） She admitted her guilt to no one. （彼女は誰にも罪を認めなかった）
文頭の位置 →p.315	To no one did she admit her guilt. （誰に対しても彼女は罪を認めなかった） Never did the project **flop**. （その企画は決して**失敗**ではなかった）
二重否定	①助動詞の直後と動詞の直前 　She didn't not like him. 　（彼女は彼が嫌いなわけではない） 　[=She didn't dislike him.] ②主語の位置と助動詞の直後 　None of us have never told lies.

第5章 否定という視点から見た構文

（決して嘘をつかないような人はいない）
③主語の位置と動詞句内
Not all imperatives have no subject.
（全ての命令文に主語がないわけではない）

注：二重否定は、意味的には肯定になっても、統語的には否定文である。
→○Not all imperatives have no subject, do they?

なるほどコラム No.10 ───────── Column

He is no fool.とHe is not a fool.の違いは何か？

一般的にHe is not a fool.というと「a fool」のみを否定します。だから、この文によって「彼は賢い」と言っているわけではないのです。彼が普通の人であってもいいわけですね。

一方、He is no fool.というと、かなり強くfoolを否定するあまり、「彼は馬鹿どころではないよ」すなわち「彼はけっこう賢いよ」というニュアンスが出てきます。

次のように考えればよいでしょう。

fool	±0	wise
×	○	○

He is not a fool.

fool	±0	wise
×	×	○

He is no fool.

上の表で、○印は、それぞれの文が意味しうる箇所です。

攻略77. 否定要素の位置

● anyとnoやnotの位置関係
　anyはnoやnotの左にきてはならない。

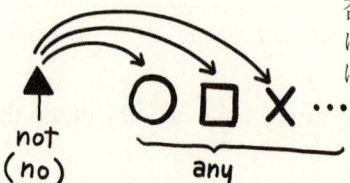

　　否定辞（not, no、…）は前から後へ力を及ぼすのが原則

(1) He will give nothing to anybody.
　　（彼は誰にも何もあげないでしょう）
(2) There is hardly any furniture in the room.
　　（その部屋には家具はほとんど何もない）

●(1) noがanyの後にくる次の表現は不可。
　　→ ×He will give anything to nobody.
　　　 ×He will give anybody nothing.
　anyがnoの後にくるならばOK。
　　→ ○He will give nobody anything.
●(2) 否定辞であるhardlyもanyの左にくる。
　なお、hardlyは程度を、seldomは頻度を表すことに気をつけること。
　　→ I can hardly walk because of my injury.
　　　（怪我のためにほとんど歩くことができない）
　　I seldom walk in the park because of my busy schedule.
　　（多忙のため、めったに公園を散歩することはない）

第5章　否定という視点から見た構文

3　否定の領域

全文否定や語彙否定、局所否定について概観し、さらに、否定の及ぶ範囲について考察します。否定の奥深さをますます知ることになるでしょう。

●She isn't happy.は曖昧である

次の英文は曖昧です。2つの視点から曖昧性を捉えることができます。どう曖昧なのか分かりますか。

　(a) She isn't happy.

まず、(b-1) (b-2) のように曖昧です。

　(b-1) 彼女は幸せでない。

　(b-2) 彼女は満足していない。

これは、happyの持つ意味の視点からの曖昧性で、文脈によって曖昧ではなくなります。

また、happyの場合、「幸せだ」と「満足している」の間に「うれしい」「楽しそうだ」という中間的な意味もありますね。つまり、意味の視点からは、否定文に限らず、どんな文でも基本的な単語を使う限り、曖昧性が発生するものです。

　(c-1) 彼女は幸せな状態にあるということはない。

　(c-2) 彼女は幸せでない状態だ。

(c-1) と (c-2) の2つの意味は、純粋にShe is happy.の文を否定したことによる曖昧性です。(c-1) と (c-2) はそれぞれ、(d-1) と (d-2) を否定しているのです。

　(d-1) She is happy.　→文の否定

　(d-2) happy　　　　→語の否定

(c-2) の意味は、(d-2) の否定だから (e) と同じになります。

(e) She is unhappy.
(f) 3つの意味領域

[A] happy	[B] どちらでもない	[C] unhappy

　(c-2) の意味は (f) における [C] の意味です。一方、(c-1) の意味は、[B] と [C] の両方の領域を含めた意味です。つまり、(c-1) の意味は「幸せな状態にないのであって、不幸であると言っているとは限らない」ということになります。次の (g-1) と (g-2) を比べてみましょう。

(g-1) She isn't happy, so she is unhappy.
（彼女は幸せでない状態だ。だから不幸だということだ。）

(g-2) She isn't happy, but she is not unhappy.
（彼女は幸せな状態にない。しかし、不幸ではない。）

　(g-1) における否定は (c-2) の意味に、(g-2) における否定は (c-1) の意味に基づいているのがお分かりでしょう。

●全文否定と語彙否定

　nothingは代名詞で「何も〜ない」という意味を表します。nothingが主語の位置にこようと目的語の位置にこようと、文全体を否定します。

(h-1) The box had nothing in it. （箱には何も入っていなかった）

(h-2) Nothing he says is true. （彼の言うことは全て嘘だ）

同時に、このnothingには名詞用法があり、「取るに足りない人、取るに足りないこと」や「無、ゼロ」の意味があります。

(i-1) He is a great man but his son is **a real nothing**.
（彼は偉大な男だが、彼の息子は**実にくだらない男**だ）

(i-2) We lost the game by four **to nothing**.
（我々は**4対0**で試合に負けた）

以上のようなnothingの語法により、英文が曖昧になることがありま

す。(j-1) の意味としては (j-2) (j-3)、(k-1) の意味としては (k-2) (k-3) の2つが考えられます。

(j-1) They are fighting about nothing.
(j-2) 彼らは何も争っていることはない。
(j-3) 彼らはつまらないことで争っている。
(k-1) Nothing agrees with me more than oysters.
(k-2) カキほど私に合うものはない。
(k-3) 何も食べないほうが、カキを食べるよりも私に合う。

(j-3) と (k-3) におけるnothingは語彙否定です。(k-3) のnothingは「無」というのが基本の意味で、(k-1) の文脈により「何も食べないこと」の意味に発展しています。

なお、(j-2) (k-2) におけるnothingは全体の文に否定の影響を及ぼしているので、全文否定です。nothingは代名詞として使うと全文否定に、名詞として使うと語彙否定になるのです。

語彙否定の場合は、全体は否定文ではないので、付加疑問において差が生じます。

(l-1) They are fighting about nothing, aren't they?
　　　(彼らはつまらないことで争っていますね) [語彙否定]
(l-2) They are fighting about nothing, are they?
　　　(彼らは何も争っていることはありませんね) [全文否定]

なお、全文否定はnot...anythingで置き換えられます。

(m) They are not fighting about anything.

●全文否定と局所否定

目的語にnoという数量詞を用いる場合は、通例全文否定になります。

(n) I have no money on me. (お金の持ち合わせがありません)

ところが不定詞が介在すると、意味が曖昧になります。次の文を眺めてみましょう。

(o)　I will force you to marry no one.

　(o) 文の意味はどう曖昧でしょうか。実は、(o-1) (o-2) の2つの意味が出るのですよ。

　　　(o-1)　私は、君が誰とも結婚しないように強制するよ。
　　　(o-2)　私は、君に誰かと結婚するように無理強いはしないよ。

　この2つ、まったく意味が異なりますね。(o-1) は (p-1) と、(o-2) は (p-2) の英語と同じです。

　　　(p-1)　I will force you not to marry anyone.
　　　(p-2)　I will not force you to marry anyone.

　(p-1) は不定詞の部分が否定されているので局所否定、(p-2) は、もちろん全文否定です。

　一方、動名詞句の中に否定のnoが生じた場合は、局所否定の意味しか出ません。

　　　(q-1)　I regret hitting upon no good ideas.
　　　(q-2)　私は、ちっともよい考えが浮かばなかったことを後悔している。
　　　(q-3)　私は、いかなる名案が浮かんでも後悔することはしない。

　つまり、(q-1) 文は (q-2) の意味しか出ないのです。確かに、(q-3) は妙な意味になりますね。

攻略78. 否定が及ぶ範囲

● 否定が及ぶ範囲の法則
 (1) 原則的には否定が生じている節の内部に否定が及ぶ。
 (2) ただし、思考・推量・意志・提案系の動詞は、従属節の否定が主節に及ぶので、否定の範囲は節を超える。

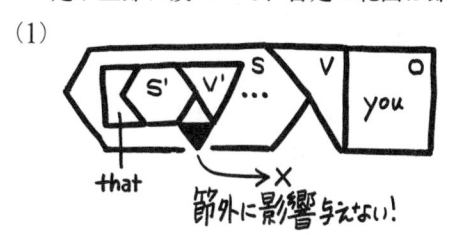

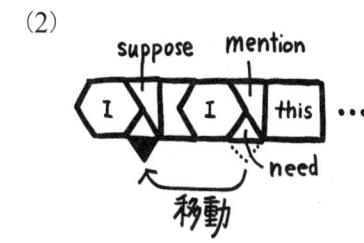

(1)

(2)

(注) needはneed notの形（→否定文）でない限り、助動詞として使われない。

(1) That the **prize pupil** couldn't answer surprised you, didn't it?
　(その**優等生**が答えられなかったので驚きましたね)
(2) I don't suppose I need mention this again.
　(私は、このことをもう一度言う必要があるとは思わない)
　[＝私は、このことをもう一度言う必要はないと思う]

● (1) that節内が否定になっているが、否定はこの節内にとどまるので、全体としては肯定文。だからdidn't it?という否定文の付加疑問が付加される。
● (2) この文におけるnotは従属節から移動してきたものと思われる。というのは、needが助動詞として使われるのは、否定文の場合だからである。この文は（a）文が初め埋め込まれていて、notが後で主文に移動したと考えられる。

→（a）I need not mention this again.
　　（私がこのことをもう一度言う必要はない）
　（b）×You need get a haircut.
　　（散髪に行くべきだよ）
　　［肯定文なのでneed to getにすべき］
　（c）○One need only consider the facts.
　　（その事実を考慮に入れさえすればよい）

※（c）がOKなのは、onlyが直後のconsider以外を否定するニュアンスを持つからである。否定のニュアンスを持つ表現の場合は、助動詞needが用いられる。以下の例も「電話以外は不要」という否定のニュアンスを持つのでneed doでもOK。もちろんneed to doも可。

→All you need do is give me a call, and I'll be right with you.
　（ただ電話をいただければ、すぐまいります）

なるほどコラム No.11 ─────────── Column

(arrive until midnight といえるか?)

arriveという単語は、俗に往来発着動詞と呼ばれ、意味は瞬間行為を表します。だから、通例untilのような継続を表す表現と一緒に用いられるわけがありません。

(1) ×John will arrive until midnight.
(×ジョンは真夜中まで［ずっと］到着するだろう)

日本語も変ですね。ところが、否定の行為は継続できます。「到着しない」というのは動作ではなく状態で、状態なら継続できますね。だから次の文は成立します。

(2) ○John will not arrive until midnight.
(○ジョンは真夜中まで［ずっと］到着しません)

(2)の意味はもちろん、「真夜中になって到着する」ということです。

さて、日本語で「ジョンは真夜中まで到着するとは思いません」はOKですね。「真夜中まで到着する」の部分は非文法的なのに、「思いません」をつけると意味が通じるのです。(ただし、「真夜中までに」と「に」をつけたほうがよいと感じる日本人も多いです)

英語でも、同様のことがいえます。

(3) ○I don't think John will arrive until midnight.

John will ...以下は非文法的ですが、I don't thinkが主文になるとOKです。これはもともとJohn will not arrive...であった文からnotが切り離されて主文の位置に移動したと考えるしかありませんね。

notが移動した、すなわちもともと否定文だったことを証明する英文をもう1つ紹介しておきましょう。

(4) I don't think that Jack is **a know-it-all**, is he?
(ジャックは、**知ったかぶりをするような人**じゃないですね)

従属節が否定文だったから、肯定の付加疑問になっています。

第6章
構文の調子を整える
3品詞

<構文は「代・形・副」が整える>

　英語は同じ構造を繰り返すのを好まない言語です。だから代名詞が2度目以降に現れる名詞の代わりをします。
　また、同じ名詞を使う場合でも、形容詞を添えて、形を少し変え、新たな情報を盛り込んだりします。
　その形容詞を強調することもあり、そんなときは、副詞も使用されます。
　代名詞と形容詞と副詞の3品詞は、英文の調子を整え、より英語的な英語構文の生成に役立っているのです。
　本章では、「代・形・副」に大敬服し、これらの底力を学びます。

第6章　構文の調子を整える3品詞

1　代名詞とその先行詞

代名詞は、その名のごとく、名詞の代わりをする言葉（＝詞）です。この節では、代名詞が何を指すかについての法則を学びます。

●「彼は自分の彼女が自分のことを愛していると思っている」の訳は？

次の2つの文を比べてみましょう。

　(a)　He likes him.
　(b)　He likes himself.

(a) においては、heとhimは通常別人です。一方、(b) におけるheとhimselfは同一人物です。

これらの文を複文にしてみましょう。

　(a-1)　John says that he likes him.
　(b-1)　John says that he likes himself.

さて、(a-1) におけるheやhimはJohnのことを指す可能性があります。代名詞heやhimがJohnを指す場合、「Johnは（その代名詞の）先行詞である」という言い方をします。文脈によってはJohnとheとhimが全て違うこともありえます。

一方、(b-1) のheはJohnを指すかもしれないし、そうでないかもしれませんが、himselfはとりあえずheのことしか指しません。その場合、heはhimselfの先行詞です。

> **oneself（再帰代名詞）の法則**
> 　再帰代名詞は、同一の節内で前のほうに現れる名詞（代名詞）を指す。

himselfがJohnを指せないのは、次の文がいえないからです。

(c) ×John thinks that Mary likes himself.
　　（ジョンはメアリーが自分のことを好きだと思っている）

「ジョンはメアリーが自分のことを好きだと思っている」は、次のようにしか訳せません。

(d) John thinks that Mary likes him.

ただし、(d)文においては、himはJohnでない可能性もあります。

なお、oneselfは同一節内でも後ろの名詞を指せないのは、次の例で確認できます。

(e-1) John talked to Tom about himself.
(e-2) John talked about himself to Tom.

(e-1)においては、himselfはJohnとTomのどちらを指す可能性もありますが、(e-2)においては、himselfはJohnのみを指します。

さらに、後ろの名詞を指しにくいのは、人称代名詞にもいえます。

(f-1) He thinks that John likes Mary.
(f-2) John thinks that he likes Mary.

(f-1)文において、heはJohnを指すことはできませんが、(f-2)文においては、heが先行するJohnを指す可能性はあります。

●代名詞が名詞に先行することがある

次の文を観察しましょう。

(g-1)　That Jim was unpopular bothered him.
(g-2)　That he was unpopular bothered Jim.
(h-1)　It disturbed Jim that he was unpopular.
(h-2)　It disturbed him that Jim was unpopular.
(i-1)　Jim was penniless when he was out of a job.
(i-2)　He was penniless when Jim was out of a job.
(j-1)　When Jim was out of a job, he was penniless.
(j-2)　When he was out of a job, Jim was penniless.

以上の例文の中で、he（him）とJimが同一人物でないのは、(h-2)文と(i-2)文の2つです。注意したいのは、(g-2)文や(j-2)文においては、代名詞（he）が後ろのJimを指す可能性があるということです。
　ちなみに、それぞれの和訳を試みましょう。代名詞と名詞の関係をそのまま訳してみます。

(g-1)　ジムが人気がないことは彼を悩ました。
(g-2)　彼が人気がないことはジムを悩ました。
(h-1)　彼が人気がないことがジムを不安にさせた。
(h-2)　ジムが人気がないことが彼を不安にさせた。
(i-1)　彼の失業中、ジムは無一文だった。
(i-2)　ジムの失業中、彼は無一文だった。
(j-1)　ジムの失業中は、彼は無一文だった。
(j-2)　彼の失業中は、ジムは無一文だった。

　日本語では「名詞…代名詞」の語順で「代名詞」が「名詞」を指す可能性があります。しかし、この語順でも(i-2)や(j-1)においては、「ジム」と「彼」は別人に感じられますね。<u>英語に比べ、日本語のほうが「代名詞が名詞句を指す力」は弱いといえます。</u>
　英語において「代名詞が名詞を指す」場合に働く原則は、ほぼ次のようであると考えられます。

代名詞が名詞句を指す原則

　代名詞と名詞句が同じ節にない場合に、(a) (b) 2つの語順の可能性があり、次のことがいえる。
　(a)　… 名詞句 … 代名詞
　(b)　… 代名詞 … 名詞句
(a)の語順のとき、名詞句＝代名詞でありうる。
(b)の語順のとき、従属節に代名詞が存在する場合に、名詞句＝代名詞でありうる。

第6章　構文の調子を整える3品詞

「代名詞が名詞句を指す原則」の (b) に当てはまるのが、(g-2) と (j-2) の2文です。(g-2) ではthat節内に代名詞があり、(j-2) ではwhen節内に代名詞があるので、共に従属節に代名詞が存在することになります。

なお、名詞句を含む従属節が別の句や節に含まれている場合は、(a) の状況でも、名詞句＝代名詞とはなりません。

　(k) Learning that Jim was unpopular bothered him.
　　（ジムが不人気であると知ったことが彼を悩ませた）

(k)において、Jim＝himにはなりません。learnの意味上の主語はhimと同一人物で、He learned that Jim was unpopular.の文において、HeはJimを指せないので、(k)におけるJimとhimは同一視されないのです。

攻略79. 英語構文における「代名詞の用法」に関する法則

● 代名詞の2大法則
(1) 人称代名詞とその先行詞は、同一節内に生じてはならない。
(2) 再帰代名詞とその先行詞は、同一節内に生じなければならない。

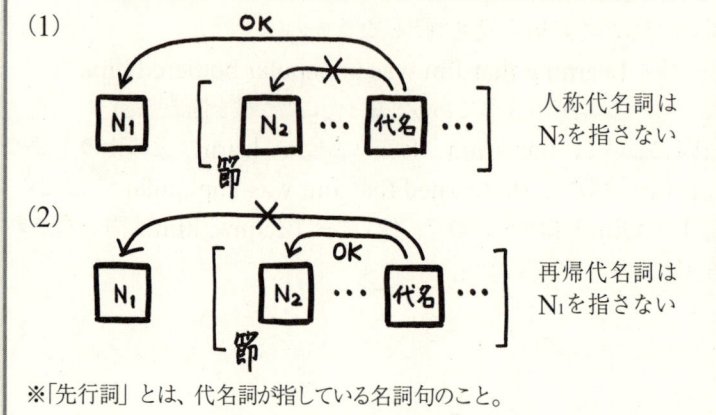

(1)

N_1 ← OK ─ [N_2 ··· 代名 ···] ✗
　　　　　　　　節

人称代名詞は N_2 を指さない

(2)

N_1 ✗ [N_2 ··· 代名 ···] OK
　　　　　　　　節

再帰代名詞は N_1 を指さない

※「先行詞」とは、代名詞が指している名詞句のこと。

---

(1) If someone on his staff is causing him problems, he should consider replacing him.
(彼のスタッフに彼を困らせる人がいると、その人の配置転換を考えなければならない)

(2) She put herself through a great deal of trouble working out the problem.
(彼女は、その問題を解決するのに非常に努力した)

....

● (1) 同一節内に人称代名詞の先行詞は生じないので、if節内のhimの先行詞(himが指している句)はsomeoneではない。また、同様に帰結節のheとhimは同一人物ではない。(1)の文が意味を持つのは、if節内のsomeoneとreplaceの目的語が

第6章 構文の調子を整える3品詞

一致しており、またif節内のhimと帰結節のheが同一の場合である。

※最近では、someoneをhimで受けるよりも、女性を意識してhim or her、あるいは女性をもっと意識してher or himにするか、または一般化してthemにするほうが好まれる。

● (2) 再起形（oneself）には、4つの意味がある。(2)文の意味は、その1番目である。

①直接目的語の意味 「〜自身を」	1. I learn myself.（自分自身を知る） 2. I asked myself.（自問した）
②間接目的語の意味 「〜自身に」	I taught myself German. （独学で独語を学んだ） ※英語では「自分自身に教える」と発想する。
③強意用法 「〜自身で」	I asked myself.［myselfに強勢が置かれる］ （自ら尋ねた） ※①の2と比較。
④特別用法 「いつもの〜」 「〜本来の姿」	He is not himself these days. （彼は最近どうかしている） Be yourself!（しっかりしなさい）

ひとことメモ ─ memo

(oneselfが先行詞より前にくる場合がある)

Himself diligent, John did not understand his son's laziness.
（彼自身が勤勉なので、ジョンは彼の息子の怠惰は理解できない）
　Himself diligentは、Himself being diligentという分詞構文で、beingが省略された形です。主文の主語と分詞構文の主語が一致しない場合にのみ、分詞構文の意味上の主語を出すというルールがありますが、oneself形は例外といえます。

第6章 構文の調子を整える3品詞

2 形容詞とその語順

形容詞は、妙な言い方ですが「2つあるもの」が3つあります。また、修飾構造に4つあります。ちょっと複雑に見えますが克服しましょう。

● 形容詞が他の品詞と異なる点は2つある

形容詞は次の2つの点で、他の品詞とは異なります。1つは、375ページでも解説しますが、形容詞は唯一、接続詞なしで並べることが可能な品詞であるということです。

  (a) an intelligent young woman（賢く若い女性）
  (b) a useful large wooden file container
     （役に立つ大きな木製のファイル入れ）

もう1つは、形容詞は、2つの主要な単語間の関係である「主述関係」と「修飾関係」に、同じ程度の重要度で関わる唯一の品詞であるということです。つまり、形容詞は、ある主語に対する述語（通常は補語になる）としての役割（＝叙述用法）と、ある名詞に対する修飾語の役割（＝限定用法）の2つの機能を持っているのです。

上に挙げた (a) や (b) は、形容詞が修飾語として機能している例ですが、述語として機能している例は (c) や (d) です。

  (c) Are you available now?（今、手が空いていますか）
  (d) I found the boss ill in bed with influenza.
     （私は、上司がインフルエンザで寝ているのが分かった）

● 修飾関係において形容詞の語順が持つ役割には2つある

修飾語の機能をする形容詞の語順が持つ役割には2つあります。

  (e) 語順が意味内容を決定する。

(f) 語順が文法性を決定する。

　　注:「文法性」とは「文法的に正しいかどうか」ということ

さて、(g) と (h) の表現を考察しましょう。

　(g-1) his last great novel
　　　[= the last one of his great novels]
　(g-2) his great last novel　[= his last novel, which is great]
　(h-1) a gorgeous wooden jewel box（豪華な木製の宝石箱）
　(h-2) ×a jewel wooden gorgeous box

まず、(g-1) は「彼の偉大な小説がいくつかあるうちの最後の小説」を意味し、(g-2) は「彼の最後の小説、そして偉大である、そんな小説」を意味します。つまり、語順が意味を決定していますね。

そして、(h-1) は文法的に正しくて、(h-2) は間違っています。つまり、語順は文法性をも決定するということです。

●形容詞の修飾の方向に2つある

形容詞には、前から名詞を修飾する方法（＝前位修飾）と後から名詞を修飾する方法（＝後位修飾）の2つがあります。

(a)(b)(g) と (h) は前位修飾の例です。後位修飾とは次のような場合の修飾方式をいいます。下線部の形容詞が後ろから名詞を修飾しています。

　(i) the best solution imaginable（現時点で考えられる最善の解決案）
　(j) shoes available in different sizes（いろいろなサイズが揃っている靴）

後ろから修飾する場合は、一時的な状況を表す形容詞である場合が普通です。このタイプの形容詞は、名詞の性質（＝物の場合）や性格（＝人の場合）を表すこと［(k-1) の例］はまれです。

　(k-1) high-heeled shoes（ハイヒールの靴）
　(k-2) ×shoes high-heeled

●形容詞の修飾のあり方には4種類ある

ある形容詞が「辞書」から飛び出して、「文」という現実の世界に生きていくには「修飾」と「叙述」という2つの方向があります。

これはある学生が「大学」から飛び出して、「社会」という現実の世界に生きていくには「就職」と「進学」という2つの方向があるのに似ています。

不思議に「修飾」と「就職」が同音異義で、「進学」を「学術」に置き換えると「叙述」に似てきますね。

それはともかく、学生と同様、形容詞にとっては「修飾」ということが大切な使命です。その修飾パターンに4つの可能性があるのです。

● 時間制約型修飾と時間超越型修飾

次の文を見てみましょう。

(l-1) ×John was tall yesterday. (×ジョンは昨日背が高かった)

(l-2) John was alive yesterday. (ジョンは昨日生きていた)

(1-1) が非文法的である理由は、tallという形容詞は恒常的な特徴を表す形容詞だから、一時的な時の副詞とは意味的に合わないからです。一方、aliveは一時的な状態を表す形容詞なので、不自然ではないのです。

形容詞によって、どちらの修飾パターンもとるものがあります。

(m-1) Did you see the nude dancing girl?
(あなたは [恒常的に] 裸の踊り子を見ましたか)

(m-2) Did you see the dancing girl nude?
(あなたは踊り子が [一時的に] 裸の状態であるのを見ましたか)

形容詞の位置の法則

恒常的な特徴を表す形容詞は前、一時的な状態は形容詞は後に現れる。

それでは、どうして (n) の文に容認度の違いが生じるのでしょうか。

(n-1)　Did you see the nude statue?
　　　　(その裸の彫像を見ましたか)

(n-2)　×Did you see the statue nude?
　　　　(その彫像が裸になっているのを見ましたか)

(n-2) が非文法的なのは、一時的な状態を表すnudeが、一時的変化が起こらないstatueと合わないからですね。

ただし、(n-2) は、主語を記述する状態構文 (→p.108) の解釈では、文法的です。つまり、「君は裸の状態で、その彫像を見たのか」という意味ならOKの文ですよ。

● 指示物修飾と指示修飾

次の (o) 文と (p) 文はそれぞれ意味が曖昧です。

(o)　John is a good cook.
(p)　Mary is a beautiful typist.

どう曖昧か分かりますか。実はそれぞれ、次のように曖昧なんですよ。

(o-1)　ジョンは善良な (プロの) 料理人だ。
(o-2)　ジョンは料理が上手な (普通の) 人だ。
(p-1)　メアリーは (容姿が) 美しい (プロの) タイピストだ。
(p-2)　メアリーはタイプの (印字が) きれいな (普通の) 人だ。

(o) と (p) は、それぞれ (o-3) と (p-3) という基本形に分析され、personを修飾する場合は、(o-1) や (p-1) の意味になり、cookやtypeを修飾するというイメージの場合は (o-2) や (p-2) の意味になると考えられます。

(o-3)　John is a person who cooks.
(p-3)　Mary is a person who types.

(o-1) や (p-1) の意味になるような、修飾の仕方をする場合は、「指示物修飾」といいます。一方、(o-2) や (p-2) の意味になるような修飾の仕方は、人という物理的な物体を修飾せず、その人の能力を指示

しているので「指示修飾」といいます。

●制限的修飾と非制限的修飾

同じ形容詞でも後続する名詞によって、修飾構造が異なると思われる場合があります。

(q-1) と (q-2) を比べてみましょう。

(q-1)　white sugar
(q-2)　white snow

white sugarという表現の場合は、黒砂糖 (brown sugar、unrefined sugar) も存在するので、その場合のwhiteはsugarを制限しています。

一方、雪は白いものしかないので、white snowという表現のwhiteはsnowの属性を説明しているに過ぎません。

砂糖を制限するような用法を制限的用法、雪を説明するような方法を非制限的用法といいます。

冠詞の差によって、形容詞が制限的なのか、非制限的なのかが決まる場合もあります。

(r-1)　Nancy is a **methodical** woman.（ナンシーは**きちょうめんな**女性だ）
(r-2)　The methodical woman is a **vet**.（そのきちょうめんな女性は**獣医**だ）

(r-1) のwomanを修飾しているmethodicalは制限的用法で、(r-2) のwomanを修飾しているmethodicalは非制限的です。その理由は、関係代名詞を用いて (r-1) と (r-2) をつなげると分かります。

(s-1)　○Nancy is a woman who is methodical, and the woman, who is methodical, is a vet.
(s-2)　×Nancy is a woman, who is methodical, and the woman who is methodical is a vet.

制限用法の関係代名詞（←コンマなし）は先行詞を制限するので、

形容詞の制限的修飾と一致します。一方、非制限用法の関係代名詞は先行詞を説明するだけなので、形容詞の非制限的修飾と一致しますね。

● 主観修飾と客観修飾

4番目の修飾パターンは、p.375で詳しく触れています。さて、次の(t-1) (t-2)の表現を比べてみましょう。

(t-1)　a pretty young insurance canvasser
(t-2)　a pretty intelligent insurance canvasser

insuranceは「保険」という意味の名詞で、canvasserは「注文をとる人」だから、insurance canvasserで「保険外交員」の意味になります。

このinsuranceとcanvasserの間に形容詞は介入できません。名詞が形容詞の役割をしているときは、名詞と名詞の絆は強いのです。

さて、(t-1)は2つの意味で曖昧です。なぜかというと、prettyが形容詞の場合と副詞の場合があるからです。

(u-1)　きれいな若い保険外交員　　[prettyは形容詞]
(u-2)　かなり若い保険外交員　　　[prettyは副詞]

一方、(t-2)はprettyが副詞の場合の意味、すなわち、「かなり知的な保険外交員」の意味しか出ません。なぜだか分かりますか。形容詞のprettyとintelligentは共に主観的評価を表す形容詞です。

このような同じレベルの形容詞を並べるときは、コンマが必要です。つまり、「きれいで知的な」を表す場合は、pretty, intelligent...という具合に並べるのが正式です。主観形容詞に限らず、客観形容詞でも同じことです。例えば、同じ大小形容詞であるbigとtallは次の (v-1) のようにつなげましょう。

(v-1)　○ a big, tall boy（大きくて背が高い少年）
(v-2)　× a big tall boy

攻略80. 英語構文における「形容詞と等位接続詞」に関する法則

● 形容詞と等位接続詞の使い方
同じレベルの形容詞はコンマや等位接続詞で結べる。

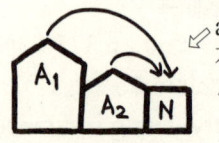

```
  ┌──┬───┬──┬─┐           ┌──┐
  │A₁│and│A₂│N│           │A₁│┌──┐         andを入れると
  └──┴───┴──┴─┘           │  ││A₂│┌─┐      不釣り合いにな
                           │  ││  ││N│      る。
                           └──┴┴──┴┴─┘

   A₁とA₂が同じレベル       A₁とA₂が異なるレベル
```

(1) He is a dark-eyed, long-nosed man.
（彼は、黒い目で鼻の高い男だ）
(2) She is an accurate and beautiful typist.
（彼女は、正確で美しい印字ができるタイピストだ）

....

● (1) dark-eyedもlong-nosedも共に身体的特徴を示す、同じレベルの客観形容詞と考えられるので、コンマで結ぶ。なお、同じレベルの形容詞に対してコンマを用いないときは、andなどの等位接続詞を用いる。
　→○ He is a dark-eyed and long-nosed man.
　　△ He is a dark-eyed long-nosed man.
※「黒い目をした」はblack-eyed、「高い鼻の」はhigh-nosedとは普通いわない。

● (2) これは「正確にタイプができ容姿が美しいタイピスト」という意味にはならない。その場合は、同じレベルの形容詞を結びつけていないからである（→p.287［指示修飾］）。
　→ a beautiful typist who can type accurately
（正確にタイプができる美しい容姿のタイピスト）

第6章 構文の調子を整える3品詞

3 副詞とその位置

> 副詞は、数ある品詞のうちで、種類が多く、最も位置が自由で、移動も自由な品詞です。ここでは副詞と英語構文の関係について学びます。

● 副詞には3種類の修飾がある

いうまでもないことながら、これまで各所で述べてきたことですが、単語のまとまりのレベルには3段階あります。「語」と「句」と「節」です。「語」は正に単語1語のレベルで、「句」は2語以上からなるレベル、そして「節」はもちろんSVを含むレベルです。

文字通り「副える詞（＝言葉）」である副詞は、それぞれのレベルにそえる、すなわち、修飾することができます。そして、修飾するものがある程度決まっています。

①「語」を修飾する副詞	主として形容詞を修飾する。 例： very beautiful; absolutely impossible （非常に美しい）（絶対不可能な）
②「句」を修飾する副詞	主として動詞句を修飾する。 例： look into the object **microscopically** （顕微鏡でその物体を調べる）
③「節」を修飾する副詞	主として文を修飾する。 例： Unhappily he didn't die happily. （不幸にも彼は、幸せには死ななかった）

「節」を修飾する副詞の例文で、happilyはdieという動詞を修飾しています。副詞は、このように動詞が単語の状態でも修飾できます。

さて、③に挙げられた副詞のうち、unhappilyは文副詞と呼ばれ、

291

happilyは様態副詞と呼ばれます。

> **副詞の不思議**
> 文副詞と様態副詞は、意味的に反対の概念であっても、両立する。

happilyにも文副詞、またunhappilyにも様態副詞の用法があるので、次のような文も成立します。
　　(a)　Happily he didn't die unhappily.
　　　　(幸せにも彼は、不幸な死に方をしなかった)
次のような文も存在できないことはありません。どんな状況か考えてみましょう。
　　(b)　Wisely she answered the question foolishly.
　　　　(賢いことに、彼女はその問題の答え方が愚かだった)
　(b)文において、wiselyは文副詞、foolishlyは様態副詞です。この2語は意味的には対立していますが、副詞の種類が違うので共存可能なのです。
　(b)文を発するためには、「彼女の答え方が賢い場合に、周りの誰かに嫉妬されるという状況」が前提としてあれば、「そのような愚かな答え方をしたことは賢明だ」という文が発せられても不思議ではありません。

● 文副詞には4レベルある

文を修飾する副詞には4つのレベルがあります。様態副詞も含めて、表にしましょう。先に注を挙げておきます。

　注:「位置」の項目で○は、その位置に起こりうることを示し、△はまれにありうることを示し、×は起こりえないことを示す。なお、番号の意味は次の通り。
　　①疑問文の文頭、②否定文の文頭、③肯定文の文頭、
　　④一般動詞の前、be動詞の後、⑤動詞句の直後

第6章　構文の調子を整える3品詞

	副詞の種類	代表的副詞	その位置				
			①	②	③	④	⑤
文副詞	(1) 正直系副詞	honestly （正直言って）	○	○	○	△	×
	(2) 事柄を評価する副詞	surprisingly （驚いたことに）	×	○	○	○	×
	(3) 命題を推量する副詞	probably （おそらく）	×	○	○	○	×
	(4) 主語を評価する副詞	carelessly （不注意なことに）	×	○	○	○	×
(5) 様態副詞 （動作の様子を表す）		quickly （急いで）	×	×	△	○	○

　4つの文副詞は、(1)(2)(3)(4)の順に文頭に現れる傾向があります。だから、これらの中で最も文頭に現れるのはhonestlyやfranklyなどの正直系副詞であるといえます。下記で使われている副詞が全て文副詞の場合、次のような傾向があります。(c-1)と(d-1)の英文のほうが好まれます。

　(c) 正直いって驚いたことに、ジョンは社長に**賄賂を贈った**。
　(c-1) ○Honestly, John surprisingly **oiled** the president's **palm**.
　(c-2) △Surprisingly, John honestly oiled the president's palm.
　(d) 驚いたことに、メアリーは不注意にもそのデータを消した。
　(d-1) ○Surprisingly, Mary carelessly deleted the data.
　(d-2) △Carelessly, Mary surprisingly deleted the data.

　まとめると、(1)～(4)の文副詞が、文の前のほうに現れるのに対し、(5)の様態副詞は後ろのほうに現れます。そして、文副詞にも順序があり、(1)～(4)の順に文頭に現れやすいのです。

● 同じものを修飾する副詞は並置されない

andなどの接続詞を必要としない並置構造（→p.244）［語や句が隣り合う現象］が堂々と起こる品詞は形容詞のみです。しかし形容詞でも「語」ではなく（＝すなわち名詞を修飾する限定用法ではなく）、「文」に関わる場合（＝すなわちSVCのCになる叙述用法の場合）は並置されません。

(e-1) ○the insoluble **deficit-covering government bond**
（未解決の**赤字国債**）［叙述用法］

(e-2) ×The bond is insoluble deficit-covering government.

すなわち、insolubleとdeficit-covering、そして形容詞として機能しているgovernmentは名詞から切り離されると、並置はできません。andで結ぶことも不可能です。

(e-3) ×The bond is insoluble, deficit-covering and government.

副詞にも同じことがいえます。「語」に関わると並置構造がOKで、文または句に関わると並置構造は許されません。

(f-1) ○very much more nearly thoroughly
（○非常に［これまでに比べて］ずっとほとんど完全に）

(f-2) ×She ate lunch quickly elegantly.
（△彼女はランチを急いで上品に食べた）［動詞句を修飾］

ところで、(f-1)は形容詞の場合と違い、同じ要素を修飾しているのではありません。nearlyはthoroughlyを、muchはmoreを、veryはmuchを修飾しています。

(f-2)における副詞、quicklyとelegantlyはate lunchという動詞句を修飾しています。同じものを修飾していますね。この場合は、副詞を並置することはできません。

(f-2)の文をよりよい文にするには工夫が必要です。

(g-1) ○She quickly ate lunch elegantly. ［ある程度ちらばらせる］

(g-2) ○She ate lunch quickly and elegantly. ［andで結ぶ］

第6章　構文の調子を整える3品詞

攻略81.　英語構文における「文副詞と様態副詞の位置」に関する法則

● 文副詞と様態副詞の位置
(1) 文副詞は文の前のほう、様態副詞は後ろのほうに現れる。
　※ただし、＜コンマ＋副詞＞の形なら、文副詞でも文の一番後ろで用いることが可能である。
(2) 文中に現れる場合でも、文副詞は助動詞に、様態副詞は動詞に近いところに現れる。

[図：文副詞の位置は助Vの近く、文副詞は文中に溶け込まない／様態副詞の位置は動詞の近く、様態副詞は動詞に寄り添う]

(1) Unfortunately for him, he was laid off for a year.
　（彼にとって不運なことに、彼は1年間休職を命じられた）
(2) The project must probably have been reconsidered by the staff.
　（その企画は恐らく、スタッフにより再検討されたに違いない）

....

● (1) unfortunately（不運にも）やfortunately（幸運にも）は文副詞で、直後に「for＋人」がくることが多い。このような文副詞はコンマを用いると文尾に置くことが可能である。
　→ ○He was laid off for a year, unfortunately for him.
● (2) probablyは文副詞なのでmustに近いところに生じるが、様態副詞であるcarefully（注意深く）を用いる場合は、動詞の直前に生じる。
　→ ○The project must have been carefully reconsidered by the staff.（その企画は、スタッフによって注意深く再検討されたに違いない）

295

△The project must have carefully been reconsidered by the staff.
×The project must carefully have been reconsidered by the staff.

なるほどコラム No.12　　　　　　　　　　　　　Column

（コンマ1つで意味が大違いの例はあるか？）

次の文を眺めてみましょう（→p.291参照）。
　(1) John didn't die happily.
　　　（ジョンは幸せな死に方をしなかった）

(1)のhappilyは様態副詞で、動詞dieを修飾しています。そして、die happily（幸せな死に方をする）という意味になります。これに対して、notがかかり、全体の意味としては「ジョンは幸せな死に方をしなかった」となるのです。

ところが、(1)の文の語順を変えずに、ジョンを生き返らせることができます。それは、コンマをhappilyの前に入れるのです。
　(2) John didn't die, happily.

(2)のようにすると、happilyは文副詞となり、dieを修飾しなくなります。そして、John didn't dieという文を修飾することになるのです。だから「幸せなことに、ジョンは死ななかった」の意味になります。(1)と(2)は意味がまったく異なりますね。

これは、コンマ1つが命を救う例です。コンマをつけると、命が救われにくい例もあります。
　(3) a. There were few crew who were killed in the accident.
　　　　（その事故で死んだ乗組員はほとんどいなかった）

　　　b. There were few crew, who were killed in the accident.
　　　　（乗組員はほとんどいなかったが、みんなその事故で死んだ）

(3b)のように関係代名詞の非制限用法（→p.189）を使うと、few crewの説明になり、彼らは少人数だったものの、全員死亡したことを意味してしまいます。

攻略82. 英語構文における「副詞句や副詞節とコンマ」に関する法則

● 副詞句や副詞節とコンマの使い方
(1) <副詞句または副詞節＋コンマ>の形を文頭で用いると、この副詞句や副詞節は「話題」を意味する。
(2) <コンマ＋副詞句または副詞節>の形を文尾で用いると、この副詞句や副詞節は「結果」を意味することが多く、前の文全体を修飾する。

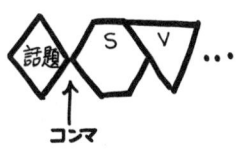

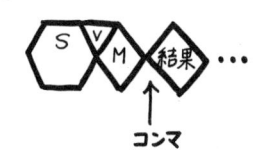

(1) 話題 ← コンマ　S　V …

(2) S V M 結果 … ← コンマ

(1) After a heated discussion, they came to a successful conclusion that they would compromise between the two plans. (激論の末のことであるが、彼らは2つの企画の折衷案にうまく収まった)

(2) She was in the bath, with the result that she didn't hear the fire alarm. (彼女はお風呂に入っていたため、火災報知器が鳴っているのが聞こえなかった)

★参考　話題に関し、次の微妙な差に気をつけること。
→ (a) Mary, John loves. ［Maryが話題］
　　　(メアリーはジョンが愛している)
　(b) John loves Mary. ［Johnにアクセントがなければ、Johnが話題］(ジョンはメアリーを愛している)
　(c) John loves Mary. ［Johnにアクセントがあれば、loves Maryの箇所が話題］(ジョンがメアリーを愛している)

なるほどコラム No.13 ──────── Column

(正直に聞きます、文副詞のhonestlyはどんな意味か？)

honestlyという文副詞は、他の副詞とは異なり、疑問文の前にくることができます。

(1) Honestly, what did you do yesterday?

例えば、(1)文の意味は何でしょう。この文は、次の2つの意味を持つのですよ。

(2) a. 正直に聞きます。昨日は何をしていましたか。
b. 正直に言ってください。昨日は何をしていましたか。

つまり、他の英語を使って、この2つの意味を表現すると、次のようになります。(2a)(2b)はそれぞれ(3a)(3b)に対応します。

(3) a. I will ask you honestly to tell me what you did yesterday.
b. I will ask you to tell me honestly what you did yesterday.

この単語は、もちろん、肯定文や否定文の前に置くことができます。でも、このときは意味が曖昧になりません。「正直に言います」の意味しか出ません。

(4) a. Honestly, he is a **raw dealer**.
（正直に言います。彼は**詐欺師**だ。）

b. Honestly, she is not a **matrimonial swindler**.
（正直に言うよ。彼女は**結婚詐欺師**じゃないよ。）

とにかく、honestlyという単語は、疑問文の前に生じたときは、曖昧になるのです。(5)のようなことがいえますね。

(5) Honestly, the word 'honestly' is interesting.
（正直言って、honestlyという単語は興味深い）

第7章
特殊な構文

<難英語、易構文の積み重ね>

——Nothing could be further from the truth.

この英文を「真理から遠いものは何もない」と訳すと「全て真理に近い」という印象を受けますね。

than thisを補って、もう一度訳すと「これほど真理から遠いものは何もない」となります。実は、先の文は、後者の意味です。

これは否定構文と比較構文の組み合わせの構文で、than以下が省略された、いわば「否定比較省略構文」(「否定」がダシで「比較」を隠し味にしたような省略構文)です。

これは難しい構文ですが、実は、易しい構文の組み合わせに過ぎません。

本章では特殊な構文をまとめて学習します。構文攻略まであと一歩！ がんばりましょう。

第7章　特殊な構文

1　強調構文

強調したいことを文の最初のほうに持ってくる方法として、強調構文があります。この構文ではitやwhatのような機能語が活躍します。

●強調の方法には2つある

　人生には感動がつきものです。感動したことは強調して人に伝えることが多いですね。だから強調するための構文が存在するのです。その代表格が強調構文です。

　強調構文の意味を学ぶ前に、まず、「強調」とはどういうことかに理論的に触れてみましょう。

　（a）John loves Mary.

（a）文は「ジョン は メアリーを愛している」と訳しますね。なぜ、「ジョン が メアリーを愛している」とならないのでしょうか。

　これは、通常の文は、旧情報［＝話題］で始まり、新情報［＝焦点：強調したい事柄］の順に流れているからです［p.381参照］。

　（a）文は「ジョン」を話題にして、言いたいことは「メアリーを愛している」ということです。表にまとめましょう。

	John	loves Mary.
情報	話題（旧情報）	焦点（新情報）
訳	ジョンは	（例えばルーシーやナンシーではなく）メアリーを愛している。

　そして、日本語の世界では、「は」は旧情報（＝話題）をマークし、「が」は新情報（＝焦点：強調したいこと）をマークするのです。

　では、John loves Mary.の文の意味内容で、ジョンを強調する文、

すなわち、「ジョン が メアリーを愛している」というニュアンスにするには、どうすればよいのでしょうか。これには2つの方法があります。

　(b-1)　音声的な方法→強調したいところにアクセントを置く。
　(b-2)　構造的な方法→主として強調構文を用いる。

(b-1)の方法は単純ですね。Johnにアクセントを置けばよいのです。その場合のニュアンスを表にまとめてみましょう（JOHNはJohnにアクセントを置いているということを示す）。

	JOHN	loves Mary.
情報	焦点（新情報）	話題（旧情報）
訳	（例えばボブやビルではなく）ジョンが	メアリーを愛している。

●強調構文で主語が強調できる

　主語は通常話題なので、強調することはあまりないのですが、日常で「〇〇が…」ということはありますね。日本語なら「が」が使えますが、英語の場合、音声的にアクセントを用いる以外の方法として、強調構文があるのです。

　強調構文によって、Johnを強調すると次のようになります。

　　(c)　It is John that loves Mary.
　　　　[=It is John who loves Mary.]
　　　　（メアリーを愛しているの は ジョンだ）

(c)文の訳に注目しましょう。that以下を先に訳すのが強調構文の慣わしですね。that以下の箇所は「…は」となっています。that以下は旧情報であるから、日本語では「は」を用いているのですよ。

　日本語の「は」が格助詞（例えば、主格を表すなどの助詞）ではなく、副助詞といわれるのは、このような「は」の性格によるのです。「は」は主語だけでなく、目的語やその他のものを示すことができるのです。

　　(d)　Mary, John loves.　（メアリー は ジョンが愛している）

（d）の構文においては、Maryはlovesの目的語と判断されるので、訳としては「メアリーをジョンは愛している」でもOKですが、（d）の構文は話題を前に出す構文（＝話題化構文：→p.311参照）といわれ、（d）文の場合、Maryが話題となっています。話題は、日本語ではやはり「は」でマークできますね。

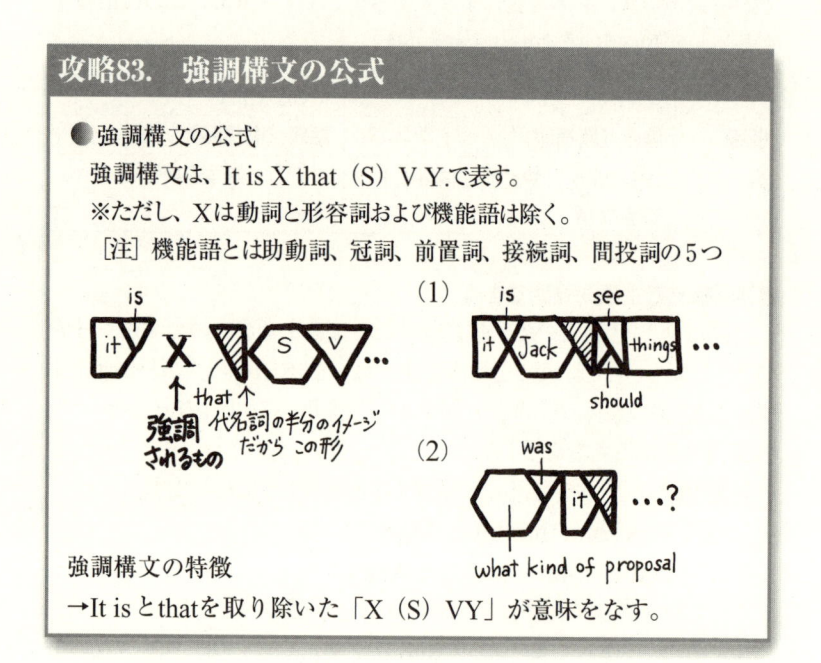

攻略83. 強調構文の公式

● 強調構文の公式
強調構文は、It is X that（S）V Y.で表す。
※ただし、Xは動詞と形容詞および機能語は除く。
[注] 機能語とは助動詞、冠詞、前置詞、接続詞、間投詞の5つ

強調構文の特徴
→It isとthatを取り除いた「X（S）VY」が意味をなす。

(1) It is Jack that should see things **from a global perspective**.
（**世界的な視野**で物事を見るべきなのは、ジャックだ）
(2) What kind of proposal was it that was approved at the conference?
（どんな種類の提案がその会議で承認されたのですか）

- (1) it isとthatを取り除くと、意味のある文が残るなら、それは強調構文であるといえる。(1)文の場合も Jack should see things...という完全な文ができるので、この構文は強調構文である。

  ※強調構文の焦点に人が来る場合は、thatの代わりにwhoを用いることができる。

  →It is John who should see things from a global perspective.
- (2) これは強調構文の焦点の部分を疑問化した疑問文。もともとの文は、It was what kind of proposal that was approved...である。

  ※公式におけるXの部分は「強調構文の焦点」と呼ぶ。この位置に動詞と形容詞はこない。つまり、動詞と形容詞は、強調構文では強調できないということである。

    → (a)　John loves Mary. →×It is loves that John Mary.
    　(b)　Mt.Fuji is beautiful. →×It is beautiful that Mt. Fuji is.

  実際には、動詞は助動詞doと副詞で、形容詞は副詞で強調される。

    → (a-1)　John does love Mary.
    　(a-2)　John really loves Mary.
    　(b-1)　Mt. Fuji is very beautiful.

なるほどコラム No.14 ――――――――――― Column

（強調構文で強調できないものがあるか？）

英文は、いくつかの意味のまとまりからできています。英文の最も単純な形の代表形は、次のようなものだといえるでしょう。

(1) ［主語のまとまり］＋動詞＋［目的語のまとまり］

疑問文や関係節を作るとき、［目的語のまとまり］の中から単語を取り出すほうが［主語のまとまり］の中から取り出すよりも簡単なんですよ。例えばa review of the bookというまとまりを考えてみます。

(2) a.○What book did he read a review of ?
　　　（彼はどんな本の書評を読んだのですか）
　　b.×What book did a review of surprise him?
　　　（どんな本の書評が彼を驚かしたのですか）

(3) a.○the book that he read a review of
　　　（彼が書評を読んだ本）
　　b.×the book that a review of surprised him
　　　（△書評が彼を驚かせた本）

さて、このような「主語からの抜き出しが難しい」という原則は、強調構文を作るときにも当てはまります。

(4) a.○It is this book that he read a review of.
　　　（彼が書評を読んだのは、この本です）
　　b.×It is this book that a review of surprised him.
　　　（△書評が彼を驚かせたのは、この本です）

(5) a.○It is this book that she said that he had read.
　　　（彼が読んだと彼女が言ったのは、この本です）
　　b.×It is this book that that he had read is obvious.
　　　（彼が読んだというのが明確なのが、この本です）

強調構文は、動詞や形容詞以外に、名詞であっても、主語の名詞句（節）の中に埋もれているものは強調できないということになります。

第7章 特殊な構文

2 倒置構文

倒置という現象は、英語では特に重要です。倒置のパターンは全部で10あります。この重要な倒置をその意義と共に征服しましょう。

●「倒置構文」の定義…どんな構文を「倒置構文」というのか?

　一般にS(主語)とV(動詞)が逆転した構文は、「倒置構文」と呼ばれています。しかし、たとえ、SとVが逆転していても、次のような文は「疑問文」で、「倒置構文」とはいいませんね。

　　(a) Is he the person in charge?
　　　　(彼が担当者ですか)

　また、SとVが逆転しているように見える、次のような文も「倒置構文」ではありません。

　　(b) It is important for us to further the project.
　　　　(この企画を進めることが大切だ)

　(b)文は、確かに「真主語」はfor us to do...以下ですが、Itは仮主語で、これも仮とはいえ立派なSです。だから、「倒置構文」ではなく、このような構文は「仮主語構文」と呼ばれます。

　さて、倒置のパターンに次のようなものもあります。

　　(c) Mary John loves and Lucy Tom loves.
　　　　(メアリーはジョンが、ルーシーはトムが愛している)

　MaryとLucyはそれぞれloveの目的語で、その目的語が前置されています。これは「話題化構文」(p.311参照)と呼ばれますが、これは「倒置構文」の一種です。この構文ではSとVは転倒していませんね。だから、倒置構文を正しく表現すると、次のようになるのです。

> **倒置構文とは？**
> Sが通常の平叙文の位置にこない構文のうち、疑問文でないものを倒置構文という。

SとVに着目した場合、その倒置パターンは次の3種類になります。ただし、小文字のvは助動詞を表します。

SV無変化型	SV→XSV	例：Mary John loves.（OSV型）
VS変化型	SV→VS	例：Here comes the bus.（MVS型）
vSV変化型	SV→vSV	例：Never have I been there.（否定副詞前置型）

もちろん、上記の各パターンの例文における通常の平叙文は、次の通りです。

(d) John loves Mary.
(e) The bus comes here.
(f) I have never been there.

●「倒置構文」の意義…なぜ「倒置構文」が用いられるのか？

それでは、どうして、通常の語順でない倒置構文が用いられる場合があるのでしょう。3つの原因で倒置構文が成立しています。1つ1つを見ていきましょう。まず、次の文を眺めてみましょう。

(g) He can run faster than any other student in his class can.
（彼は、彼のクラスのどの他の学生よりも速く走ることができる）

英語には、「長い主語は後ろに回す」という傾向がありますね。これは、仮主語構文の存在によっても証明されます。to do...やthat節など長い主語が現れると、仮主語itを立てて、真主語は後ろに回されたのが仮主語構文だからです。

したがって、canがthanの後に生じる (g) 文においては、than以下の主語であるany other student in his classは長いので、後ろに回され

る現象が起きて、次のようになるのが普通なのです。

(h) He can run faster than <u>can any other student in his class</u>.

もちろん、canをthan以下に生じさせなければ、倒置も起こりようがありません。

(i) He can run faster than any other student in his class.
　　[= (h)]

以上のことから、次のようにまとめることができます。

倒置構文の意義　その1：
　倒置構文は、長い主語を後ろに回して安定した英文を作る方法である。

倒置構文が必要とされるもう1つの要因は、<u>「いいたい情報（＝新情報）を後ろに回す」</u>（p.300参照）ということです。次の文を眺めてみましょう。

(j) Even more important is their cooperation.
　　（もっと重要なのは彼らの協力です）

(j)文は、CVS型の倒置構文ですが、別にS（their cooperation）は長くありませんね。長い主語というのは、前置詞などを含む句やSVを含む節でないといけないからです。

それなのに、この倒置構文が好まれる理由は、いいたいことがtheir cooperationだからです。

なぜ、新情報が英文では後ろのほうに置かれなければならないのかは、p.381で説明していますので、詳しくはそちらをもう一度確認しましょう。簡単に言えば、「いきなり新情報を述べると、聞き取れなかった場合に効果的に相手にそのことが伝わらない」からです。

そこで、倒置構文の第2の意義は次のようになります。

> **倒置構文の意義　その2：**
> 　倒置構文は、新情報を後ろに回して効果的な英文を作る方法である。

最後に、次の例文を見てみましょう。
　(k) Very grateful I am for your help.
　　　(あなたの手助けは本当に感謝します)
(k)文においては、主語はとても短いし、文の後方にあるfor your helpは、相手の人が助けてくれるというわけだから、相手が知らない新情報であるわけはありませんね。

この文は、強調したい部分（新情報ではないですよ）[=very grateful] を先に述べて、話者の感情を如実に表す方法です。

(k)文はCSV型の構文ですね。もちろん、もとの文は次の通りですが、(l)文にはそれほど感情はこもっていません。
　(l) I am very grateful for your help. [= (k)]
つまり、倒置構文の第3の意義は次のようにまとめられるでしょう。

> **倒置構文の意義　その3：**
> 　倒置構文は、強調したい箇所を前置して感情豊かな英文を作る方法である。

●「倒置構文」の種類…「倒置構文」にはどんなものがあるのか？
　倒置構文には、合計10パターンがあります。表にまとめましょう。

倒置型	具体例
1. OSV型	Mary, John loves. (メアリーはジョンが愛する)
2. CSV型	Very important it is. (非常に大切だ、それは)

第7章 特殊な構文

3. CVS型		Even more important is ... （さらに重要なのは…）
4. MVS型（場所副詞前置型）		On it stands a house. （上に建っているのは家だ）
5. MvSV〜型（否定副詞前置型）		Little did I dream of it. （ほとんど夢にも思わなかった）
6. POB構文系	(1) V-ing be S型	Standing there is a man. （男がそこに立っている）
	(2) V-ed be S型	Covered with snow is a hill. （丘が雪景色である）
7. IF省略系	(1) were前置型	Were it not for the sun, we could not live. （もし太陽がなければ、我々は生きられない）
	(2) had前置型	Had I known you were here, I'd have come earlier. （君がここにいると分かってたら、早く来たのに）
	(3) should前置型	Should it rain tomorrow, we will not go fishing. （明日雨が降るなら、釣りには行かないであろう）
8. 比較構文系	(1) as直後型	He is as tall as is his big brother. （彼は、お兄さんと同じぐらいの背の高さだ）
	(2) than直後型	She has a lot more books than does her friend. （彼女は、友達よりももっと多くの本を持っている）

9. 相関構文系	(1) so前置型	So much had she changed that I couldn't find her. (彼女は随分変貌していたので、発見できなかった)
	(2) such前置型	Such was his joy that he jumped around. (彼は喜びのあまり、飛び跳ねた)
10. 関係節系		This is a room out of which came a funny man. (これは、面白い男が出てきた部屋である)

注1：POB構文とは「Proposing around be構文」の頭文字語で、be動詞を軸として、分詞を前置する特殊な倒置構文である。

注2：1と2が「SV無変化型倒置」、3と4と10が「VS変化型倒置」、5と7が「vSV変化型倒置」である。9には「VS変化型倒置」と「vSV変化型倒置」の両方がありうる。また、8は「vSV変化型倒置」で最後のVが省略される。6は「VS変化型倒置」の変形といえる。

攻略84. 目的語前置倒置構文（OSV型）

● 倒置構文原則　その1
目的語を前置するときは、SVはそのままにする。

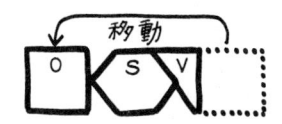

```
       移動
   ┌─────────┐
   ↓         │
  [O] [S V] ┈┈┈
```

※この構文は話題化構文ともいう（→p.301）。

---

(1) Modern urban society, **the upward trend of** the crime rate symbolizes.
（近代的都市社会というものは、犯罪率**の上昇傾向**が象徴する）

(2) What sort of people bought, I would not venture to say read it, I never understand.
（どんな種類の人たちがそれを買った［あえて読んだとは言わないが］のかについては、私は決して理解できない）

....

● (1) 文頭の目的語に、不定名詞句（theがつかない名詞句）で表される一般的な事象がくる場合、「～というものは」と訳せる。
● (2) 目的語が名詞句に限らず、名詞節の場合もある。(2)文は、間接疑問節が目的語になっている。
　注：I would ... readの部分は挿入節。readの部分は過去形を示しているので［red］と発音する。この文は、挿入節がboughtとitの間に入ったきわめて特殊な構文なので、口語では用いられない。
★参考　もう一度目的語を代名詞の形で示す、次のような構文は「左方転位構文」と呼ばれる。
　→Modern urban society, the upward trend of the crime rate symbolizes it. ［it＝modern urban society］

311

攻略85. 補語前置SV型倒置構文（CSV型）

● 倒置構文原則　その2
補語を際立たせて強調するには、補語を文頭に出してSVを続ける。ただし、主語は代名詞であるのが原則。

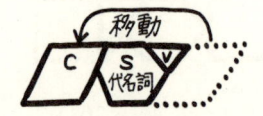

※補語が強調されるので、強意の副詞（veryなど）がつくことが多い。

(1) Very grateful I am to John for always helping me.
（いつも私を助けてくれるので、ジョンには大変感謝している）

(2) Almost impossible it was for the police to arrest all such violators.
（警察によるそのような違反者の全員検挙は、ほとんど不可能だった）

● (1) 主語が長い場合は、CVS構文となる。
→Happy are those who know the pleasure of making all the people around them happy.
（周りの人たち皆を幸せにする喜びを知っている人は幸せである）

ひとことメモ ──────────── memo

（arrestの意外な意味に注目）

(1) 注意などを引く
The colorful neon signs of the bars **arrested his attention**.
（その酒場の色とりどりのネオンが、**彼の注意を引いた**）

(2) 進歩を妨げる
Insufficient calcium **arrests** the natural growth of children.
（カルシウム不足は、子供の正常な発育**を妨げる**）

攻略86. 補語前置VS型倒置構文（CVS型）

● 倒置構文原則　その3
補語が話題提供の役割をして、言いたいことを後にまわす構文は、補語を前置きした後、VSを続ける。Vはbe動詞であることが多い。

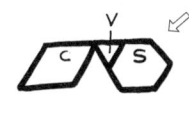

形容詞であることが殆ど！

補語全体（形容詞以外を含む）に広げると不安定なパターン図になる。

※Sが代名詞のときはCSVの構造になる。

(1) Heavy is the burden of responsibility that has lain upon me.
（私にのしかかってきた責任の重圧は大きい）

(2) Even more important is the fact that the plan is **infeasible**.
（もっと重要なことは、その計画が**実行不可能**であるという事実だ）

● (1) 形容詞の部分は話題で、言いたい内容は主語の部分。言いたい内容（＝新情報）には通常多くの情報が詰まっている。だから、この文は主語が長いのが特徴である。だから情報構造に即した訳は、「大きいのは、私にのしかかってきた責任である」である。

● (2) The fact that ...を文頭にした（＝通常の語順の）文は、the fact以下が旧情報の解釈になる。
→ The fact that the plan is infeasible is even more important.
（[あなたが知っている]　その計画が実行不可能である事実は、きわめて重要である）

攻略87. 場所副詞前置型倒置構文（MVS型）

● 倒置構文原則　その4
移動や場所を表す副詞、副詞句を前置する構文は、VSの形が続く。

```
  M V S
     ↓
  移動や存在
  を表す動詞
```

※Sが代名詞のときは、MSVの形になる。
→ ○Into the room he walked.（部屋に彼が入ってきた）
　×Into the room walked he.

(1) Into the river jumped the boy with a splash.
　　（その少年は水しぶきを上げて川に飛び込んだ）
(2) At the top of the hill stands the tiny chapel.
　　（その丘の上には小さな教会が建っている）

....

● (1) 副詞句の部分は副詞1語でもOKである。
→ Down came the rain.（雨がザーッと降ってきた）
※これは全体の文の意味の強調を表す表現である。後続する主語が不定名詞句の場合は<into the river jumped>の部分が旧情報となり、主語を焦点（＝新情報）にした意味を表すことが多い。
→ Into the river jumped a boy who was very good at swimming.
　　（その川に飛び込んだのは、水泳の非常に得意な少年だった）
※また、Sが1語でも名詞ならば、MVS構造になる。
→ ○Into the river jumped Jim.（川に飛び込んだのはジムだ）
● (2) MVS構文におけるVは<助動詞＋V>あるいは<V＋~ed>の形でもOKである。
→ In the distance could be seen a building **of imposing elevation**.（遠くに**堂々たる高層の**建築物が見えた）

第7章　特殊な構文

攻略88.　否定副詞前置倒置構文

● 倒置構文原則　その5
否定副詞（句、節）が文頭に現れると、v SV型倒置が起こる。

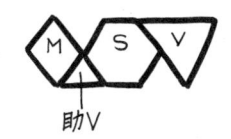

```
    M   S   V
      助V
```

(1) Never have I been **bawled out** by my boss.
（これまで上司に**叱り飛ばされ**たことは決してない）

(2) On no account will she tell a lie to any customer she is dealing with.
（関わっている顧客は誰であっても、彼女は決して嘘はつかない）

(3) Only when he is available does he study **civil law**.
（時間的に可能な場合のみであるが、彼は**民法**を勉強している）

● (1)は1語の否定副詞の前置、(2)は2語以上からなる否定副詞句の前置、(3)はSVを含む否定副詞節の前置の例である。
　※「決して～ない」の否定副詞句は多く、ほとんど、この前置型で用いられる。
　　→in no way; in no wise; in no sense; in no case; at no time; on no occasion
　注：not at all、not in the least、by no meansは文中で用いられるのがほとんどで、倒置も起こらない。
　　→This is by no means easy.（これは決して易しくないよ）
● (3) only when節の内部は倒置されない。

315

→ ×Only when is he available does he study civil law.
×Only when is he available he studies civil law.

なるほどコラム No.15 ─────────── Column

(なぜ、否定副詞の倒置は「MvSV型」なのか？)

　否定副詞表現（＝語、句、節）を前置するだけで、倒置をしなくてもよいのではないか？　という疑問に答えましょう。例えば、次の文を見てみましょう。

　　Never I have been happy with my job.

　先にNeverというので、「決してない」という否定の意味かな？と思っていると、次にI have been happy with my job.（仕事には満足しているよ）という肯定文が現れ「あれっ、どっちかな？」と思ってしまうので、この文は迷いが生じる文ですね。

　だから、通常の肯定文の形を続けないのです。その代わりにNeverと結びつきやすいhaveを引き連れて、れっきとした否定文であることを強調するわけなのです。

　構文パターン図でも確認しておきましょう。

　M（否定副詞表現）を前置しただけで、肯定文を続けると、主語（S）がMと1点で接触することとなり、つながりが悪くなります。つまり、これは、Mの部分の省略が可能となる構文であることを示し、実際にそのMを省略すると意味が逆転する（＝肯定文になる）ことになるので、この文は容認されないのです。

第7章　特殊な構文

攻略89.　POB倒置構文

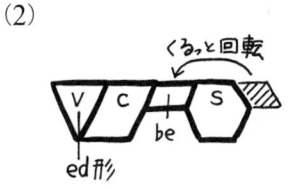

●倒置構文原則　その6
＜現在分詞または過去分詞＋α＞の形を前置すると、＜be＋S＞の形を続ける。

(1)　　　　　　　　　　　　(2)

※POB構文とは「preposing around 'be'」の略で、be動詞を中心として、その周りの語句を入れ替えたときにできる構文である。

(1) Growing **exponentially** after the bubble burst was a mountain of bad loans.
（バブル崩壊後、**急激に**増えてきたのが、不良債権の山であった）

(2) Considered the **ringleader** of the plot is an acting manager of the trading firm.
（その計画の**張本人**と目されるのが、その貿易商社の部長代理だ）

....

● (1) この構文を元に戻すと次のようになる。
　→A mountain of bad loans were growing exponentially after the bubble burst.
　注：bad loans（複数形）の影響を受けて動詞が複数形になっている。

● (2) この構文を元に戻すと次のようになる。
　→An acting manager of the trading firm is considered the ringleader of the plot.

317

攻略90. if省略系倒置構文

● 倒置構文原則　その7
仮定法のif節において、ifを省略すると次の3種の前置構文ができる。
(1) Were前置型　(2) Had前置型　(3) Should前置型

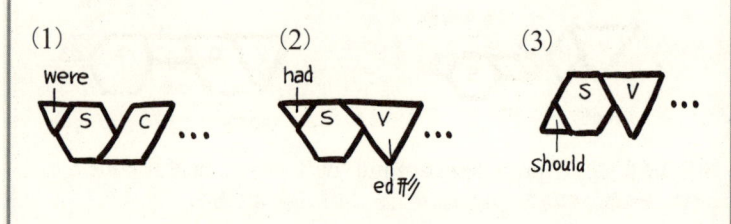

※この構文は仮定法構文における「ifの省略構文」といえる。

(1) Were it not for the sun, almost every living thing could not live.（太陽がなければほとんどの生物は生きることができないだろう）
(2) He would be much more successful had he lived longer.
（もし彼が長生きしていたら、大成功しているだろう）
(3) Should I live to be a hundred, I would never understand Picasso.（たとえ百歳まで生きても、ピカソは理解できないであろう）

● (1) if it were not for ...（今…がなかったら）の倒置形。倒置形は、口語ではないので、口語のif節は倒置できない。
　→ [標準] ○if it were not for ... / [文語] ○Were it not for ...
　　[口語] ○if it was not for ... / ×Was it not for ...
　　[口語] ○if it weren't for ... / ×Weren't it for ...
● (2) had以下が短い場合は、その前にコンマをつけない場合が多い。
● (3) shouldが入ったif節（と、その倒置形）は、「たとえ〜でも」の意味も持つ。

攻略91. 比較構文系倒置構文

●倒置構文原則　その8
比較構文においては、次の2つの倒置構文が考えられる。
(1) as直後型→　＜(as) ... as v S ...＞
(2) than直後型→　＜than v S＞

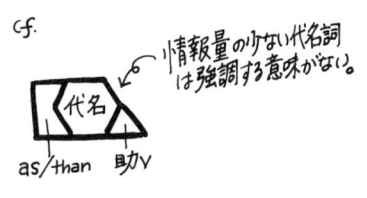

※Sが代名詞の場合は、倒置は起こらない。

(1) He is fond of **going mushrooming** as was his father when he was young.
（彼はお父さんの若いころと同様、**きのこ狩り**が好きだ）

(2) I spend more than do nine out of ten people **my age**.
（私は、**同年代の**人の10人中9人よりもお金を使う）

●(1) as以下の主語が代名詞の場合は、倒置が起こらない。
→He is fond of going mushrooming as she was when she was young.

●(2) 主語が長いと倒置が起こる可能性があるが、主語が短くてもリズムの観点できれいに聞こえるなら、倒置が起こる。
→Ambiguity interests the Japanese more than does logic.
（論理よりも曖昧性のほうが日本人は興味を持つ）

攻略92. 相関構文系倒置構文

● 倒置構文原則 その9
soやsuchなどの程度の副詞を前置すると、so ...やsuch ...のまとまりの後は、疑問文的倒置が行われる。
(1) So+形容詞 is ... that ~.
(2) Such is ... that ~

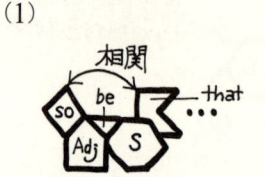

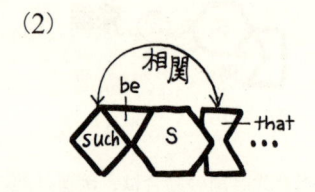

(1) So slick is their trick that if you agree on their plan, you will be **playing into their hands**.
（彼らのたくらみがあまりに巧妙なので、もし彼らの計画に同意したら、**彼らの思うつぼですよ**）

(2) Such was the force of the explosion that all the windows were broken **to pieces**.
（その爆発の威力は相当なもので、窓ガラスが全てこなごなに吹き飛んだ）

※ 程度の副詞を用いる倒置表現として、他にwellとhowの2つがある。
(a) Well do I remember the day when I first met the girl.
（その少女と初めて出会ったときのことは、よく覚えている）
(b) How interesting to me is the fact that a 10-yen coin issued in the 33rd year of Showa has a value of 50 yen!
（私にとって興味深いことは、昭和33年に発行された10円玉は50円の価値があるということだ）

第7章　特殊な構文

攻略93.　関係節系倒置構文

● 倒置構文原則　その10
<前置詞＋関係詞>の構造の後にSVと続く場合、倒置が起こる可能性がある。倒置が起こる条件は、次の2つである。
（1）Sが不定名詞の表現（新情報）の場合
（2）Sが長い場合

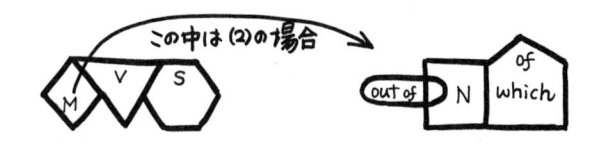

［図：この中は(2)の場合　M V S　out of N of which］

※Sが代名詞のときは、倒置は起こらない。

(1) I entered my room, out of which dashed a stranger.
（私は自分の部屋に入った。すると見知らぬ人が飛び出してきた）

(2) He wears a jacket out of the pocket of which protrudes something funny that catches the eye of the people passing by him.
（彼は、彼のそばを通り過ぎる人の眼を引く面白いものが、ポケットから突き出ているジャケットを着ている）

●(1)関係節内の主語が新情報の場合は、非制限関係節になるのが普通である。
※dashの用法を1つ。
→ She **dashed out**, slamming the door behind her.
（彼女はドアをバタンと閉めて**飛び出してきた**）
dashには副詞（out、in、down、upなど）がつく。

321

● (2) この文における「関係詞の先行詞」以下の構造は、次の通りである。

... a jacket <out of the pocket of which> protrudes [something funny (that catches the eye of the people (passing by him))]
　　　　　　　　　　　M　　　　　　　　　V　　　　　S

ひとことメモ — memo

「十中八九」の表現は多い　[p.319　攻略91]

(2)の例文に関連して、独特の日本語の言い回し「十中八九」に対する英語表現が意外に多いことを示しましょう。

→ten to one、nine times out of ten、in nine cases out of ten、in all probability、in all likelihood、[米俗語] nine-tenthなど

3 省略構文

言語の無駄を省くには、主に同じことの反復を避けること。本節では言語の世界の省エネに貢献する構文、省略構文を学びます。

● 省略現象の2側面

「省略」ということが起こるのに2つの側面があります。1つは、同じ単語や表現や構文があるので、共通部分を省くこと、もう1つは、共通部分はないけれど、できる限り簡略化することです。

前者は「省略」という現象の「省」(=はぶくこと) に相当し、後者は「省略」という現象の「略」(=簡略化すること) に相当するといってもよいでしょう。

共通部分を省く方法 (=「省」の法) と簡略化の方法 (=「略」の法) がそれぞれ6つあります。簡単に表にまとめてみましょう。

	何を省略するのか	簡単な具体例
省の法	名詞の省略	The March temperatures of this (year) and of last year show an interesting parallel. (今年と昨年の3月の気温は面白いほど似ている)
	補語の省略	Intimacy is no excuse for rough manners, but most people seem to think it is ([an] excuse for rough manners). (親しき仲にも礼儀ありなのだが、たいていの人は、そうは思っていないようだ) ★no excuse for ...=…の理由にならない
	目的語の省略	John likes (Mary), and Bill dislikes,

省略の法		Mary. (ジョンはメアリーが好きだが、ビルは彼女が嫌いだ)
	動詞の省略	Some fish live in the rivers, and others (live) in the sea. (川にすむ魚もいれば海にすむ魚もいる)
	主語＋動詞の省略	Our comment made John happy, but (our comment made) Mary sad. (我々が言ったことはジョンを喜ばせたが、メアリーを悲しませた)
	主語＋述語の省略	Could that be identified? ... (That could be identified) Positively! (それ確認できるの？φ間違いない)
省略の法	代名詞の省略	This is the book (which) I bought. (これは私が買った本です) →関係代名詞の省略：p.194
	接続詞の省略	I was so tired (that) I couldn't walk any longer. (私は大変疲れていたので、これ以上歩けなかった)
	前置詞の省略	She will be right back (at) about 3. (彼女は3時ごろ戻ってきます)
	冠詞の省略	Child as he is, John is a great scholar. (彼は子供なのに、たいした物知りだ)
	文頭のit isやI amの省略	(It is) No wonder she gets melancholy. (彼女がふさぎこむのも無理はない) (I am) Glad to hear you say that. (そう言っていただいてうれしいです)
	副詞節における省略	Folding fans remain closed when (they are) not in use. (扇子は使用されないときは閉じられる) →p.234コラム参照

注：( ) 内は省略される語句を示す。

●英語は省略好き!?

例えば<X1+P+Y1+Q and X2+P+Y2+Q>のような形では、共通部分はPとQの2カ所です。このような文は、2文目の共通部分PとQを省略できます。具体例を挙げましょう。

(a-1) <u>In science</u> <u>we deal with</u> <u>physical</u> <u>matters</u> and <u>in religion</u>
     X1   P   Y1   Q   X2
<u>spiritual</u>.
  Y2

(a-2) 科学では物質の問題を扱い、宗教では精神の問題を扱う。

(a-2)の訳を見れば分かるように、日本語では主語は省略しますが、基本的には述語の部分にある要素は省略しないですね。「精神の問題」を「精神」とはしないのです。

関係代名詞は目的格でなくてもSV（I thoughtなど）が続けば、主格であっても省略できます（→p.195）。

(b) I gave her the book （which） I thought was interesting.
　　（私は、面白いと私が思った本を彼女にあげた）

さらに、SVが続いていなくても、口語においては、it isやthere isの後でも省略されることがあります。

(c) It was John （who） **ratted on** me about that.
　　（そのことについて私**を裏切った**のはジョンだ）

(d) There is a **nifty** table （which） stands in the corner.
　　（隅にあるのは**かっこいい**テーブルだ）

英語というのは省略好きであるのが分かりますね。

●省略に見える「代動詞の用法」

省略という現象の1側面が、「共通部分を省くこと」すなわち、「同じことの繰り返しを避けること」と述べてきましたが、同じことの繰り返しを避けることは、省略によってのみ可能となるわけではありません。

次の文を考えてみましょう。

(e) Some staff don't know how competent he is but I do.
（彼がいかに能力があるかを知らない職員がいるが、私には分かる）

(e) 文は、厳密には、次の (f) 文の省略形ではありません。

(f) Some staff don't know how competent he is but I do know how competent he is. [know以下を強調する表現]
（彼がいかに能力があるかを知らない職員がいるが、私はよく知っているよ）

「繰り返しを避ける」という原則は貫かれていますが、(e) 文はdoがknow以下を代表する方法です。このようなdoは代動詞と呼ばれます。共通する動詞句の部分を省略したような (g) 文は非文法的です。

(g) ×Some staff don't know how competent he is but I.

だから、次のことがいえます。

英文は、たとえ省略構文でも、主語のみで終わることはありえない。

また、動詞のみが共通している場合に、動詞を省略できるのは、等位構造のみです（→p.248、324）。従属節において、動詞が共通する場合は、助動詞を残すのが原則です。(h-4) は意味を示しています。

(h-1) ○I'll pay for the hotel, if you will pay for the meal.
(h-2) ◎I'll pay for the hotel, if you will for the meal.
(h-3) ×I'll pay for the hotel, if you for the meal.
(h-4) もし食事代を支払う意志がおありなら、ホテル代を払います。

もし、助動詞がなければ代動詞を用います。つまり動詞が省略されないのです。(i-4) はその意味です。

(i-1) ○He likes his dog better than she likes her cat.
(i-2) ◎He likes his dog better than she does her cat.
(i-3) ×He likes his dog better than she her cat.
(i-4) 彼女の猫に対する愛着よりも彼の犬に対する愛着のほうが強い。

ところで、次の文は曖昧です。どう曖昧か分かりますか。

 (j) He likes the dog better than his wife.

これには次の (j-1) と (j-2) の2つの読みがあります。

 (j-1) 彼のほうが、彼の妻よりも、その犬に対する愛着がある。
  [= He likes the dog better than his wife does.]
 (j-2) 彼は、彼の妻よりも、その犬のほうに愛着がある。
  [= He likes the dog better than he does his wife.]

[ ]内を見れば、曖昧性をぬぐうのに代動詞が大活躍しているということがよく分かりますね。

●代表構文における「助動詞最後の法則」

代動詞doは重要な働きをするのが分かりましたね。他の助動詞や助動詞的動詞（進行形や受身形を作るbeや完了形を作るhave）も省略に見える表現を作ります。これらを特に「代表構文」と呼んでおきましょう。

特に疑問文に対する応答として現れますね。表にして確認しましょう。

Should I go there?---Yes, you should. （行くべき？---はい、そうです）
Are you studying?---Yes, I am. （勉強しているの？---はい、そうです）
Was he invited?---Yes, he was. （彼は招待された？---招待されたよ）
Has she come?---Yes, she has. （彼女は来た？---来たよ）

さて、ここで次の文を観察しましょう。

 (k-1) Were you a good student when you were in college?
   （学生時代はいい学生でしたか）
    ――×Yes, I was usually. / ○Yes, I usually was.
 (k-2) Weren't you a lazy student when you were in college?
   （学生時代は怠惰な学生ではなかったのですね）
    ――○I'm afraid I was. （残念ながら怠けていました）
    ○I hope I was not. （はい、真面目でしたよ）

　　　　　○I hope not.
　　　　　○No, I never was. / ×No, I was never.
　　　　　×No, I not was. / ○No, I was not.
※上の2行は「はい、真面目でした」の意味。

　(k-1)から、副詞類が現れた代表構文では、副詞を前に置かなければならないという原則があるのが分かりますね。代表をしている助動詞（成分）が文の最後に現れることにより、存在感を示す必要があるのです。

　　(l-1)　I was usually a good student.　［通常の語順］
　　(l-2)　Were you? --- Yes, I usually was.　［代表構文での語順］
　　　　　（そうだったの？---はい、いつもはね）

　(k-2)についても、neverは副詞なので、やはり、(k-1)の場合と同じくbe動詞の前にきます。ところが、notは一応副詞ですが、特別であることを理解しておきましょう。notだけは代表構文の最後を飾るのです。

● 不定詞句の繰り返しは「代不定詞の方法」で

　不定詞句が共通している場合は、等位構造でも従位構造でもtoを残して動詞句を省略する形を取ります。(m-4)(n-4)はその意味。

　　(m-1)　○I tried to contact her, but I wasn't able to contact her.
　　(m-2)　◎I tried to contact her, but I wasn't able to.
　　(m-3)　×I tried to contact her, but I wasn't able.
　　(m-4)　私は彼女に連絡を取ろうとしたが、できなかった。
　　(n-1)　○You don't have to eat it if you don't want to eat it.
　　(n-2)　◎You don't have to eat it if you don't want to.
　　(n-3)　×You don't have to eat it if you don't want.
　　(n-4)　もし食べたくなければ食べなくてもいいですよ。

　この代不定詞を用いる用法も、厳密には省略の方法ではありません。というのは、toがそれぞれ、to contact her ［(m-2)の場合］、to eat it［(n-2) の場合］を代表するからです。つまり、「代表の方法」となります。

したがって、まとめると次のようになります。

繰り返しを避ける方法は2つ	①省略の方法	「省」の法
	②代表の方法 3つ	[1]　代動詞doを用いる方法
		[2]　助動詞を用いる方法＊
		[3]　代不定詞toを用いる方法

　注：この場合の助動詞は、通常の助動詞（will、shouldなど）と進行形や受身を作るbe、完了形を作るhaveを含む。

攻略94. 省略構文に見られる「省」の法

●共通の部分を省く方法

```
[X A] … { but / than / : } … [Y A]
                                 ↑
                               省略せよ
```

(1) She likes all kinds of ice cream, but she likes vanilla in particular.
（彼女はアイスクリームなら何でも好きだが、特にバニラが好きだ）

(2) He is more **avaricious** than I thought him to be.
（彼は、私が思っていた以上に**貪欲な**人であった）

・・・

●(1) アイスクリームの話をしているので、vanillaとはvanilla ice creamのことで、ice creamが省略されている。このice creamは省略が推奨されるものの、義務的とまではいえない。
　→○She likes all kinds of ice cream, but she likes vanilla ice cream in particular.

●(2) beの後にavariciousが省略されている。しかし、このavariciousは省略が義務的である。
　→×He is more avaricious than I thought him to be avaricious.

※(2) 文におけるto beは代不定詞ではない。比較構文においては代不定詞はあまり使用されない（→p.328参照）。
　→×He is more avaricious than I thought him to.

攻略95. 省略構文に見られる「略」の法

● 言わなくても分かるものを略する方法

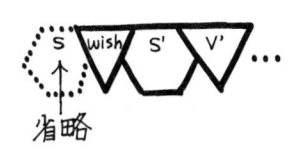

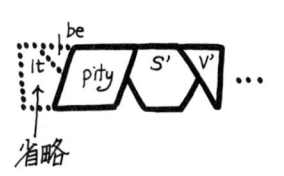

(1) 　　　　　　　　　　(2)

```
   S  wish  S'   V'         be
   ↑                    It  pity  S'   V'
  省略                   ↑
                        省略
```

(1) Wish I knew what they are really up to.
　　（彼らの本音を知りたいなあ）
(2) Pity you missed the chance to show off your ability.
　　（あなたが能力を発揮する機会を逃したのは残念だ）

● (1) 主語のIが省略されている。I amが省略されることのほうが多い。
　　→ Sorry to **bring this up again**, but what he says is wrong.
　　　（**話を蒸し返すようで恐縮ですが**、彼は嘘をついていますよ）
● (2) It is aが省略されている。it isが省略されることのほうが多い。
　　→ No wonder that the figures in the report are **off**.
　　　（その報告書の数字が**合っていない**のも不思議なことではない）

ひとことメモ ──────────── memo

(in ... way の形はinを省略することが多い。)

　(a) Do it this way. （それは、このようにやってみてください）
　(b) He sang the way I did. （彼は、私の歌う通りに歌った）
　(c) I could solve the mystery one way or another.
　　　（私は何とかして、その謎を解いた）

第7章 特殊な構文

4 挿入構文

> ある文の中に割り込む文は挿入節。構造的には、完全な文、従属節、不完全な文の3種類がある、普段注目されない文を学びましょう。

●挿入節の位置は2つある

挿入節とは、ある文の中に割り込む文のことです。その割り込む位置は、一般に文中と文末の2つあります。しかし、文中ではいろいろな場所が可能です。ただし次のルールがあります。

挿入節の入る位置の原則
挿入節は、助動詞の直前と直後、および文末に起こりやすい。

「ジャックは部屋で朝食を食べている」という文にI thinkという形を挿入してみましょう。

(a-1) ○Jack, I think, is eating breakfast in his room.
(a-2) ○Jack is, I think, eating breakfast in his room.
(a-3) ×Jack is eating, I think, breakfast in his room.
(a-4) △Jack is eating breakfast, I think, in his room.
(a-5) ○Jack is eating breakfast in his room, I think.

(a-3)から、動詞と目的語の間には、挿入節は入らないのが分かりますね。

●挿入構文と話題化構文の相補関係

次の文をじっくり観察しましょう。

(b-1) ○Mary is clever, I believe.
(b-2) ×That Mary is clear, I believe.

(c-1)　×Mary is clever, I don't believe.
(c-2)　○That Mary is clever, I don't believe.
(d-1)　×Bill is foolish, I regret.
(d-2)　○That Bill is foolish, I regret.

　形の上から、That S+V...の節の後につけられた、I believeやI regretなどは、挿入節とはいえません。というのは、挿入節は、完全な文に挿入されるからです。
　本書では、挿入節、主節、挿入構文というのを次のように使い分けます。

　Mary is clever, I think
　　主節 ＋　挿入節 ＝ 挿入構文
※上の文において、Mary is cleverは、全体の挿入構文の主節。

　さて、(b-1) (c-1) (d-1) の形は挿入化（意味的にそえたい文を挿入する文法的作業）で、(b-2) (c-2) (d-2) の形は話題化（話題にしたい箇所を文頭に置く文法的作業）です。
　挿入化と話題化には、次のような制約があります。

挿入化の制約
①thatがついた節に対し、文を挿入することはできない。
②否定文は、常に挿入できるわけではない。
③「節内が真であることを前提とする動詞」を含む文は挿入できない。

話題化の制約
①前置された節にはthatが必ず必要。
②主節は否定文であってもよい。
③「節内が真とは限らない動詞」を含む文から、その節を前置できない。

挿入化の制約①により、(b-2) (c-2) (d-2) は挿入節の入った文（＝本書では「挿入構文」と呼ぶ）ではありません。

挿入化の制約②により、(c-1) の非文法性が説明できます。また、挿入化の制約③により、(d-1)がよくないことが分かります。というのは、regretはその節内に「真であることを前提とする内容」がくるからです。

(e-1)　He regrets that he failed in the exam.
　　　（彼は試験に落ちたことを後悔している）

(e-2)　He believes that he failed in the exam.
　　　（彼は試験に落ちたと信じ込んでいる）

(e-1) におけるthat節内は「真」であるという前提がありますね。これに対し、(e-2) のthat節内は、「真」とは限りません。

とにかく、挿入化の制約により、<u>正しい挿入構文は (b-1) のみに</u>なります。

「話題化の制約」を見ると、ちょうど挿入構文の場合と反対であることが分かります。

話題化の制約①と②により、(c-2) が正しいことがいえ、制約①と③により、(d-2) が正しく、(b-2) が誤りであることが説明できます。

以上のことから、<u>話題化を用いた文法的な文（＝話題化構文）は、(c-2) と (d-2) の2つ</u>であることが分かるのです。

●否定文を挿入する場合のルール

挿入化の制約②で、「否定文挿入制限」がありましたね。どんな場合なら否定文挿入が可能なのでしょう。実は次のようなルールが働いているのです。

否定文挿入のルール
①主節が否定文でなければならない。
②挿入節は否定辞より後に現れなければならない。
③「強く断定する内容の節を取る動詞」を含む節は、否定文にして挿入できない。

③における「強く断定する内容の節を取る動詞」とは、節内は「真」とは限らないが、強くそのことを期待したり支持したりするような意味を持つ動詞のことで、hope、claim、agree、knowなどの動詞です。

逆に「弱い断定を表す節を取る動詞」、すなわち、think、suppose、expect、imagine、believe（←これも弱い断定の動詞です）の場合は否定文にして（つまりI don't thinkなどにして）挿入可能です。

(f-1) ○John is not at home at the moment, I don't think.
　　　（ジョンは現在家にいないと思うよ）

(f-2) ×John is at home at the moment, I don't think.

(f-3) ×John is, I don't think, not at home at the moment.

(f-4) ×John is not at home at the moment, I don't hope.
　　　（ジョンは現在家にいないと希望するよ）

(f-2) は、否定文挿入のルール①の違反のため、非文法的と判断され、(f-3) はルール②の違反のため、非文法的と判断され、(f-4) はルール③の違反のため、非文法的と判断されるのです。

注意すべきことは、(f-1) 文は、I don't thinkを前置した (g) 文とは意味が反対になるという点です。

(g) I don't think that John is not at home at the moment.
　　（ジョンは現在家にいないと私は思わないよ）

「否定文挿入のルール②」から次の文法性が説明できますね。

(h-1) ×John, I don't think, is not at home at the moment.

(h-2) ×John is, I don't think, not at home at the moment.

(h-3) ○John is not, I don't think, at home at the moment.

(h-4) ○John is not at home, I don't think, at the moment.

(h-5) ○John is not at home at the moment, I don't think.

攻略96. 挿入法その1　文中への挿入が見られる構文

● 節の文中への挿入法
（1）補足説明的な文は丸カッコやダッシュで囲む。
（2）主節のSV部分の挿入や、従属節の挿入はコンマで囲む。

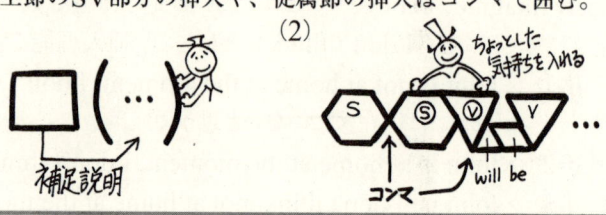

(1) Mokuren, one of the ten greatest disciples of Shaka (founder of Buddhism), is said to have saved his mother from the hungry demons' world——Gaki-do in Japanese.
（仏教の開祖、釈迦の十大弟子の1人である目連は、飢えた鬼の世界［日本語で「餓鬼道」］からお母さんを救ったといわれている）

(2) This grammar book, I hope, will be found useful for advanced learners of English.
（この文法書は、英語学習の上級者に役立つものと思います）

● (1) 釈迦に対する補足説明を丸カッコ内で行なっている。同格のコンマを用いることもできるが、本文のように、同格のコンマが複数ある場合は避けなければならない。
→△Mokuren, one of the ten greatest disciples of Shaka, founder of Buddhism, is said to have ...
また、ダッシュで（—）日本語での表現を補足説明している。こちらはダッシュの代わりにコンマを用いてもよい。さらに丸カッコを用いてもよい。

攻略97. 挿入法その2　文末への挿入が見られる構文

● 節の文尾への挿入法

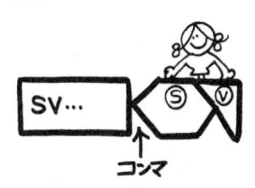

(1) Joe is **of high caliber**, his boss firmly believes.
（ジョーは**有能である**と、彼の上司は固く信じている）
(2) "Whatever are you driving at?" the man demanded.
（一体何を言おうとしているのかねと、その男は詰問した）

....

● (1) 挿入構文における主節（＝挿入作業を受けた文）は、話者の同意も表す。すなわち、(1)文において、話者も同じ気持ちであるのが普通。したがって(i)のようにはいえない。これに対し、(ii)は客観的な文でOKである。
  → (i) ×Joe is of high caliber, his boss firmly believes, but he isn't.（ジョーは有能であると、彼の上司は固く信じているが、実際はそうではない）
  (ii) ○Joe's boss firmly believes that he is of high caliber, but he isn't.
● (2) この会話にそえるthe man demandedのような表現も、一種の挿入構文であるといえるが、他の挿入構文と異なる点は、倒置が可能という点と、通常、1文中への途中挿入が不可能であるという点である。
  →○"Whatever are you driving at?" demanded the man.
  ×"Whatever," demanded the man, "are you driving at?"

なるほどコラム No.16 ――――――――――― Column

> "Nancy falsely believes"が挿入できないわけは？

挿入構文の主節は、それを述べる話者の意見を暗示する（→p.337）ということを述べましたが、話者が「真」と思うこと、あるいは、現在の絶対的な真理（「真」そのもの）でなければなりません。

ここで、次の文を観察してみましょう［翻訳は意訳］。

(1) a. ○Nancy correctly believes that Jim is a thief.
　　　　（ジムは泥棒だ、とナンシーが信じていることは正しい）
　　b. ○Nancy falsey believes that Jim is a thief.
　　　　（ジムは泥棒だ、とナンシーが信じていることは間違いだ）
(2) a. ○Jim is, Nancy correctly believes, a thief.
　　b. ×Jim is, Nancy falsely believes, a thief.
(3) a. ○Nancy correctly believes that the earth is round.
　　　　（地球が丸いとナンシーが信じていることは正しい）
　　b. ○Nancy falsely believes that the sun revolves around the earth.（太陽が地球の周りを公転するとナンシーが信じていることは間違いだ）
(4) a. ○The earth is, Nancy correctly believes, round.
　　b. ×The earth is, Nancy falsely believes, round.
　　c. ×The earth is, Nancy falsely believes, flat.

（2b）において、Jim is a thief.が話者の意見ですが、同時に、ナンシーが間違って信じている内容であると話者が主張しており、Jim is a thief.が嘘であることを話者が分かっていることになります。この矛盾のため（2b）は非文法的なのです。

（4b）は、主節が絶対的真理を表すものの、Nancy falsely believesにより、その内容が「嘘」であることを暗示するため、非文法的なのです。また（4c）は、Nancy falsely believesの部分は正しくても、（この文の話者が同意していることを暗示する）主節が絶対的真理でないので、全体としては間違いの文となるのです。

第7章 特殊な構文

5　比較構文

形容詞と副詞における重要概念である「比較」は、他の文法概念と比べて、比較にならないほど奥が深いんですよ。しっかり学びましょう。

● 比較3兄弟

John is tall.（ジョンは背が高い）という基本命題を用いて、比較のさまざまな現象を学びましょう。

まず、「比較」には、基本的な3つの形があります。

(a-1)　John is as tall as Tom.（ジョンはトムと同じ背の高さだ）
(a-2)　John is taller than Mary.（ジョンはメアリーより背が高い）
(a-3)　John is the tallest of all the staff in his section.
　　　（ジョンは、彼の部署のすべての社員のうちで最も背が高い）

(a-3)においては、of以下のグループ内で最も背が高い人は、1人に決まるので、限定のtheをつけます。

> **比較における原則**
> 複数の中で1つに限定されるものには、定冠詞をつける。

(a-2)において、theをつけないのは、JohnやMaryの入っている集合体を明記していないので、Johnが高いほうの人であることを決められないからです。もし、JohnとMaryの2人に絞って、Johnを主語にすると、Johnは背の高いほうであると決まってしまうので、theをつけます。

(b-1)　○John is the taller of the two.　[two=JohnとMary]
　　　（ジョンは、2人のうちで背の高いほうの人だ）
(b-2)　×John is taller of the two.

逆に、Johnを他の人と比べない場合は、すなわち、John 1人の状態について述べている場合は、複数の中で1人に決まらないので、定冠詞はつきません。(c) は、John 1人の状態に関するコメントなので、最上級を用いても定冠詞がつかないのです。

(c) ○John is smartest when solving mathematical problems..
（ジョンは、数学の問題を解いているとき最も賢い）

他に微妙な類例を挙げておきましょう。定冠詞の有無に注目しましょう。

(d-1) The lake is the deepest around here.
（その湖は、このあたりでは最も深い湖だ）

(d-2) The lake is deepest around here.
（その湖は、このあたりが最も深い場所だ）

●than以下の代動詞の意義深さ

(a-2) 文は、than以下の共通部分を省いた結果なんですよ。

(e-1) ×John is taller than Mary is tall.

(e-2) ○John is taller than Mary is.

同じ表現の繰り返しを好まない英語としては、全てを表す (e-1) は非文法的になります。しかし、be動詞は残してもOKです〔(e-2)〕。isがis tallを代表するからです。

動詞句を代表する代動詞的表現は、短縮できないことを確認しておきましょう。

(f-1) Is it a pen?---○Yes, it is. / ×Yes, it's.

(f-2) ○John is taller than Mary is./ ×John is taller than Mary's.

さて、この最後のisが生きてくる例を示しましょう。(g) 文は (g-1) 文と (g-2) 文の2つの意味が出ます。だから、Maryの直後をはっきりと示したほうが、曖昧ではなくなるのが分かりますね。

(g)　　Ann knows a taller woman than Mary.

(g-1)　○Ann knows a taller woman than Mary is.
　　　　（アンは、メアリーの背の高さよりも背の高い女性を知っている）

(g-2)　○Ann knows a taller woman than Mary does.
　　　　（アンは、メアリーが知っているよりも背の高い女性を知っている）

なお、(h)文の場合は、意味が曖昧ではありません。なぜなら、(h-1)では、Maryが男性のように感じられるからです。

(h)　Ann knows a taller man than Mary.

(h-1)　×Ann knows a taller man than Mary is.
　　　　（アンは、メアリーの背の高さよりも背の高い男性を知っている）

(h-2)　○Ann knows a taller man than Mary does.
　　　　（アンは、メアリーが知っているよりも背の高い男性を知っている）

なお、(h-1)の意味を出したい場合は、(i)のようにするとよいでしょう。

(i)　Ann knows a man taller than Mary.
　　　[=Ann knows a man who is taller than Mary.]

●主語と同じ仲間しか比較できないわけではない

(a-2)文に再度注目しましょう。JohnとMaryを比べているのが(a-2)ですが、実際には次のような比較も可能です。

(j-1)　John is taller than（he was）10 years ago.
　　　　（ジョンは、10年前と比べたら背が高くなっている）

(j-2)　John is taller than you think（he is）.
　　　　（ジョンは、あなたが思っているよりも背が高い）

(k-1)　John is taller than he looks.

(ジョンは、見かけより背が高い)

(k-2) John looks taller than he (actually) is.
(ジョンは、実際よりも背が高く見える)

(l-1) John is taller than 180 centimeters.
(ジョンは、180センチよりも背が高い)

(l-2) John is more than 180 centimeters tall.
(ジョンは、180センチ以上の背の高さである)

(m-1) John is taller than he is big. [×John is taller than big.]
(ジョンは大きいが、それ以上に背が高い)

(m-2) John is more tall than big. [=John is tall rather than big.]
(ジョンは、大きいというよりも背が高い)

(m-3) John is less tall than Bill. [=Bill is taller than John.]
(ジョンは、ビルよりも背が低い)

　(j-1)は過去のJohnと比べており、(j-2)は人が思っているJohnと比べています。(k-1)は見かけのJohnと比べており、(k-2)は現実のJohnと比べています。

　(l-1)はJohnと背の高さの数値自体を比べており、(l-2)は(l-1)の言い換えの表現です。

　(m-1)はJohnの特質である背の高さと体の大きさを比べています。(m-2)は、Johnのことを「～というよりも...」というように記述する方法です。

　その場合には、tallerという比較級は使わないことに注意しましょう。(m-2)の場合は、もはや、Johnは何とも比べていないからです。Johnの記述に、bigという言葉よりもtallという言葉が当たっていることを示すために、この形容詞は比較変化をしないのです。

　(m-3)は(m-2)のmore～than...のmoreの箇所をlessに変えてい

るだけのようですが、まったく違った種類の表現です。これは「劣等比較」と呼ばれます。この (m-3) は、(a-2) に対応する表現です。(m-3) と等価の表現（「=」で示しています）を参考にしてください。

● 比較構文の奥深さ

　比較構造では、asやthan以下が複雑になる場合があります。ここでは、(a-1) の形式に立ち戻って文を複雑にしていきましょう。

- (n-1)　○John is not as tall as Jack believes he is.
（ジョンは、ジャックが信じているほど背が高くない）
- (n-2)　○John is not as tall as Jack believes that Joe claims that he is.
（△ジョンは、ジョーが主張するとジャックが信じているほど背が高くない）
- (n-3)　×John is not as tall as Jack believes Joe's claim that he is.
（×ジョンは、ジャックがジョーの主張を信じているほど背が高くない）

　(n-2) の状況は、日本語訳では分かりにくいのですが、例えば「ジャックはジョーが『ジョンは190センチの背の高さだよ』と主張すると信じており、実際のジョンは180センチである場合」の表現です。

　(n-3) のように、名詞（one's claim）が介在すると非文法的になります。確かに日本語もおかしいですね。

　(n-2) がOKであるのは、次の原則によるのです。

> **that節の中からの取り出しの原則**
> 　動詞の直後のthat節は複数連続しても、その最後のthat節内にある動詞の目的語や補語を取り出して移動させることは可能である。

上の「取り出しの原則」が (n-2) にも働いているのです。(n-2) の場合は、tall という形容詞が動いていると考えてよいでしょう。

この原則は、例えば疑問化にも影響を与えています。

(o-1) ○How tall does Jack believe that Joe claims that John is?
(○ジョーが主張するとジャックが信じているジョンの背の高さはどれくらいですか)

(o-2) ×How tall does Jack believe Joe's claim that John is?
(×ジョーの主張をジャックが信じているジョンの背の高さはどれくらいですか)

● more と much の使い分け

また、(a-2) に立ち戻りましょう。そして、この表現を強調しましょう。

(p-1) ○John is much taller than Mary.
(ジョンはメアリーより、ずっと背が高い)

(p-2) ○John is much more **closefisted** than Bob.
(ジョンはボブよりも、ずっと**金のことに細かい**)

これらの例から、比較級を強めるのは much であることが分かりますね。しかし、常に much が用いられるわけではありません。次の例を見てみましょう。

(q-1) ○John has much more money than Paul.
(○ジョンはポールより、ずっと大量のお金を持っている)

(q-2) ×John has much more books than Peter.
(△ジョンはピーターより、ずっと大量の本を持っている)

(q-3) ○John has many more books than Peter.
(○ジョンはピーターより、ずっと多数の本を持っている)

(q-1) における more は much の比較級で、(q-2) における more は

manyの比較級です。そこで、次のような法則があります。

> **数量詞の比較級の強調の方法**
> （A）　muchの比較級はmuchで強調する。
> （B）　manyの比較級はmanyで強調する。

　ところで、(p-2)のmore closefistedという表現におけるmoreはmuchの比較級ではありませんよ。more closefisted全体がclosefistedの比較級です。だから、この場合のmoreはmuchの比較級ではなく、closefistedの比較級の一部ということになります。
　少ないほうの強調は、farを用いるのが普通です。
　　　(r-1)　△much less money（×大量に少ないお金）
　　　(r-2)　○far less money（○はるかに少ないお金）
　　　(s-1)　×many fewer people（×多数に少ない人々）
　　　(s-2)　○far fewer people（○はるかに少ない人々）

攻略98. 比較構文の基本形

● 比較の3基本形
(1) A is as 原級~ as B.（AはBと同じくらい~だ）
(2) A is 比較級~ than B.（AはBよりも~だ）
(3) A is 最上級~ in B.（AはB［=場所］で一番~だ）
　　A is 最上級~ of B-s.（AはB［=人や物］の中で一番~だ）

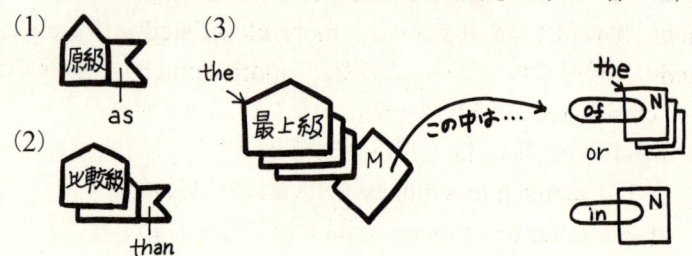

※短い形容詞は、er（比較級）、est（最上級）の語尾をつける。長い形容詞（通例2音節以上）には、語頭にmore（比較級）、most（最上級）をつける。
注意：1音節語でも、more、mostをつけるのが普通の語は、次の通り
　→（a）過去分詞に由来する形容詞：pleased、boredなど。
　　（b）慣例によるもの：like、real、true、right、wrongなど。

(1) The man I met was as tall as Mr. Cole, the once basketball player.
（私が会った男は、かつてのバスケットの選手だったコールさんと同じぐらい背が高かった）

(2) I think his boss is much more talented than ours.
（彼の上司のほうが、我々の上司よりもずっと有能だと思う）

(3) Mont Blanc is the highest mountain in Europe.
（モンブランはヨーロッパで最も高い山である）

第7章 特殊な構文

● (1) 一般に背の高さを聞く場合、How tall is he?であって、How short is he?ではない。tallは背の高さの基準を示す形容詞である。このような基準の形容詞が同等比較（as ... asの構文）で用いられるとき、2つの意味が出る。(1)文は、以下の(b)の用法。
→ (a) 基準としての意味を示す：背の高さが同じであることを示す。両者の背が低くてもOK。
　(b) その形容詞の意味自体を示す：2人とも背が高いことを表す。

※基準の意味を持たない形容詞（shortなど）は、(b)の用法しかなく、曖昧ではない。
→ Mr. Tanaka is as short as Mr. Sato.
（田中氏は佐藤氏と同じ位背が低い）［2人とも背が低い］

● (2) 比較級を強調するには、muchを用いる。

ひとことメモ ——————————————————————— memo

（比較における強調法）

(A) 比較級を強調する語句
　(a) 通常の強調　much、far、by far、far and away
　(b) 口語の強調　a lot、lots
　(c) その他の強調
　　なお一層→ still、even
　　かなり→ a good deal、a great deal、considerably
　　やや→ somewhat、rather
　　少し→ a little、a bit、a little bit
(B) 最上級を強調する語句
　(a) very、much、by far、far and away
　　→ This is the very best. （これはまさに最上だ）
　(b) much ［定冠詞との位置関係に注意すること］
　　→ This is much the best. （これはずば抜けている）

● (3) 最上級の意味は、次の3種類の方法で表せる。
→ (i)　No (other) mountain in Europe is as high as Mont Blanc.
　(ii)　No (other) mountain in Europe is higher than Mont Blanc.
　(iii)　Mont Blanc is higher than any other mountain in Europe.

※ (iii) の場合はotherを省略できない。any mountainを用いるとMont Blancがヨーロッパの山でないことを暗示するからである。

第7章　特殊な構文

なるほどコラム No.17 ──────────── Column

（John is taller than he is.を考える）

　表題の英文の意味は、「ジョンは彼（≠ジョン）よりも背が高い」となります。しかし、John＝heの読みの場合は「ジョンは自分より背が高い」ということになり、矛盾が生じます。

　ところが、この読みでも矛盾を生じない場合があります。次のような文の中にJohn is taller than he is.が埋め込まれた場合です。

　　（1）She thinks that John is taller than he is.
　　　　（彼女は、ジョンが実際より背が高いと思っている）

（1）の状況は、例えば「Johnの身長は180センチだが、彼女は彼の身長が190センチだと思っている」というような場合です。

これは、that以下が真であることを前提とする（2）のような文では矛盾した読みになってしまいます。

　　（2）×She realizes that John is taller than he is.
　　　　（×彼女は、ジョンが実際より背が高いことを悟っている）

「ジョンが実際より背が高い」という命題自体が矛盾ですね。言い換えれば「ジョンは、今の背の高さより現在背が高い」といっているようなものだから、当然非論理的なわけです。

　thinkのような動詞の後ならば、独立して使用すれば論理的に矛盾する事柄も自由にいえる点に注意しましょう。

　　（3）○She says that John's mother is not his mother.
　　　　（彼女は、ジョンのお母さんは彼のお母さんでないと言う）

（3）は、「ジョンの母として通っている人が実はジョンの母親ではないと、彼女が言っている」ということではなく、例えば「彼女が、ジョンの母親でない人を指して、『この人がジョンの母親だ』と言っている」という状況を表しています。

攻略99. 倍数比較の構文

●倍数比較の用法
(1) A is 倍数詞/分数 + as 原級 as B.
(2) A is 倍数詞/分数 + 比較級 than B.
(3) A is 倍数詞/分数 + 名詞 of B.

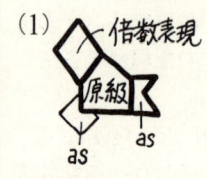

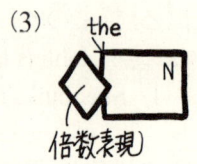

※倍数詞は「基数+times」(ただし「2倍」のときはtwice)
※分数は「基数+序数(s)」(基数が2以上のときsがつく)
「2分の1」を表すのにはa halfを用いる。

(1) Canada is about three times as big as India in area.
(カナダは面積がインドの約3倍である)

(2) The U.S. is about twenty-five times bigger than Japan in area.
(米国は面積が日本の約25倍である)

(3) Turkey is about a half the area of Iran.
(トルコはイランの約半分の面積だ)

●(1) 次のような言い換えも可能。その場合は、as以下にareaを表すthatが必要。the area of CanadaとIndia自体を比べることはできない。

→○The area of Canada is about three times as big as that of India.
×The area of Canada is about three times as big as India.

● (2) 疑問文では、原則として比較級しか用いない。
　　→○How many times bigger is the U.S. than Japan in area?
　　　（米国は面積が日本の何倍ですか）
　　　×How many times as big is the U.S. as Japan in area?
● (3) この構文で用いられる名詞には制限があり、次の名詞が多用される。
　　→size、age、number、weight、height、length、width、depthなど。

攻略100. no more than 構文の3態

● no more than の構文
(1) No X is more Y than Z. → ZほどYなXはない。
(2) X is no more Y than P is Q
　→ XがYでないのはPがQでないのと同じだ。
　[＝PがQでないのと同様、XはYでない]
(3) no more than X → Xしか…ない [＝only X]

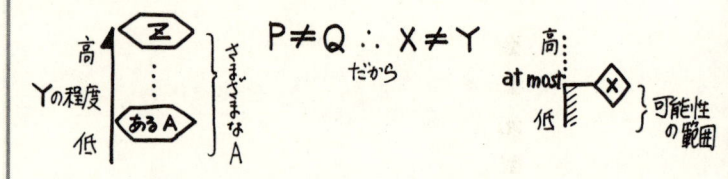

(1)　　　　　　　(2)　　　　　　　(3)

[図: (1) Yの程度 高←→低、Z と ある A、さまざまなA / (2) P≠Q ∴ X≠Y だから / (3) 高←→低、at most、X、可能性の範囲]

※(1)はnoとmoreとthanが離れ離れなので、no more thanの気体用法、(2)はnoとmoreはくっついているので、no more thanの液体用法、(3)はno more thanが固まっているので、no more thanの固体用法と呼ぶ。つまりno more thanには3態が存在するのである。

(1) No mountain is more beautiful than Mt. Fuji.
　（富士山ほど美しい山はない）
(2) A bat is no more a bird than a whale is a fish.
　（コウモリが鳥でないのは、鯨が魚でないのと同じだ）
(3) There were no more than five people present.
　（ほんの5人が出席したに過ぎなかった）

第7章 特殊な構文

● (2) no more P than Q は not P any more than Q に書き換えられる。
　→ A bat is not a bird any more than a whale is a fish.
● (3) no more than の構文は、次のような用法から派生したものである。
　→ She said no more than we had expected after all.
　　（結局彼女は、我々が予想したことをしゃべっただけだ）

ひとことメモ ―――――――――――――――― memo

固体的 no more than の仲間とその用例

no more than～（～だけ）[＝only]
　He has no more than 15 dollars in his wallet.
　（彼は財布に15ドルしか入っていない）
not more than～（せいぜい～）[＝at most]
　He has not more than 15 dollars in his wallet.
　（彼は財布にせいぜい15ドル持っている程度だろう）
no less than～　（～も）[as many as～/as much as～]
　She has no less than 5 children.
　（彼女には子供が5人もいる）
not less than～（少なくとも～）[＝at least]
　She has not less than 5 children.
　（彼女は少なくとも子供が5人いる）

攻略101. 「むしろ」を意味する特殊構文

● not so much A as B の用法
(1) X is not so much A as B.
(2) X is not A, so much as B.
　　[= X is B rather than A.]

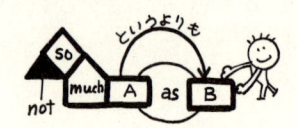

(1) A man's value lies not so much in what he has as in what he is.
　（人の価値というものは、その人の財産というよりも人柄にある）
(2) It is not the greatness of **one's means** that makes him respectable, so much as the smallness of his desires.
　（人を立派にさせるのは**資力**の大きさというよりは、欲望の少なさである）

● (1) AとBは必ずしも名詞（名詞句または名詞節）とは限らない。形容詞の場合の例を挙げる。
　→ The woman is not so much beautiful as pretty.
　　（その女性は、美しいというよりはむしろかわいらしい）

ひとことメモ ─────────────── memo

「すらない」の表現

(a) He couldn't so much as write his own name.
　（彼は自分自身の名前すら書けなかった）
(b) She sat without so much as a blink.
　（彼は瞬きすらしないで、じっと座っていた）

第7章　特殊な構文

なるほどコラム No.18 ――――――――――――― Column

(He thinks of nothing less than of death.を考える)

　上の文を直訳してみましょう。
　　(1)　彼は死ほど考えないものはない。
　この日本語の意味はどういうことか、理解できますか。直感的に「彼は死のことを最も考えてしまう」という意味だと思ってしまう人も多いのではないかと思います。
　「死のことを考えないことはない」なら「死のことを考える場合がある」の意味ですね。ところが、(1)は、例えば「生きることを考えないし、愛することをも考えない。このように考えることのないものはいろいろあるが、死ぬことほど考えないものはない」というように続けると、「死を最も考えない」というのが理解できると思います。
　表題の英文は、(1)の意味で、死を最も考えないという意味です。
　　(2)　He thinks of nothing more than of death.
　　　　（彼は死ほど考えるものはない）
　(2)文を見ると、これは明らかに「死のことを最も考える」という意味になることが分かるでしょう。
　表題の英文をもっと理解するために、次の文を考えてみましょう。
　　(3)　He thinks of his jobs less than of death.
　　　　（彼は死のことよりも仕事のことを考えない）
　(3)文のhis jobsの代わりにnothingが入るので、死のことよりも考えないものは何もない、すなわち、死を最も考えないということになるのです。

第7章　特殊な構文

6　相関構文

接続詞が副詞などと組んで接続の効果を強めたり、副詞同士、または(代)名詞同士が組んで対照を明らかにする方法を学びます。

●相関構文の代表格のsoを攻略する

soという2文字の単語は、いろいろな品詞と組んで相関構文を作って、英語構文の世界で大活躍しています。

まず、このso自体の高度な語法をある程度マスターしておきましょう。

様態の用法 「そのように」	Stand just so. （ちょうどそのように立っていなさい）
程度の用法 「そんなに」	Don't walk so fast.（そんなに速く歩くな） He frightened me so!（彼には本当に驚いたよ）
代用の用法 「そう」	I don't believe so.（そうは思いません） I told you so.（だからそう言ったでしょう）

「程度の用法」のうち、動詞を修飾する用法は、曖昧性が生じる場合があります。例えば、(a)は［1］と［2］の2つの意味があります。

　(a) She whispered so.
　　［1］　彼女はそんなに小さい声でおしゃべりした。
　　［2］　彼女はそんなにたくさんささやいた。

［1］と［2］はそれぞれ、動詞whisperの次の部分を強調しているのです。

　(b-1)「小声でしゃべる」の「小声で」の部分　（=［1］）
　(b-2)「小声でしゃべる」の「喋る」の部分　　（=［2］）

それぞれの意味は、次の英文にすると明らかになります。

(c-1)　She whispered so low.（＝［1］）

(c-2)　She whispered so much.（＝［2］）

また、「代用の用法」で、「否定の意味の動詞＋so」は普通容認されません。

(d)　×I disbelieve so.（私はそう信じません）［＝○I don't believe so.］

さらに、Who said so? と Who said that? はニュアンスが違います。

(e-1)　Who said so?（誰がそう言ったの…そうじゃないよ）

(e-2)　Who said that?（誰がそう言ったの）［普通の疑問文］

● as や that と組めば so は本領を発揮する

so は as や that と相性がよく、次の6つの構文を作り出しています。

as と組む表現	so〜as to do ... 構文（…なほど〜）		Would you be so kind as to forward my letters?（私の手紙を転送してくださいませんか）
	so as to do ... 構文	目的用法	I took a taxi so as not to be late.（遅れないようにタクシーに乗った）※so as for 人 to do の構文はない。
		様態用法	The day was dark, so as to make a good photograph impossible.（その日は、よい写真を撮るのが不可能なほど暗かった）
that と組む表現	so〜that ... 構文（…なほど〜）		He was not so weak that he could not walk.（彼は、歩けないほど弱ってはいなかった）
	so that 構文	目的用法	Talk louder so that I may hear you.（私が聞こえるように、大きな声でしゃべってください）
		結果用法	The weather is fine, so that I feel happy.（天気がいいので、気分がよい）

so thatの結果用法においては、so thatの前にコンマが入るのが普通です。コンマがなければ、意味が曖昧になる場合があります。

(f)　He removed her brushes so that she couldn't paint.
(f-1)　彼女が絵を描けないように彼が筆を片づけた。[目的用法]
(f-2)　彼が筆を片づけたので、彼女は絵が描けなかった。[結果用法]

ただし、助動詞を用いない場合は結果用法です。

(g)　He removed her brushes so that she was not able to paint.
　　（彼が筆を片づけたので、彼女は絵が描けなかった）

●soと助動詞の組み合わせに注意

次の表現の違いを確認しておきましょう。

(h-1)　So do I.　（私もそうです）
(h-2)　So I do.　（正にその通りです）
(h-3)　I do so.　（私はそうします）

特に、(h-1) と (h-2) の違いが重要です。どのような場合に使われるか、示しましょう。

(i-1)　"He likes Japanese wine." "So do I."
　　（「彼は日本酒が好きだ」「私も好きだ」）
(i-2)　"I hear you study English every night." "So I do."
　　（「あなたは毎晩英語を勉強しているらしいね」「その通りです」）

なお、否定文を受けて「私も〜でない」はNor do I.やNeither do I.を用います。

(j)　"She doesn't like pimientos." "Nor do I."
　　（「彼女はピーマンが嫌いです」「私もです」）

be動詞など助動詞的なものも用いられます。

(k)　"It is raining outside." "So it is."

(「外は雨ですね」「そうですね」)

また、<so S+v>の構文は、否定文に対して、それに同意しないことを表す場合もある点に注意しましょう。

(1) "It is not raining." "So it is."
（「雨は降ってないよ」「いや降っているよ」）

攻略102.　「X＋形容詞＋不定冠詞」の構文

● ＜X＋形容詞＋不定冠詞～＞の順番になる表現
(1) as＋形容詞P＋不定冠詞＋名詞Q＋as～
　　（～と同様PなQである）
(2) so＋形容詞P＋不定冠詞＋名詞Q＋that～
　　（あまりにPなQなので～である）
(3) too＋形容詞P＋不定冠詞＋名詞Q＋to do～
　　（あまりにPなQなので～できない）
(4) how＋形容詞P＋不定冠詞＋名詞Q＋S＋be～!
　　（SはなんとPなQなのであろうか）

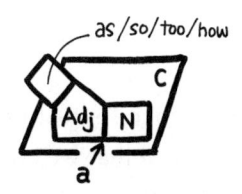

※＜不定冠詞＋名詞＞の箇所は省略可能。
注意→　名詞は複数形にできない。

---

(1) Darwin is as revolutionary a scientist as Copernicus.
　　（ダーウィンは、コペルニクスと同じぐらい革命的な科学者だ）
(2) It was so perfectly discussed a plan that everybody agreed with it.（それは完璧に練られた企画だったので、皆が賛成した）

(3) That was too wet a bench for us to sit on.
（それはあまりにぬれたベンチだったので、我々は座れなかった）

(4) How strong a sumo wrestler he is!
（彼はなんと強い力士なのだろう）

● (1) a scientistを省略するとDarwinやCopernicusがどういう人物か分からない。だからa scientistを残す意味がある。しかし、次の文では通例 a personは（意味が希薄なので）省略したほうがよい。

→ △She is still so interesting a person as she used to be.
（彼女は昔と変わらず、今も面白い人だ）

● (2) perfectly discussedは1つの形容詞の役割をしている。

→ A Japanese company is so **closely-knit** a society that everybody is considerate of others.
（日本の会社はあまりに**緊密な**共同体なので、皆が察しがよい）

● (3) ＜too ... to＞構文を用いた場合、to do ...の中に主文の主語が、意味的に入るような場合でも、その部分を空所にしなければならない（例文参照）。なお、＜so ... that＞構文では、空所は埋めるのが原則。

→ ×That was too wet a bench for us to sit on it.
○That was so wet a bench that we couldn't sit on it.
×That was so wet a bench that we couldn't sit on.

※当然、to do 以下に空所がない場合もある。

→ That is too low an observatory for us to see the whole town.
（それはあまりにも低い展望台なので、我々は町全体を見ることができない）

● (4) what型の感嘆文を用いるのが普通。

→ ◎What a strong wrestler he is!

第7章 特殊な構文

ひとことメモ —————————————————— memo

見かけの too ... to にだまされないこと

Many Japanese companies are too inclined to assume a productive working life will finish before the age of 60.
（多くの日本企業は、生産的労働の可能な時期は60歳までだと考える傾向が強すぎる）

上記の構文は、inclined to do ... の構文に too がついているだけで、いわゆる＜too ... to構文＞ではない。つまり、この文は、「あまりに inclined だから to assume ... できない」という意味ではない。

攻略103.「X＋不定冠詞＋形容詞」の構文

● ＜X＋不定冠詞＋形容詞～＞の順番になる表現
 (1) such＋不定冠詞＋形容詞P＋名詞Q＋as～
   （～と同様PなQである）
 (2) such＋不定冠詞＋形容詞P＋名詞Q＋that～
   （あまりにPなQなので～である）
 (3) what＋不定冠詞＋形容詞P＋名詞Q＋S＋be～!
   （SはなんとPなQなのであろうか）

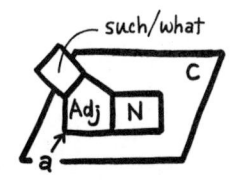

※＜形容詞＞の箇所は省略可能。
注意→ 名詞は複数形にできる（その際、冠詞は不要）。

(1) She is not such a **parsimonious** woman as she is made out to be.
(彼女は、人に言われているほど**けちな**女性ではない)

(2) He was made to do such a painstaking job that he sometimes **gave vent to** his dissatisfaction.
(彼はあまりに骨の折れる仕事をさせられたので、ときどき不平**をもらしていた**)

(3) What a **scrupulous** care she took to keep her son from illness!
(彼女は息子が病気にならないように、どれほどの**細心の**注意を払っているのだろう)

●(1)「けちな」の意味の英語は多い。parsimonious 以外の例を挙げる。
→ stingy、miserly、niggardly、grasping、closefisted、tightfisted、[俗語] screwy、[米俗語] pinchpenny

攻略104. 相関接続詞の構文

●＜X + A + Y + B＞の表現
(1) both A and B （AもBも両方とも）
(2) either A or B （AかBのどちらか）
(3) neither A nor B（AもBもどちらも～ない）

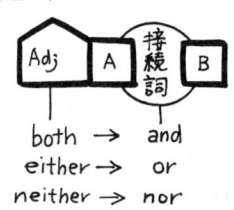

```
 Adj   A  （接続詞） B

 both   →  and
 either →  or
 neither →  nor
```

※bothやeitherやneitherは等位接続詞と組んで、相関的に使用されるので、相関接続詞と呼ばれることがある。

(1) That sounds like a waste of both time and money.
（それは時間とお金の双方の無駄のようである）
(2) If anything should happen, please either email me or call me.
（万一何か起きたら、メールか電話をください）
(3) He is neither tall nor short, but **of middle height**.
（彼は背が高くも低くもない、**中背の**人である）

● (1) both A and Bにおいて、AとBは同品詞で同機能であるべきだが、口調などから、＜both 前置詞句 and 名詞句＞が許される場合がある。
→Friendship is the name of the game both in Japan and America.
（友好は日本と米国の双方において肝心なことである）
● (2) either A or B が主語の場合は、動詞がBに一致するのが原則であるが、口語ではareが普通になっている。また、この問題

を避けるため、or 以下を後ろに回すこともある。
→ ○Either he or I am to blame.（彼か私のどちらかが悪い）
　○Either he is to blame or I am.
　△Either he or I are to blame.　[限りなく○に近い]

攻略105.　「as＋X＋as」の相関構文

● ＜as＋X＋as＞の表現
(1) as far as ...（…する限り、…の範囲では）
(2) as long as ...（…する限り、…する間は）

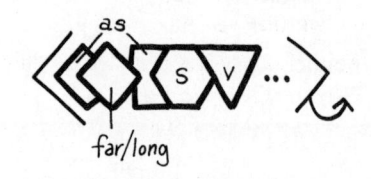

(1) As far as I could remember, she did not say a clear 'no.'
（私が記憶する限り、はっきりとノーとは言わなかった）
(2) As long as I live, I will not let my family be **out in the cold**.
（私の目の黒いうちは、家族を**路頭に迷わせ**ない）

- -

●(1) as far as ... と as long as ... は共に「～する限り」と訳せるが、as far as ... は「～の範囲では」「～の及ぶ限りでは」の意味で、as long as ... は「～する間は」「～しさえすれば」の意味である。

→ There was nothing but desert **as far as the eye could see**.
（**目の及ぶ限りでは**、砂漠しか見えなかった）

I will lend you the book as long as you return it next Teusday.
（来週火曜日に返しさえしてくれれば、その本を貸してあげるよ）

第7章　特殊な構文

● (2) as long as ...は、文字通り「できるだけ長く」の意味もある。
　→ You may stay as long as you like.
　　(好きなだけ滞在していただいて結構ですよ)

ひとことメモ ───────────────── memo

(as far as ...構文の重要例)

　as far as X is concerned（Xに関する限り）
　as far as I can tell（私に分かる範囲では）

攻略106. wellを用いた相関構文

● wellを用いた特殊な形の構文
(1) as well as ... （…と同様）
(2) may（just）as well do ... as do～
　　（～するくらいなら…のほうがましだ）
(3) may（just）as well do ... （…しても差し支えない）
(4) may well do ... （…するのも無理はない）

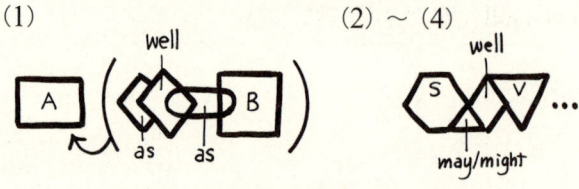

(1)　　　　　　　　　　　(2)～(4)

※(2)～(4)において、mayの代わりにmightを用いると意味はやわらかくなる。

---

(1) "I am in the wrong." "I, as well as you, am wrong."
（「私は間違っている」「あなたと同じように私も間違っている」）

(2) I may as well stay the night as take a taxi home.
（タクシーで帰宅するぐらいなら一晩泊まったほうがましだ）

(3) It's not very far; I may as well walk.
（そんなに遠くないのだから、歩いて行ってもかまわないよ）

(4) You may well be surprised at the news.
（あなたがそのニュースに驚くのも無理はない）

....

● (1) A as well as Bが主語のとき、Aに動詞が一致するのだが、I as well as you am wrong.では奇異に感じられるので、例文のようにコンマを入れるのが普通。なお、not only A but also BはBに動詞が一致する。

第7章 特殊な構文

　→Not only you but also I am wrong.
※as well asは「〜と同じ位うまく」の意味もある。この意味のときは、as以下にSVが続いてもOKであるが、「〜と同様に」の意味のときはSVは続かない。Vのみ続くことはある。
　→ (a) He does the dishes as well as he cooks.
　　　　（彼は料理と同じ位食器洗いも上手だ）
　　(b) He does the dishes as well as cooks.
　　　　（彼は料理と同様、食器洗いもする）
　　　［＝He does the dishes as well as cooking.］

● (2) as以下が省略されて、「〜も同然だ」の意味になることもある。
　→He'll never listen; you may as well talk to the wall.
　（彼は決して耳を貸さないよ。壁に話しかけているのと同じだ。）

● (4) この文は次の2つに書き換え可能である。
　→ (a) It is natural that you should be surprised at the news.
　　(b) You have good reason to be surprised at the news.

攻略107. whatを用いた相関構文

● whatを用いた特殊な形の構文
 (1) A is to B what C is to D. (AとBの関係はCとDの関係と同じ)
 (2) what with A and (what with) B (AやらBやらで)

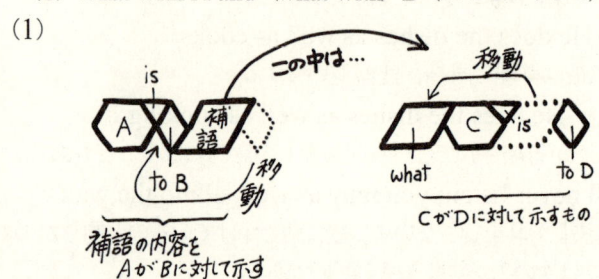

(1) The teaching plan is to the teacher what the blue print is to the architect.
（教師にとっての教案は、建築家にとっての青写真と同じだ）

(2) What with bad weather and what with my sprained ankle, I didn't enjoy my trip.
（天気は悪いわ、足首をねんざするわで、旅行は楽しくなかった）

● (1) A is to B what C is to D.は元来、A is [what C is to D] to B. (＝AはBに対して [CがDに対してあるところのもの] である) という構造において、what C is to Dが節なので、文の後ろに回した形である。

● (2) 次の表現においては、2番目のwhat withは省略されるのが普通である。
 →What with one thing and another, I became **dog-tired**.
（あれやこれやで、私は**へとへとに疲れ**た）

第7章　特殊な構文

攻略108.　butを用いた相関構文

●butを用いた基本的構文4つ
(1) not A but B（AではなくB）
(2) not only A but（also）B（AだけでなくBも）
(3) never/not ... but S V〜（…すれば必ずSはVする）
(4) not so/such ... but（that）〜（〜しないほど…でない）

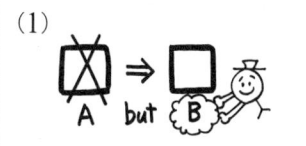

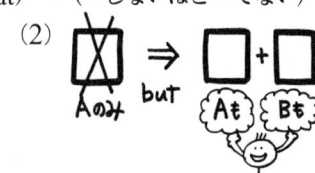

※(3)は文章の中で用いられる程度で、(4)はやや古い古い表現。

(1) It is not that she is unsociable but that she is shy.
（彼女は社交的でないのではなく、内気なんです）

(2) Not only is the food delicious, but it is very nutritious.
（その食品はおいしいだけでなく、非常に栄養価が高い）

(3) Not a day goes by but I remember the life in Berlin.
（ベルリンでの生活を思い出さない日はない）

(4) The shop assistant is not so seriously injured but she can walk.（その店員さんは、歩けないほど重傷ではない）

- (1) It is not（simply）that...（…だからではない）の構文の応用。
- (2) 否定副詞前置表現（→p.315）の場合と同様、not onlyを文頭に出すと、SVが疑問文的な倒置を起こすのが普通である。
- (3) 「1日が過ぎるうちに必ず思い出す」という状況を意味する。
- (4) 現在では次のように表現するほうがよい。
  →◎... is not so seriously injured that she can't walk.
  ※shop assistantはイギリス語法、米語法では、salesclerkという。

なるほどコラム No.19 ─────── Column

(相関構文を複数用いるには？)

次の文を考えてみましょう。
(1) This fence is higher than that one.
（このフェンスは、あれよりも高い）

ここで、①「このフェンスはあれよりも高いので、私などは乗り越える気がしない」という意味の文を「too〜to do...構文」を利用して作文できます。しかし、higherをtooは修飾しないので、少し工夫が必要です。

(2) a. ×This fence is too higher than that one to go over it.
b. ◯This fence is too much higher than that one for me to go over it.［意味は①］

(2b)のように、muchを介在させる必要があります。muchはhigherを修飾でき、tooはmuchを修飾できるので(2b)のような構文になるのです。

さらに、②「このフェンスはあれよりも高いので、私などは乗り越える気がしないわけだから、彼女が乗り越えようとしている理由が分からない」という意味の文を書くのに「so〜that...構文」を使ってみましょう。

soはtooを修飾できないですが、次のように、muchを修飾でき、muchはtooを修飾できます。

(3) a. I drank so much wine that I feel sleepy.
（私はあまりたくさんワインを飲んだので、眠たい）
b. Your story is much too interesting to me.
（あなたの話は私にとって、面白すぎるね）

そこで、②の意味の英文は次のように作文できます。
(4) This fence is so much too much higher than that one for me to go over it that I don't understand why she tries to climb it.

終章
英語構文と文法

<構文は、文法制覇で総仕上げ>

　本章（1章から7章まで）を通じて、構文の攻略ポイントを108に絞って説明してきました。
　終章は、構文マスターの最終段階に到達した皆さんのための、構文理解に最後の磨きをかける章です。
　この章では、少々高度な視点からの文法（英語の「基本3特性」と「基本3原則」を核とする）を学びます。
　意外な発見もあるでしょう。「ひょうたんからコマ」ならぬ「ひょうたんから構文」という体験をすることになりますよ!?
　英語構文制覇への健闘を祈っています。

終章　英語構文と文法

1　英語の基本3特性

プロローグで、英語という言語は3部構成で成り立っているということを簡単に示しましたが、この英語は文法的視点から3つの特性を持っていると考えられます。順序性（語順が厳しい）と循環性（規則が複数適用可能であること）と変形性（ある文法的操作をすれば構文が変わること）の3つです。

1. 英語の順序性〈英文は単語の語順が非常に厳しい〉

●語順が違えば意味が違う

次の文を眺めてみましょう。

(1) a. John hit Mary.（ジョンはメアリーを殴った）
　　 b. Mary hit John.（メアリーはジョンを殴った）
　　 c. John Mary hit.（ジョンはメアリーが殴った）
　　 d. John, hit Mary.（ジョン、メアリーを殴れ）
　　 e. Hit John, Mary.（ジョンを殴れ、メアリー）

単語の並べ方しだいで意味が大きく異なるのが分かりますね。(1c)の構文は話題化構文（→ p.311）と呼ばれます。この構文では文頭が話題になるので、(1c)では John が話題です。主語はやはり hit の直前になるので、この John はもともと目的語位置に生じたものであると解釈されます。

(1c) の文における日本語の助詞の違いに注目してみましょう。日本語の「は」は主語ではなく、この場合目的語を示しています。

●語順が違えばニュアンスも異なる

書き換え可能な構文でも数量詞が介在するとニュアンスが異なってき

ます。
(2) a. The manager assigned many jobs to a few staff.
(部長は多くの仕事を数人のスタッフに割り当てた)
b. The manager assigned a few staff many jobs.
(部長は数人のスタッフに多くの仕事を割り当てた)
c. A few staff were assigned many jobs by the manager.
(数人のスタッフは多くの仕事を部長により割り当てられた)

それぞれのニュアンスの違いが分かりますか。(2a) は一般的には、多くの仕事を部長が持っており、それらを数人のスタッフに割り当てたのであり、それぞれのスタッフが多くの仕事が割り当てられたとは限りません。

ところが、(2b) と (2c) は、数人のスタッフがそれぞれ多くの仕事を部長からもらったというニュアンスを持ちます。

この違いは、few と many の位置関係によるのです。few が many の左に生じている (2b) や (2c) は、few が many に作用します（このことを「few が many より広い作用域を持つ」といいます）。すると、数人のスタッフがそれぞれ多くの仕事を持つという解釈が生まれるのです。

なお、ニュアンス的に同じ (2b) と (2c) も構文が異なるので、情報構造 (→p.381) が異なり、別の視点でニュアンスが違ってきます。

(2b) は many jobs が焦点となり、(2c) は by the manager が焦点となります。焦点とは話者が強調したい内容です。そして、(2a) は to a few staff が焦点となるので、(2a) ～ (2c) のニュアンスの違いが分かる訳は、次のようになります。

(3) a. 部長が多くの仕事を割り当てたのは数人のスタッフに対してであった。(多くのスタッフに割り当てたわけではない)
b. 部長が数人のスタッフに割り当てたのは、多くの仕事であった。(少しの仕事を割り当てたわけではない)

c. 数人のスタッフに多くの仕事を割り当てたのは、部長で
　　　　あった。(課長や秘書が割り当てたのではない)
以上のことから、英語は順序が大切であること、「順序性」がその特徴の1つであることが分かりますね。

2. 英語の循環性〈英文は同じ構造を数回繰り返せる〉

● 1文の中で同じ構造が繰り返されることがある
　例えば次のような文が可能です。
　(1) a. I met my boss's wife's mother's cousin's friend.
　　　　(上司の奥さんのお母さんのいとこの友人の方に出会った)
　　　b. He wanted to begin to try to learn to play the saxophone.
　　　　(彼はサックスを吹くことを習おうとし始めたいと思った)
つまり、文の生成能力のすごい点は、このような繰り返しを用いて不思議な文を作れることです。
　(2) a. You mean you didn't know that I knew she didn't know you knew that?
　　　　(あなたは、あなたがそのことを知っていたことを彼女が知らなかったということを私が知っていたことをあなたは知らなかったと言っているのですね)
　　　b. Love is the feeling that you feel when you feel you are going to feel the feeling that you have never felt before.
　　　　(愛とは、あなたがかつて感じたことのない感情を感じるつもりであると感じるときに感じる感情である)
(2b) を見ていると、愛とはそれだけ複雑な感情であることが、その構文の複雑さだけで何となく感じられますね。

●1つの名詞句の中で形容詞が繰り返されることがある

一般に、英語の単独の品詞は連続することはありません。例えば助動詞や動詞が、2つ以上連続することはありません。

(3) a. ×I will can finish this report in three hours.
b. ○I will be able to finish this report in three hours.
（私は3時間でこの報告書を仕上げることができるでしょう）

(4) a.×The president considered relocated the office to a big city.
b. ○The president considered **relocating** the office to a big city.
（社長は事務所を大都市に**移転させる**ことを考えた）

同じ品詞は繰り返せないので、(3)ではbe able toという動詞句を、(4)では準動詞を用いているのです。

ところが、この品詞の中で唯一連続使用が許される品詞があります。それは形容詞です。形容詞表現は「(I) 定・不定や数に関する形容詞＋ (II) 主観的評価形容詞＋ (III) 客観的特性形容詞＋ (IV) 名詞/動名詞」の順に並びます。まとめてみましょう。

> **形容詞の語順の法則性**：(I) ＋ (II) ＋ (III) の語順が自然である。
> (I) 類：all/both＋定冠詞/指示形容詞＋序数詞＋基数詞
> (II) 類：主観的評価形容詞
> (III) 類：大小形容詞＋形状形容詞＋性質形容詞＋新旧形容詞＋色彩形容詞＋固有形容詞＋物質形容詞
> (IV) 類：名詞または動名詞

上記の全てを用いた形容詞表現を作ってみましょう。

(5) all those first three beautiful large oval heavy old red Chinese wooden jewel boxes
（全てのあれらの最初の3つの美しくて大きい卵形の重くて古くて赤い中国製の木製の宝石箱）

(5)で all から jewel までが名詞 box を形容しています。

ひとことメモ —————————————————————— memo

(偶然 that が重なった例)

I think that that that that that boy used was wrong.
上の文は、次のように分析できます。
I think [that [(that) 'that' (that (that) boy used)] was wrong].
　　　　①　　②　　③　　④　　⑤

①は接続詞、②と⑤は指示形容詞、④は関係代名詞目的格、②～③は「that という言葉」の意味となり、全体の意味は、「あの少年が用いたあの that は間違っていたと思う」となります。

3. 英語の変形性〈英文は形を変えれば意味が変わる〉

●日本語は追加型、英語は移動型

「弱さ」や「不明確」を意味する日本語の大和言葉には「か」がつきますね。「か弱い」「か細い」「かすかな」などの例があります。

「神」という宗教上重要な言葉も「隠り身」(隠れて見えない身)からきているのではないかという説もあります。

日本語では、はっきり分からないものに「か」をつけて、疑問文にしますね。大和言葉の不明瞭を示す「か」と連動していて興味深いですね。

とにかく日本語は助詞や助動詞を追加して、いろいろな構文を作ることが多いですね。一方英語は移動が好きな言語です。移動を好む文化に育った西洋人ならではの言語というイメージがあります。

疑問文は、基本的には、助動詞（的部分）と主語の転倒という移動現象で作られます。

　　(1)　a. John **gate-crashed** the party.
　　　　　　（ジョンはそのパーティに**招待状なしで訪れました**）

b. Did John gate-crash the party?
(ジョンはそのパーティに招待状なしで訪れましたか)

(1b) において、did が文頭に追加されたというよりは、(2) のような文がもともとあり (この元来の形を深層構造と呼びます)、この形から did が移動されたと見たほうが、疑問文において gate-crash が原形になっていることを説明できます。

(2) John did gate-crash the party. ［深層構造の形］

● 変形的特性は構文の曖昧性を説明できる

例えば次の文を考察しましょう。

(3) What worried Mary was being disregarded by John.

この文は曖昧です。どのように曖昧か分かりますか。

(4) a. メアリーを悩ませていたことは、ジョンに無視されていた。
b. メアリーを悩ませていたことは、ジョンに無視されることだった。

実は (4a) (4b) の2つの解釈が可能なのです。(4a) の解釈ができる (3) 文は、能動態である (5) の文が受身になった形ですね。

(5) John was disregarding what worried Mary.

(4b) の解釈ができる (3)文は、もともと (6) のように分析可能な SVC 構文です。

(6) <u>What worried Mary</u> was <u>being disregarded by John.</u>
　　　　　S　　　　　　V　　C (=動名詞)

つまり、もともとの形が違うのに、変形後表層に現れた形がたまたま一致した結果、(3)のような曖昧な文ができ上がるのです。

● 構文が同じ形だからといって同じ種類の構文とは限らない

英語は、複数の深層構造から異なる変形操作を経て表層に現れた形 (表層構造と呼びます) が一致することがあります。表層構造が同じだからといって、その構文がまったく同じとは限りません。

(7) a. John is easy to please.（ジョンは喜ばせるのが簡単だ）

b. John is eager to please.（ジョンは［人を］喜ばせようと必死だ）

(7) の文は一見似ていますが、実はぜんぜん違います（深層構造が違うということです）。深層構造が異なるからこそ、2つの文をいろいろと変えていくと、違いが現れます。

(8) a.○ John is easy for you to please.
（ジョンはあなたが喜ばせるのはたやすい）

b.× John is eager for you to please. ［→for 句を用いるのは不可］

(9) a.× John is easy to please Mary. ［→「不定詞＋目的語」は不可］

b.○ John is eager to please Mary.
（ジョンはメアリーを喜ばせようと必死だ）

(10) a.○ It is easy to please John.
（ジョンを喜ばせることはたやすい）

b.× It is eager to please John. ［→＜it ... to do＞の構文は不可］

もう一歩進んだ構文の組を紹介しましょう。まず、次の文の意味を考えてみてください。

(11) a. Tom appeared to Lucy to like himself.

b. Tom appealed to Lucy to like herself.

この文の意味は次の通りです。［(11a、b) はそれぞれ (12a、b) に対応する］

(12) a. トムは自分自身を好きであるようにルーシーには思われた。

b. トムはルーシーに彼女自身のことを好きになるよう頼んだ。

(11a、b) 文は形として似ていますが、別の環境では違った振る舞い

をします。これはやはり深層構造が異なる形と結論づけることができるのです。

まず、appearの主語がTomの場合は、that節はとれませんが、appealの場合は可能です。逆に「意味のないit」を主語とする場合はappearのほうがthat節をとることが可能になります。

(13) a. ✕ Tom appeared to Lucy that he likes himself.
　　 b. ◯ Tom appealed to Lucy that she should like herself.
(14) a. ◯ It appeared to Lucy that he likes himself.
　　 b. ✕ It appealed to Lucy that she should like herself.

● 「語」レベルの変化に3種類ある

英文においていろいろな意味は、その文中のパーツを移動させること（＝「文」レベルの変形）によって示せることを述べてきましたが、実は「語」のレベルでも「変形」という現象があり、単語の意味、そして、英文中の機能に大きな影響を与えています。

それは、名詞の複数、動詞の活用、形容詞・副詞の比較変化の3種類です。表にしてまとめておきましょう。

「語」変形性の3種	具体的操作
名詞の複数	一般にｓをつける
動詞の活用	現在形、過去形、過去分詞形、現在分詞形 （3単元ｓ）（-ed）　　（-ed）　　（-ing）
形容詞・副詞の比較変化	比較級（-er / more ...） 最上級（-est / most ...）

なるほどコラム No. 20 ――――――――――――― Column

「量」の順序性、「数」の循環性、「質」の変形性

次の妙な文を味わってみましょう。
- (a) Jack sent a small guerrilla a big gorilla.
（ジャックは、小さなゲリラ兵に大きなゴリラを送った）
- (b) Jack sent a big gorilla a small guerrilla.
（ジャックは大きなゴリラに、小さなゲリラ兵を送った）

順序が異なると意味が異なるという英語の順序性が現れていますが、この順序という概念は、単語についていえるのではなく、句とそれ以上のまとまりについていえることです。例えば a small guerrilla というまとまりを理解していないといけません。だから、順序性は、単なる単語の数の問題ではなく、まとまった「量」として捉えなければなりません。

一方、send の構文において、目的語の循環性（繰り返し使われること）に注目すると、目的語は間接目的語と直接目的語の2つしか使用できません。これは send のみならず、一般に授与動詞（give や teach など）に当てはまります。つまり、循環性は明らかに「数」として考えることができます。

さらに、send の構文で注意すべきことは、「～に…を送る」の全ての「～」の箇所を間接目的語にすることはできません。また、send ＋ O ＋...ing の構文も存在します。
- (c) I sent my baggage to Tokyo.（私は東京に荷物を送った）
- (d) × I sent Tokyo my baggage.
- (e) The drought sent food prices soaring.
（干ばつのために食料品の物価が急騰した）

(c) や (e) は深層構造が (a) や (b) とは異なることを示しています。すなわち、これは、英語の3番目の特質である変形性の問題ですね。変形性は、まとまりの「量」、繰り返しの「数」に対し、構造そのものの「質」に関係しているといえるのです。

終章　英語構文と文法

2　英語の基本3原則

第1節で見たように、英語には「順序性」「循環性」「変形性」という3つの特質があります。この特質のために英語構文は論理的で単純なものとなり、しかし、同時に多彩な表現を生み出せる能力を有しているのです。この英語の特質に、「情報構造の原則」「力と方向の原則」「エコノミーの原則」という基本的条件が備わって、壮大な文法体系が構築されています。英語構文の克服の最終段階として、これらの原則をしっかり学びましょう。

1.　情報構造の原則〈大事な情報は文の後ろの方に来る〉

●情報は旧情報から新情報へと流れる

　何かの情報を伝えるとき、いきなり新しい情報をしゃべると聞いてもらえないというリスクがありますね。だから、これから大事なことを言いますよというような表現を入れるとか、文の後ろのほうにその情報を回すとかの工夫が必要です。

　事実、ほとんどの英文では次の法則が働いています。情報構造とは、情報の流れの仕組みのことです。

> **情報構造の法則**
> 　英語では、情報は1文内で旧情報から新情報へと流れる。

　一般に、旧情報（古い情報）とは、「話題」で、新情報（新しい情報）とは「焦点」（＝強調したい内容）といえます。
　さて、次の文のニュアンスの違いは何でしょう。
　　（1）　a. The secretary tactfully handled the problem.
　　　　　b. The secretary handled the problem tactfully.

(2) a. The emcee introduced the professor to them.
　　b. The emcee introduced to them the professor.

情報構造を考慮すれば、(1) と (2) の意味は次のようになります。

(3) a. 秘書が機転を利かして処理したのはその問題だった。[(1a)]
　　b. 秘書のその問題の処理の仕方は機転の利いたものだった。[(1b)]
(4) a. 司会者が教授を紹介したのは、彼らに対してであった。[(2a)]
　　b. 司会者が彼らに紹介したのは、その教授であった。[(2b)]

なお、introduceには第4文型（SVOO型）が存在しないので、the professorを新情報とする (5) のような文は誤りです。「〜に…を○○する」の英語が必ずしも第4文型を作るとは限らないということを銘記しておきましょう。

(5) ×The emcee introduced them the professor.

●「代前・名後」と「the前・a後」の法則

情報構造については、品詞の視点と冠詞の視点に関して、次のような傾向があります。表にしてまとめましょう。

	旧情報になりやすいもの	新情報になりやすいもの
品詞の視点	代名詞	名詞
冠詞の視点	定冠詞＋名詞	不定冠詞＋名詞

代名詞や「定冠詞＋名詞」（＝これを定名詞句と呼ぶ）は以前に出た情報を再度述べるものであるから、旧情報を担っています。一方、「不定冠詞＋名詞」（＝これを不定名詞句と呼ぶ）は初めて導入される表現であるから、新情報を担っています。

つまり、情報構造の法則により、英文は、「文の最初のほうに代名詞

が現れ、文の後ろのほうに名詞が現れる傾向」（＝「代前・名後」の傾向）があり、また、「同じ名詞でも、定冠詞つきの名詞が前のほうに、不定冠詞つきの名詞が後ろのほうに現れる傾向」（＝「the 前・a 後」の傾向）があるのです。

上のことが分かると、なぜpick it upが好まれてpick up itとは普通言わないのかが分かりますね。it は旧情報だから前のほうにくるわけです。

(6) a. Bob picked the coin up.（ボブはそのコインを拾った）
b. Bob picked up a coin.（ボブが拾ったのはコインだった）

(6a、b) のニュアンスの違いを表にしてまとめてみましょう。

	旧情報	新情報	この文が答えとなる質問
(6a)	Bob picked the coin	up.	What did Bob do with the coin?（ボブはそのコインをどうしたの）
(6b)	Bob picked up	a coin.	What did Bob pick up?（ボブは何を拾ったの）

●情報構造の法則がいろいろな構文を生み出す

(3)(4) そして (6) などの日本語を見て分かるように、日本語の世界では、「旧情報」は「は」で、「新情報」は「が」でマークされます。(7) のようにまとめることが可能です。

(7) a. AはB → A：旧情報 B：新情報
b. AがB → A：新情報 B：旧情報

さて、この情報構造という発想のもと、実にさまざまな構文ができます。特に、倒置構文（詳しくは→ p.305 で学びましたね）などの存在理由は、「新情報を後ろに回す構文」であるということを再確認しましょう。

主な構文を挙げて、情報構造訳（〜なのは…だ）を添えておきましょう。

＊印の箇所が、旧情報と新情報の境目です。

① C＊SV (M) ： Very grateful ＊ I am for your help.
大変感謝しているのは＊君の助けのおかげだ。

② C＊VS ： More important ＊ is the fact that it is feasible.
もっと重要なことは＊実行可能だという事実だ。

③ O＊SV...P ： Our daughters ＊ we are proud of.
我々の娘は＊我々が誇りに思っている。

④ MV＊S ： Into the room walked ＊ John.
部屋に歩いて入ってきたのは＊ジョンだった。

⑤ M＊SV (X) ： Yesterday ＊ I went there.
昨日は＊私がそこへ行った。

⑥ SV (X) ＊M ： I went there ＊ yesterday.
私がそこへ行ったのは＊昨日のことだった。

⑦ There V＊SM ： There lived ＊ an honest man in a village.
村に住んでいたのは＊正直者だった。

⑧ Part be＊S (M) ： Standing there was ＊ a man I met yesterday.
そこに立っていたのは＊昨日出会った男だった。

※ Part は participle（分詞）の略。

終章　英語構文と文法

2. 力と方向の原則〈主語は動詞の形を決める力がある〉

●英文には6つの力が関わっている

　現代物理学では、万有引力や電磁力などを含む5つの力が存在し、宇宙を形作っているようですが、英語の世界では、1つ多い6つの力が働いて英文が構成されています。その力の主体（＝その力を発揮している品詞など）とその方向、そしてその内容を、簡単に表にまとめてみましょう。

6つの力	力の主体	その方向	何が起こるか？
動詞の形を決める力 注1	主語	動詞	動詞の形が変わる。特に、一般動詞に3単現のsがつく。
格を決める力 注2	動詞や前置詞	名詞句（代名詞を含む）	目的語の形を決める。特に、代名詞は目的格の形になる。
意味を決める力 注3	動詞や形容詞	名詞句や前置詞句	文中で使用される意味が明確になる。
他動詞の力 注4	他動詞	目的語の名詞句（代名詞を含む）	目的語が意味的な影響を受ける。
冠詞の力 注5	定冠詞・不定冠詞	名詞	名詞の意味する内容がどの程度具体的であるかを示す。
ものを指す力 注6	定冠詞・代名詞	名詞・修飾表現・具体的事物	定冠詞や代名詞が何を指しているのかが明らかになる。

　注1：例えば、主語によって動詞の形が決まる現象は、この力の存在で証明されます。

　　　→○ He studies English. / × He study English.

　　また、目的語が3人称単数であっても、現在時制において

動詞にsがつくことがないという当たり前の事実も説明できます。目的語に「動詞の形を決める力」がないからです。
　　→ × We studies English. / ○ We study English.
注2：主語が動詞の形を決めるのに対し、動詞は目的語の形を決めるといえます。言語学では、これを「動詞がその右に現れる名詞句（代名詞を含む）に目的格を与える」と考えますが、名詞は目的格を与えられても、形は変わりません。名詞は主格も目的格も同じ形だからです。しかし、代名詞ははっきりと目的格の形を持っていますね。この「格を決める力」によって、動詞の右にくる代名詞は目的格になることが説明できます。つまり、次のような言語現象が説明できるのです。
　　→ ○ I met him. / × I met he.
注3：例えば、他動詞の目的語によって動詞の意味が異なるのは、動詞自体に「意味を決める力」があるからです。
　　→ (a) I have a wide variety of books in my study.
　　　　（私の書斎には実にいろいろな種類の本がある）
　　　(b) I have ham and eggs for breakfast.
　　　　（私は朝食にハムエッグを食べる）
haveという動詞は、その目的語が食べられないものの場合は「所有する」、食べられるものの場合は「食べる」という意味が出ますが、これは、動詞に、「(状況に応じて)意味を決める力」があるからです。
注4：動詞はその目的語に対して、「格を決める力」があっても名詞の場合は、形を変えることはできません。しかし、形に影響は与えないが、意味に影響を与えると考えられます。その意味に影響を与える力が「他動詞の力」です。例えば、He drowned himself.（彼は溺れた）という文は、drownがhimselfに影響を与え、「彼は溺れて亡くなった」という意味が出ます。日本語で「溺れた」と表現しても、彼が死亡した感じはしませんね。

終章　英語構文と文法

日本語は「他動詞の力」が、英語に比べて弱いからです。
注5：「冠詞の力」は、名詞句がどの程度頭に描けるかということを示す力です。例えば、I need a pen.（ペンが必要だ）の a pen よりも I bought a pen.（ペンを買った）の a pen のほうが具体的に頭に描けるので、「冠詞の力」は強いと発想するのです。詳しくは前著「冠詞マスター教本」を参照してください。「冠詞の力」が名詞句に及んだ結果、どの程度名詞が具体的であるかを示す基準を「指示性」と言語学では呼びますが、この本では、その「指示性」という言葉を用いて説明しています。
注6：例えば、英文中で、... John ... Mary ... he ... という流れがあれば、he は John を指している可能性があるので、he は John という名詞に対し、「ものを指す力」を発揮しているのです。もちろん、文脈により、he が別の人を指す場合がありますが、その場合も「ものを指す力」があるからです。「ものを指す力」は1つの文を超えて指すこともあるのです。

以上にまとめた「6つの力」は、英語の構文を理解するのに不可欠の力です。英語構文の完全マスターを狙う読者の皆さんなら、これらの力は、「無意識的に」感じてこられたのではないかと思います。

これからは、コミュニケーションの場面において、特に英文を書く場合には、「意識的に」これらの力を利用して、＜文法的に正しく、文体的に美しく、そして、論理的に分かりやすい＞文章を発信できるように心がけてください。

● 指示性は倒置の可能性に影響する

一見構文とは関係なさそうな「冠詞の力」も構文が文法的であるかどうかに大きく関連しています。例えば、次の文を見てみましょう。

（1）　a. John is a **real estate appraiser**.
　　　　（ジョンは**不動産鑑定士**だ）

b. John is the real estate appraiser.
(ジョンが不動産鑑定士だ)

(1)の文中の補語において、the real estate appraiser のほうが頭に描けそうですね。定冠詞が名詞を指示する力は強いからです。また、不定冠詞の表現の a real estate appraiser は John についての単なる説明に過ぎず、具体的に「この人だ」というように頭に描けないですね。

ところで、補語に対して「冠詞の力」が強く働かない場合、すなわち、補語にきている名詞句が頭の中で明確に描けない場合は、倒置できないという法則があります。

(2) a. × A real estate appraiser is John.
　　 b. ○ The real estate appraiser is John.

「冠詞の力」は、このような文法上のルールを説明できるのです。

● SVO基本形における力と方向

英語の構文の基本形はSVO(第3文型)ですが、この1文の構造には、少なくとも、「ものを指す力」以外の前述の5つの力が必ず働いています。構造が複雑になったり、他の文が生じていたりすれば「ものを指す力」も働くことがあります。

さて、図を用いながら、SVO間の力と方向に関して、具体的に簡単な説明をしておきましょう。「冠詞の力」は名詞に対するものなので省き、「ものを指す力」は名詞間の問題なので省きます。

主語	動詞の形を決める力→ ←意味を決める力	動詞	格を決める力→ 意味を決める力→ 他動詞の力→	目的語

主語は動詞に「形」の上での影響を与えます。これが「動詞の形を決める力」に他なりません。

また、このVは他動詞なので、目的語に対してパワーを発揮します。

このパワーは「意味」上の影響力です。これが「他動詞の力」です。例えば、次の文を見てください。

(3) a. The hunter shot the bear.
　　 b. The hunter shot at the bear.

　shoot という他動詞は、目的語に影響を与えます。bear という単語の形には影響を与えませんが、bear が意味する「熊」に影響を与えるのです。(3a) の場合は「熊に弾が当たった」ということを意味します。これに対し、(3b) の場合は、at という前置詞が shoot の影響を阻み、at の意味が加わって「熊を狙ったけれども弾が当たったとは限らない」という含みが出るのです。[→ p.42]

● 意味役割を考える

　p.385 で学んだ「意味を決める力」は「意味役割」という概念と関係があります。「意味役割」の概念を理解するために、次の例文を考えてみましょう。

(4) a. The boy broke the window.
　　　 (その少年は [意図的に] 窓を割った)
　　 b. The stone broke the window.
　　　 (石が [飛んできて自然に] 窓が割れた)

　(4a) では、break という動詞が「動作主」という意味役割を the boy に与えていると考え、(4b) では、break という動詞が「主題」(=テーマになるもの) という意味役割を the stone に与えていると考えます。

　これは動詞 break が主語の名詞句に与える意味役割の例ですが、動詞はいくつかの意味役割を与えるようになっているのです。もし、意味役割が複数なければ、(4b) 文の意味が「石が意思(?)を持って窓を割った」という半分ジョークのような意味になる可能性があるのです。それぞれに違った意味役割を与える力 (=「意味を決める力」) があるので、文の意味が安全に決定されると言っても過言ではないのです。

●同じ構文の曖昧性も「意味を決める力」と関係がある

　構文の曖昧性は、深層構造が異なることによるものである（→p.377）と述べましたが、深層構造がまったく同じ構文でも意味が曖昧になることがあります。その場合の曖昧性は、「意味を決める力」と関係があります。

　　(5)　John hit the car.

　(5) の文の曖昧性が見抜けますか。これは、次の2つの意味を持ちえます。

　　(6)　a. ジョンは車を殴った。
　　　　b. ジョンは車にぶつかった。

　動詞 hit が主語や目的語に対して、「意味を決める力」が働くのですが、そのとき、その名詞句に「意味役割」を与えます。各意味役割の下の（　）内の英語は、その訳です。

	(6a) の場合		(6b) の場合	
要素	John	the car	John	the car
意味役割	動作主 (agent)	被動作主 (patient)	主題 (theme)	位置 (location)

注：（　）内は、それぞれの意味役割の英語名。

　どちらの意味の場合に目的語が悪影響を受けるのかを考えてみると、(6a) の場合であることが分かりますね。(6b) の場合は、John のほうがむしろ被害者です。目的語が受ける影響が強ければ受身になりやすいという英語の法則がある（→p.88）ので、(7) の文は (6a) の意味しか出ません。

　　(7)　The car was hit by John.（その車はジョンにより殴られた）

　このように、「意味を決める力」は、構文の「変形性」（→p.376）にも影響を与えているのですよ。

　ところで、(6b) の意味における (5) [= (8a)] と (8b) 文の意味の違いが分かりますか。

(8)　a. John hit the car. (ジョンは車にぶつかった) [= (6b)]
　　　b. The car hit John. (車はジョンにぶつかった)

(8b) において、車は意志を持たないので動作主になりません。だから当然「車はジョンを殴った」の意味は出ませんね。やはり、(8b) の the car は「主題」で、John は「位置」の意味役割を担っています。

『「主題」という意味役割は移動に関わるもの』と覚えましょう。(8a) では、John が動いていて、車が止まっていてもかまいません。ところが (8b) では車は必ず動いています。John は立ち止まっていてもかまいません。

以上のように、動詞の持つ「意味を決める力」は、文全体の意味にニュアンスの差と深みを与えているのです。

● なぜ afraid の後に of がくるのか？

専門語を使わない大ざっぱな言い方ですが、言語学の世界では、次のようなことがいえます。

　(9)　名詞や代名詞は「格を決める力」と「意味を決める力」の2つの力を受けなければならない。

すなわち、もう少しかみ砕いて言うと、次のようになります。

　(10)　名詞や代名詞は、動詞や前置詞に格を、動詞や形容詞に意味役割を決めてもらわなければならない。

そこで、次の文を眺めてみましょう。

　(11)　a. × He is afraid dogs.
　　　b. ○ He is afraid of dogs.

(11a) 文が非文法的なのは、dogs という名詞が「格を決める力」を受けることができないからです。なぜなら、形容詞は「格を決める力」を持っていません (→ p.385)。だから、前置詞の王様ともいうべき of を用いて格を決めてもらわないといけないのです。前置詞は、名詞に目的格を与えるからです。名詞は目的格を与えられても形は変化しませんが、代名詞を見れば、前置詞が目的格を与えていることが分かりますね。

(12) a.× He is afraid of they.
　　b.○ He is afraid of them.

　形容詞の後に名詞が続く場合、前置詞を介さなければならない理由が、「格を決める力」と関係があったのです。

　なお、形容詞には「意味を決める力」があるので、(11b) の文が最終的に認可されます。つまり、形容詞 afraid は、「主題」という意味役割を dogs に与えます。その結果、「彼は犬という動物を怖がる人だ」という意味になるのです。

3. エコノミーの原則〈英語は単純さを最大限に追求する〉

●順序性にこだわらない省略の現象

　次の文を眺めてみましょう。

　(1) John loves Mary, and Tom, Lucy.

　(1) の意味は「ジョンはメアリーとトムとルーシーを愛している」では変ですね。並列の正しい用法は、A, B, and C としなければならないので、「3人とも愛している」という意味は次の英語で表されます。

　(2) John loves Mary, Tom, and Lucy.

　では、(1) の意味はどうなのでしょう。これは実は (3) の省略形なのです。

　(3) John loves Mary and Tom loves Lucy.

　文法規則にこだわって (3) のように順序性の厳しい英文を作ることもできますが、英語はできるだけ省エネをします。「省略」という現象が英語の省エネなのです。

　動詞が共通している場合は、その部分をコンマに置き換えることができるのです。とにかく、省略の大原則を示しましょう。

省略の大原則： 　共通部分を省略する

(4) の文に対して省略をすると (5) のような文になります。

(4) John loves Mary and Tom loves Mary.
(5) John and Tom love Mary.

ところが (6) 文は (7) を省略した形ではありません。だから A and B V... の形が必ずしも省略形とは限りません。

(6) Oil and water will not mix. (油と水は混ざらないものだ)
(7) Oil will not mix and water will not mix.
　　(油は混ざらない、そして水は混ざらない)

また、同じ構造と思われる2つの文の動詞句が一致しているからといって、省略が可能とも限りません。例えば、(8a) に対して (8b) の文は作れません。

(8) a. Jack opened the door. The key opened the door.
　　b. ×Jack and the key opened the door.

なぜ (8b) がいえないのでしょうか。これは、意味役割の違いに帰着するのです。動詞 open により、Jack は「動作主」、the key は「道具」という意味役割を与えられているのです。そして等位接続の法則に次のようなものがあります。

> **等位接続の法則**：A and B において、A と B は同じ品詞であるか、同じ機能であるか、さらに名詞句や前置詞句の場合は同じ意味役割でなければ接続できない。

ここでも「英語の力」の1つ、「意味を決める力」が関係していますね。異なる意味役割は接続詞をはねつけるのですね。

なお、動詞特有の言い回しやイディオムの場合は、一見同じ機能でないような2つのものを結びつけることを許します。

(9) Children and cigarette lighters don't mix.
　　(子供たちにライターは危険だ)

この mix には「両立する、なじむ」という意味があり、常に否定文で使用されます。

とにかく、省略という現象は意外と大切で、英語の世界の裏舞台に君臨しているのです（表舞台には名詞や動詞など有名品詞とSVOに代表される有名文型が存在していますね）。

この「省略」は、英語の大原則の3番目「エコノミー（節約）の原則」の1つです。

●循環性をあまり発揮しないのが文体上望ましい

マザーグースの歌に次のようなものが存在します。that の関係節の循環使用の例ですね。このような循環使用は言葉遊びやジョーク、また、詩など芸術的な試み以外は避けるのが普通です。循環性の制限使用もまた、「エコノミーの原則」の一形態です。

(10) This is a farmer that sowed the corn
　　 that fed the chick that crowed in the morn
　　 that waked a priest all shaven and shorn
　　 that married a man all tattered and torn
　　 that kissed a maiden all forlorn
　　 that milked a cow with a crumpled horn
　　 that tossed a dog that worried a cat
　　 that killed a rat that ate the malt
　　 that lay in the house that Jack built.

訳：この人は、ジャックが建てた家にあった
　　麦芽を食べたねずみを殺した
　　猫にかみついていじめた犬を放り投げた
　　曲がった角を1本持った雌牛の乳を絞った
　　まったくさびしい少女にキスをした
　　ぼろぼろの服を着た男を結婚させた
　　きちんとした身なりの神父さんを起こした
　　朝鳴いた鶏のえさになった
　　とうもろこしの種をまいた農夫さんだ。

例えば、if 節も 3 レベル存在し、並べることも文法上は許されますが、文体的にはあまりよくありません。(11) よりは (12) の英文が好まれるでしょう。

(11) △You should phone her if she leaves her office if you love her so much if I am allowed to give you some advice.
(△もし忠告を許されるなら、そんなに彼女のことが好きなら、彼女が会社を出たら、電話すべきだよ)

(12) ○You should phone her after she leaves her office, since you love her so much, if I am allowed to give you some advice.

(11) において、最初の if 節は条件を示す if 節で意味的に after と同意です。2 番目の if 節は旧情報を表していると考えられ、同じく旧情報を示す接続詞 since が用いられます (→ p.256)。

(12) を見れば分かりますが、同じ if 節を異なる従属接続詞を用いて書き換えただけでは、まだ、完全に「循環性」を制限使用したことにはなりません。after と since と if の従属節を続けて使用しているからです。

文体的によりすぐれた文にするには、(12) の if 節を文頭に移動させるべきでしょう。移動は変形の一方法でしたね (→ p.376)。「変形性」という英語の特性が、「循環性」のところでも生きていますね。

(13) ◎If I am allowed to give you some advice, you should phone her after she leaves her office, since you love her so much.

● 変形作業は少ないほうが文法上望ましい

次の文を受身にしてみましょう。

(14) The branch manager gave me an important role.
(支店長は私に重要な役目を与えた)

受身は目的語を主語にする構文だから、理論的には次の2つの文ができます。

(15) a. ○I was given an important role by the branch manager.
　　 b. △An important role was given me by the branch manager.

ところが、(15b) はあまりよい文ではありません。なぜだか分かりますか。(14) 文は、元来第3文型の文ですね。

(16) The branch manager gave an important role to me.

(16)を第4文型に変形してから受身変形すると、それだけコストがかかると発想します。

| 変形作業削減の法則 | できる限り変形作業は少なくする。 |

(16)から直接受身変形することも可能ですね [→ (17)]。こちらのほうが、変形作業がひとつ省けます。だから、この文のほうが好まれます。

(17) An important role was given to me by the branch manager.

ところが、間接目的語である me を主語にする [= (15a)] のは第4文型からしかで受身にできないので、こちらはOKです。

● 無理して変形作業をしないほうが文法上望ましい

「第3文型→第4文型→受身構文」という流れは、「第3文型→受身構文」というプロセスよりもコストがかかるからといって、無理して、(16)の me を文頭に出した受身は不可能ですね。

(18) ×I was given an important role to by the branch manager.

無理して遠くのものを移動させることは、英語では避けなければなり

ません。

また、(19a、b)のような文の中で、＊＊＊のところが分からないからといって、この部分を問う疑問文を正規の方法で作っても非文法的です。

(19) a. The fact that she invited ＊＊＊ surprised him.
b. You put a chair between ＊＊＊ and the desk.
(20) a. △Whom did the fact that she invited surprise him?
（○ 彼女が誰を誘ったことが彼を驚かしたの）
b. ×What did you put a chair between and the desk?
（○ あなたは椅子を、何と机の間に置いたの）

日本語ではどちらもOKですが、英語の場合は程度の差こそあれ、非文法的になります。あるまとまった句や節の中から、一部の要素を取り出すことは英語では避けられるのです。このまとまりの中に深く埋まっているものほど、取り出すことはできません。

(21) The fact that she said yes when they asked her to do ＊＊＊ struck him speechless.
(22) ×What did the fact that she said yes when they asked her to do strike him speechless?
（△ 彼らが彼女に何をするように頼んだとき、彼女がOKと言った事実に彼が唖然としたのですか）

(22)のように、奥深くに埋められているものを移動させることはエネルギーを使うということで避けられます。日本語は、それほど変に聞こえませんね。日本語はこのように比較的柔軟な言語です。変形に関する省エネの法則をまとめておきましょう。

変形作業回避の法則
遠くに存在している要素や深くに埋められている要素を移動する変形は避ける。

エピローグ

構文マスター究極の方法

●言語は「シンプルであること」を目指す！

　言語は複雑性を好まないものです。なぜなら複雑だと、意味が分かりにくくなるからです。英語もその例外ではありません。

　一例を挙げておきましょう。JohnとMaryが夫婦で、JohnがMaryを愛しているという状況を想定してみましょう。

　（1）John is Mary's husband.
　（2）Mary is John's wife.
　（3）John loves Mary.

　（1）～（3）の文はすべて正しいですね。さて、ここで、数学的な手法である「代入」を行ってみましょう。つまり、（3）に（1）と（2）を代入してみましょう。

　（4）Mary's husband loves John's wife.

　すると、（3）と（4）は同じ意味を表すはずですね。しかし、現実には、この文だけを聞いた人はもちろん、（1）と（2）をあらかじめ聞いている人でも、（4）は（3）の意味を表しません。

　（4）は、「メアリーの夫がジョンの妻を愛している（＝不倫している）」という意味になります。

　その理由は、（4）の文で、Mary's husbandがJohnで、John's wifeがMaryである意味を持っているとすると、視点が2つになってしまうからです。

　Mary's husbandという表現をした時点で、Maryの視点で文がスタートしています。ところが、目的語のところでJohnの視点に切り替わっています。これが問題なのです。それぞれの視点の文を挙げておき

ましょう。
　　(5) Mary's husband loves her.　　[Maryの視点]
　　(6) John loves his wife.　　　　[Johnの視点]
「視点は1つに限る」という原則が働いているのです。このことは、できるだけ複雑な言い方をしないという法則が言語に内在していることを示す1つの例です。

　視点が2つになる解釈は許されないので、(4) が「ジョンはメアリーを愛している」という意味にならないのです。

　(4)文は、視点が1つの解釈、すなわち第3者に視点がある形になるので、Mary's husbandがJohnである解釈が成り立たなくなるわけです。

　また、当然のことながら、代入を繰り返した英文は、「視点」の問題を超えて、ただ複雑になることが原因で非文法的になります。この場合は、第三者の視点も不可能となっているのです。

　　(7) ×John's wife's husband loves Mary's husband's wife.

　とにかく、言語は一般に複雑性を嫌うのです。英語もその例外ではないのが分かったと思います。

●構文の中心は動詞…「動詞感覚」を身につけよう

　動詞に関する感覚を磨くことは大切です。

　　(8) He asked me what I expected.

　(8)文は、曖昧なのが分かりますか。実は、この文は (9a) と (9b) の2つの意味が可能です。

　　(9) a. 彼は私に私が期待したことは何であるかを尋ねた。
　　　　b. 彼は私に私が期待したことを尋ねた。(期待通りの質問をした)

whatが疑問代名詞のとき (9a) の解釈になり、whatが関係代名詞のとき (9b) の解釈になります。もちろん、曖昧でない場合もあります。

　　(10) a. He asked me what I needed. [whatは疑問代名詞]
　　　　　(彼は、私が必要なものは何であるかを私に尋ねた)

b. He gave me what I needed.　［whatは関係代名詞］
　　（彼は、私が必要なものを私にくれた）

　このように、askという動詞も、どんな表現が後に続くのかによって意味が異なる場合があることを知っておくべきでしょう。

　動詞は、英文のへそともいうべき、中心をなしています。このように、文全体に影響を持つ動詞を即理解する力を、私は「動詞感覚」と名づけています。動詞感覚を身につけることが、構文理解の第一歩です。

●動詞と構文の不思議な関係

　動詞は太陽系にたとえると「太陽」のような役割をして、その周りに主語や目的語、修飾語などの惑星が回っていると考えられるのです。

　しかし、現実には、一文の中にいくつも動詞が含まれています。英文は、その意味で、複数の太陽系を持った小銀河といえるでしょう。

　この小銀河（＝文）を理解するには、おのおのの太陽を知ることですが、最も大切なのは、その小銀河の中心の太陽（＝主文の動詞）を即座に見分ける方法です。

　主文の動詞を見つけるには、まず、その文全体における動詞を拾い出すことと、SVの関係と考えられる名詞と動詞をチェックすることです。

　すると、後は自動的に主文の動詞を突き止めることが可能です。その秘術を表にして伝授しましょう。

秘術その1	「・・・SV・・・V・・・」という形の構文は、後のVが主文の動詞である。 例： The man she talked with was clever. 　　　　　　　　S　V　　　　　V （彼女が話した男性は賢かった） →2番目のV（=was）が主文の動詞である。
秘術その1の応用	「・・・SV・・・V・・・V・・・」という形の構文は、一番後ろのVが主文の動詞である。 例： The man they think talked with her was clever. 　　　　　　　S　V　　V　　　　　　　V （彼女と話したと彼らが思っている男は、賢かった） →最後のV（=was）が主文の動詞である。 ※一般にVが複数連続する場合は、最後のVが主文の動詞である。
秘術その2	「・・・SV・・・SV・・・」という形の構文は、最初のVが主文の動詞である。 例： She told me that she would study abroad. 　　　S　V　　　　　S　　　　V （彼女は私に、彼女が留学する旨を伝えた） →最初のV（=told）が主文の動詞である。
秘術その2の応用	「・・・SV・・・SV・・・SV・・・」という形の構文も、最初のVが主文の動詞である。 例： I think they understand what she said. 　　S　V　　S　　V　　　　　S　V （彼らが彼女の発言を理解したと私は思う） →やはり最初のV（=think）が主文の動詞である。 ※一般に、SVが複数連続する場合は、最初のVが主文の動詞である。

●英語構文力を磨く方法

　英語構文をほぼ完全に理解すると、英語の読み書きのスピードが飛躍的に伸びるだけでなく、英語を聞いたり話したりする能力も確実にUPします。英語構文をマスターすれば、英語の4技能もマスターできると言っても過言ではないと思います。

　英語構文力（英語構文を完全に理解する力）を身につける方法を述べておきましょう。

- ●手順その1　英文雑誌や英字新聞の速読　［1〜3ページ程度］
- ●手順その2　分からない語彙のチェック　［英英辞典を用いる］
- ●手順その3　分かりにくい文のチェック　［p.401の秘術利用］
- ●手順その4　その分かりにくい文の翻訳　［日本語と比較する］
- ●手順その5　意味を理解した後での音読　［音読が理解を促進］

　上記の手順を繰り返すという地道な努力により、英語構文力は飛躍的にアップするでしょう。最後に、英語構文力の養成の基礎の基礎となる「英語学習者のための基本6か条」を示しておきましょう。

●●● 英語学習者のための基本6か条 ●●●

第1条	Listen more, Speak less. 話すより 聴こう。	聴くことは大切である。インプットを増やしておけば、Talking（普通のおしゃべり）がしやすくなり、さらに、Speaking（内容のある話ができること）の能力につながる。
第2条	Read more, Write less. 書くより 読もう。	読むことは大切である。多読と速読と音読の3つの読み方を組み合わせ、英語力を高める目的と情報を得る目的の、2つの目的を同時に果たすような読み方をすべきだ。
第3条	Ask more, Answer less. 答えるより 尋ねよ。	勉強しているときに、分からないことが出てくるとすぐメモしておき、先生に尋ねたり、調べたりする習慣を身につけよう。常に「問題意識」を持つことが大切である。
第4条	Think more, Worry less. 後悔するよりも 反省せよ。	気を使うよりも頭を使おう。過去のことは後悔する傾向があるが、非生産的な後悔よりも建設的な反省が大切。くよくよ思うよりも、よくよく考えることが肝要である。
第5条	Criticize more, Blame less. 非難するよりも 批判せよ。	主観的な非難より、客観的な批判のほうがよい。また、他人を非難するよりも、自分を批判するほうが、自分自身の能力を向上させる。謙虚であれば、必ず運もつく。
第6条	Hope more, Expect less. 期待するよりも 希望せよ。	「期待はずれ」という言葉はあっても、「希望はずれ」という言い回しはない。希望ははずれないということだ。何事も「明るく、焦らず、諦めず」の3原則が重要である。

付録1

英語構文総仕上げテスト

★問題　間違いの箇所を正しなさい。
1. Pearl is photographing well.
2. I'm in the habit of watching TV when I am studying.
3. Tom and the hammer broke the window.
4. Do you like lions?----Yes, I like ones.
5. In no time will Mary come to the party.
6. Susie is an often timid woman.
7. I persuaded Lucy to come but she didn't turn up.
8. I'm sure, because I know about him, he likes it.
9. Cathy considers Bob my teacher.
10. The man is Bill, who I met yesterday.
11. This pair of shoes has worn-out, so I have to buy a new one.
12. It was careful of you to do so.
13. Will a pencil do?----Yes, one will do.
14. Paul is easy to understand mathematics.
15. You will go, will not you?
16. John must have been sleeping, and Mary must, too.
17. The rapidly rising river is not rising rapidly now.
18. Liz rewrote me a letter.
19. Every boy and girl there work very hard.
20. My old car looks as good as Jim's one.
21. More than one person are involved with the case.
22. Nancy looked for some cake, but there was nothing left.

23. The dog the old man is walking with has no tails.
24. Jack thinks that Ann loves himself.
25. Peter prefers Dutch cheese to Danish one.

解答と解説

1行目に正しい文を最初に挙げ、2行目にその意味、3行目に1行程度の解説を付け加えています。

1. Pearl photographs well.
   訳：パール［人名］は写真写りがいい。
   中間構文（→p.109）は一般論を述べるので、進行形にならない。
2. I'm in the habit of watching TV while (I am) studying.
   訳：私は勉強しながらテレビを見る癖がある。
   whileの方がwhenより現在分詞を用いる傾向が強い。
3. Tom broke the window with the hammer.
   訳：トムはそのハンマーで窓を割った。
   Tom（行為者）とhammer（道具）は意味役割が異なるのでandでつなげない。
4. Do you like lions? --- Yes, I like them.
   訳：ライオンは好きですか。---はい好きです。
   複数の総称表現を受ける代名詞は、onesではなくthem［目的格のとき］。
5. In no time Mary will come to the party.
   訳：すぐにメアリーはパーティに来るでしょう。
   In no timeはnoがtimeのみを修飾し、全否定になっていない［→p.262⑥の(c)］。
6. Susie is a woman often timid.
   訳：スージーはしばしば臆病風に吹かれる女性だ。
   よく起こる状況（一時的）がtimidであると判断され、後位修飾

[→p.73、285参照]。

7. I tried to persuade Lucy to come but she didn't turn up.
   訳：私はルーシーに来るように説得したが、彼女は現れなかった。
   try to do...の構造なしではcomeが達成される含みがある
   [→p.39]。
8. I'm sure, because I know about him, that he likes it.
   訳：彼をよく知っているから、彼はそれが好きだと確信している。
   挿入節が入ると、I'm sureの後の節にはthatをつける。
9. Cathy considers Bob to be my teacher.
   訳：キャッシーは、ボブが私の先生であると考えている。
   considerの目的格補語が、(限定された)定名詞句のとき、to be が必要。
10. The man is Bill, whom I met yesterday.
    訳：その男はビルである。そして彼に昨日会った。
    非制限用法の関係詞whoの目的格はwhomで、制限用法に見られるようなwhoは不可 [→p.196]。
11. This pair of shoes has worn-out, so I have to buy a new pair.
    訳：この一足の靴は擦り切れた。だから新しいのを買う必要がある。
    a new oneの場合は、a new shoe (片方の靴) を意味する可能性あり。
12. You were careful in doing so.
    訳：あなたはそうするときに注意深かった。
    carefulはit仮主語構文が不可。carelessは、この用法は存在する。
13. Will a pencil do? --- Yes, it will do.
    訳：鉛筆でもOKですか？---はい、それで結構です。
    不定名詞句の単数形を受ける代名詞は、主語位置ではitを用いる。
14. It is easy for Paul to understand mathematics.
    訳：数学を理解することはポールにとっては易しい。

mathematicsをitの代わりに用いた難易構文（→p.114）にしてもよい。

15. You will go, won't you?　［＝You will go, will you not?］
    訳：あなたは行くのでしょう？
    notが独立する場合は、主語よりも後ろにくる。

16. John must have been sleeping, and Mary must have, too.
    訳：ジョンは眠っていたに違いないし、メアリーもそうだろう。
    Mary mustの場合は、「命令」を表しtooと意味的に合わない。

17. The rapid-rising river is not rising rapidly now.
    訳：急に増水する性質を持つ川は、今は急な増水はしていない。
    主語のrapidly risingの形は一時的状態を表すので、述部と合わない。

18. Liz rewrote a letter to me.　［＝Liz wrote me a letter again.］
    訳：リズは私に手紙を再び書いた。
    rewriteなどre-Vの形は、第4文型の用法がない場合がほとんど。

19. Every boy and girl there works very hard.
    訳：そこのすべての少年少女たちは一生懸命勉強する。
    every A and Bの表現は、andを用いていても動詞が単数。

20. My old car looks as good as Jim's.
    訳：私の古い車は、ジムの車と同じようにかっこいい［＝よく見える］。
    Jim'sの直後に形容詞などがあればoneが必要［→○Jim's new one］。

21. More than one person is involved with the case.
    訳：複数［←1人を超える］の人は、その事件に関わっている。
    More persons than oneの場合は、動詞は複数扱い。

22. Nancy looked for some cake, but there was none left.
    訳：ナンシーはケーキを探したが、何も残っていなかった。
    nothingの場合は「どんなケーキも」を意味せず、他のものを暗示。

23. The dog the old man is walking with has no tail.
訳:その老人が連れて歩いている犬には尻尾がない。
通常1つしかないもの[→尻尾]を否定する場合は複数形をとらない。
24. Jack thinks that Ann loves him. [=... himself to be loved by Ann.]
訳:ジャックは、アンが彼自身のことを好きだと思っている。
oneself形は同一節内に、先行詞がないといけない[→p.278、282]。
25. Peter prefers Dutch cheese to Danish (cheese).
訳:ピーターはデンマーク産チーズよりオランダ産チーズが好きだ。
cheeseは物質名詞で、物質名詞はoneで受けることができない。

付録2

推薦参考文献リスト

[＊→専門への橋渡しの本　/　＊＊→専門書]

『英語観察学』奥田隆一著（鷹書房弓プレス）＊
『英文法解説』江川泰一郎著（金子書房）
『英文法の仕組みを解く』鈴木寛次著（日本放送出版協会）
『英文法をこわす』大西泰斗著（日本放送出版協会）＊
『「英文法」を疑う』松井力也著（講談社）
『英語はほんとに単純だ』西巻尚樹（あさ出版）
『副詞と挿入文』岡田伸夫著　新鋭文法選書第9巻（大修館書店）＊＊
『一歩進んだ英文法』今井邦彦他著（大修館書店）＊＊
『前置詞マスター教本』石井隆之著（ベレ出版）＊
『冠詞マスター教本』石井隆之著（ベレ出版）＊
『ネイティブ式英語リーディング入門』米山達郎著（研究社）
『ロイヤル英文法』綿貫　陽著（旺文社）
『生成文法と比較統語論』三原健一著（くろしお出版）＊＊
『新英語学辞典』大塚高信・中島文雄監修（研究社）＊＊
『TOEIC TEST 990点満点英文法』石井隆之著（明日香出版社）＊
『TOEIC TEST 990点満点完璧対策』石井隆之著（明日香出版社）＊
『統語論』鈴木英一著　現代の英語学シリーズ⑤（開拓社）＊＊
『日本語教師のための言語学入門』小泉　保著（大修館書店）＊
『超英文解釈マニュアル』かんべやすひろ著（研究社）
『英語で意見を論理的に述べる技術とトレーニング』
　　植田一三・妻鳥千鶴子著（ベレ出版）

文法項目100の索引

あ行
- アポストロフィ使用制限 110
- 一時的状態後置傾向 73
- 意味役割 88、389
- 英文の6つの力 385

か行
- 過去志向と未来志向 56
- 活動動詞 32
- 仮定法と時制のルール 219、222
- 仮定法の形式 218
- 仮定法の6用法 216
- 関係詞の格と役割早見図 193
- 関係代名詞の省略の法則 195
- 関係副詞の比較 206
- 完全自動詞と完全他動詞 32
- 感嘆符の8用法 161
- 完了相と進行相 47
- 気配りの原則 159
- 義務的法と認識的法 80
- 旧情報と新情報 33、44、133、201、300、381
- 形容詞+to do型の種類 68
- 形容詞の位置の法則 286
- 形容詞の語順の法則性 375
- 原因と結果 45

さ行
- 使役動詞の種類 94
- 時間制約型修飾と時間超越型修飾 286
- 指示性 387
- 指示物修飾と指示修飾 287
- 時制 45、47
- 視点 398
- 主観修飾と客観修飾 289
- 手段と目的 45
- 重文と複文の違い 249
- 受動可能性の法則1〜4 88
- 受動のthere構文 135
- 授与動詞 32
- 順接と逆接 228
- 順接・逆接構造一覧表 229
- 省の法と略の法 323
- 省略の大原則 392
- 叙述部と表出部と呼びかけ部 24
- 状態動詞 31
- 助動詞の種類 79
- 情報構造の法則 381、383
- 数 22
- 全文否定と局所否定 271
- 全文否定と語彙否定 270
- 相 47
- 制御可能と制御不可能 154
- 制限的修飾と非制限的修飾 288
- 制限用法と非制限用法 189
- 接続副詞 229、253
- 前位修飾と後位修飾 285
- 挿入化の制約 333

た行

- 態 47
- 代表構文 327
- 代不定詞の方法 328
- 代名詞が名詞句を指す原則 280
- 代名詞の格の形の法則 196
- 達成動詞 32
- 他動詞の力 39、385
- 単文と重文と複文 248
- 直説法 215
- 提示のthere構文 135
- 定・不定 22
- 等位接続の法則 393
- 同格用法 171
- 動作動詞 32
- 動詞群 24
- 到達動詞 31
- 倒置構文の意義1～3 307
- 倒置構文の10種類 308

な行～は行

- 二重限定と並列限定 197
- 比較における原則 339
- 否定文挿入のルール 334
- 否定文の6特徴 261
- 否定要素の5つの位置 266
- 否定要素の5種類 263
- 不完全自動詞と不完全他動詞 32
- 複合関係詞早見表 236
- 副詞の種類 293
- 並置構造 244
- 変形作業回避の法則 397
- 変形作業削減の法則 396
- 法 80、215

ま行～や行

- 命令文：don'tとnever 153
- 目的語前置の法則 111
- 要求表現 175
- 様態構文 105

ら行～わ行

- 話題化の制約 333
- 話題と焦点 300、381

アルファベット

- couldとwas/were able to 82
- if節の代用：4用法 220
- it構文の種類 123
- oneselfの法則 278
- oneselfの4つの意味 283
- soの6つの構文 357
- that節からの取り出し 343
- that節とφ節 181
- whether名詞節の10用法 179
- whichの先行詞 191
- willとbe going to 81

構文攻略の108項目早見表

- ☐ 1. 状態と動作 35
- ☐ 2. 完了と未完了 36
- ☐ 3. 五文型 37
- ☐ 4. 前置詞の有無と動詞 42
- ☐ 5. 不定詞とthat節の差 43
- ☐ 6. 準動詞の主語 51
- ☐ 7. 準動詞の完了形 53
- ☐ 8. 準動詞の否定形 54
- ☐ 9. 疑問詞＋不定詞 59
- ☐ 10. be＋不定詞 60
- ☐ 11. seem系動詞＋不定詞 62
- ☐ 12. O=不定詞句の用法 63
- ☐ 13. S=不定詞句の用法 65
- ☐ 14. O=to be...の用法 66
- ☐ 15. 形容詞＋to do... 67
- ☐ 16. 動詞的動名詞 70
- ☐ 17. 名詞的動名詞 71
- ☐ 18. 分詞の形容詞用法 76
- ☐ 19. 分詞の副詞用法 77
- ☐ 20. 助動詞の過去形 83
- ☐ 21. 助動詞の完了形 84
- ☐ 22. should have done 85
- ☐ 23. 他動詞の受身構文 92
- ☐ 24. 自動詞の受身構文 93
- ☐ 25. 使役構文 96
- ☐ 26. 使役構文の受身 97
- ☐ 27. 目的語結果構文 102
- ☐ 28. 主語結果構文 103
- ☐ 29. 目的語状態構文 107
- ☐ 30. 主語状態構文 108
- ☐ 31. 中間構文 112
- ☐ 32. 難易構文その1 118
- ☐ 33. 難易構文その2 119
- ☐ 34. 仮主語構文 126
- ☐ 35. 仮目的語構文 129
- ☐ 36. it is 形 of 人 to do 130
- ☐ 37. itの特殊構文 131
- ☐ 38. there＋V＋X＋〜 137
- ☐ 39. there＋V＋〜＋X 138
- ☐ 40. there be V-ed＋X 139
- ☐ 41. Wh疑問文 147
- ☐ 42. 平叙文＋付加疑問 151
- ☐ 43. 命令文＋付加疑問 152
- ☐ 44. 命令文の否定 156
- ☐ 45. 命令文の強調 157
- ☐ 46. Please＋命令文 159
- ☐ 47. 間接疑問節 167
- ☐ 48. 先行詞を含む関係節 169
- ☐ 49. 文の要素のthat節 174
- ☐ 50. 要求表現 175
- ☐ 51. Pの目的語that節 177
- ☐ 52. that節の同格の用法 178
- ☐ 53. if節名詞構文 183
- ☐ 54. 万能のwhether節 184
- ☐ 55. or notを含む節 185
- ☐ 56. which関係節 199
- ☐ 57. that関係節 200
- ☐ 58. 前置詞＋関係節 202

- ☐59. 二重限定と並列限定 204
- ☐60. when関係節 208
- ☐61. where関係節 209
- ☐62. 関係副詞whyとhow 210
- ☐63. 関係形容詞what 213
- ☐64. 関係形容詞which 214
- ☐65. 仮定法過去/過去完了 221
- ☐66. shouldとwere to 225
- ☐67. as if 構文 226
- ☐68. 原因構文と理由構文 230
- ☐69. 条件構文 232
- ☐70. 逆接構文 233
- ☐71. 複合関係代名詞構文 237
- ☐72. 複合関係副詞構文 239
- ☐73. 複合関係形容詞構文 240
- ☐74. 等位構造の特徴 250
- ☐75. 従位接続詞の移動 255
- ☐76. 従位接続詞の省略 257
- ☐77. 否定要素の位置 268
- ☐78. 否定が及ぶ範囲 273
- ☐79. 代名詞の用法 282
- ☐80. 形容詞と等位接続詞 290
- ☐81. 副詞の位置 295
- ☐82. 副詞表現とコンマ 297
- ☐83. 強調構文の公式 302
- ☐84. OSV型倒置構文 311
- ☐85. CSV型倒置構文 312
- ☐86. CVS型倒置構文 313
- ☐87. MVS型倒置構文 314
- ☐88. 否定副詞前置倒置構文 315
- ☐89. POB倒置構文 317
- ☐90. if省略型倒置構文 318
- ☐91. 比較構文系倒置構文 319
- ☐92. 相関構文系倒置構文 320
- ☐93. 関係節系倒置構文 321
- ☐94. 省略構文:[省]の方法 330
- ☐95. 省略構文:[略]の方法 331
- ☐96. 挿入構文:文中への挿入 336
- ☐97. 挿入構文:文末への挿入 337
- ☐98. 比較構文の基本形 346
- ☐99. 倍数比較の構文 350
- ☐100. no more thanの3態 352
- ☐101.「むしろ」の構文 354
- ☐102. [X+形容詞+a]構文 359
- ☐103. [X+ a +形容詞]構文 361
- ☐104. 相関接続詞の構文 363
- ☐105. [as + X + as]の構文 364
- ☐106. wellの相関構文 366
- ☐107. whatの相関構文 368
- ☐108. butの相関構文 369

著者紹介

石井隆之（いしいたかゆき）

近畿大学語学教育部助教授。ベルリッツジャパン特別顧問、アルカディア・コミュニケーションズ客員講師、ASE特別講師（以上、教育面の活動）。通訳ガイド研究会会長、言語文化学会事務局長、清光編入学院言語学研究主任（以上、研究面の活動）。

専門は理論言語学で、論文などは50編以上発表。著書に、『前置詞マスター教本』、『冠詞マスター教本』（以上、ベレ出版）、『TOEIC Test 990点満点英文法』、『TOEIC Test 990点満点英単語』（以上、明日香出版社）など多数。著者に対する質問やメッセージは下記まで。

　　TAC言語文化研究所
　　〒573-0106 大阪府枚方市長尾台1-2-3
　　email：englight@arion.ocn.ne.jp
　　FAX：(072) 859-8617

英語構文マスター教本

2004年9月25日　初版発行

著者	石井隆之（いしい たかゆき）
カバーデザイン	寺井恵司

©Takayuki Ishii 2004, Printed in Japan

発行者	内田　眞吾
発行・発売	ベレ出版 〒162-0832 東京都新宿区岩戸町12 レベッカビル TEL.03-5225-4790　FAX.03-5225-4795 振替 00180-7-104058
印刷	株式会社文昇堂
製本	根本製本株式会社

落丁本・乱丁本は小社編集部あてにお送りください。送料小社負担にてお取り替えします。

ISBN 4-86064 C2082　　　　　　　　　　編集担当　脇山和美

英文手紙の書き方

ISBN4-939076-11-3

§石橋和代／1500円／A5判

組み合わせるだけできちんとした英文手紙がラクラク書ける表現集。

英語論文すぐに使える表現集

ISBN4-939076-06-7

§味園真紀　小田麻里子／1900円／A5判

テーマに合わせて組み合わせ自由自在。論文特有の言い回しが満載。

英語で意見・考えを言える 表現2400

ISBN4-939076-20-2

§星加和美　石津ジュディス／1800円／A5判

ビジネスや外国人との交流の中でよく話題にのぼる230のトピック。

CD BOOK 日常生活で使う短い英語表現

ISBN4-939076-28-8

§野村真美／1600円／四六判

英語を「話して通じる」楽しさがすぐに体験できる身近な表現が満載。

英文法を使いこなす

ISBN4-939076-26-1

§岩切良信／1300円／四六判

重要な文法項目にそった簡潔な解説と豊富な英語表現で実践力がつく。

英文法をイチから理解する

ISBN4-939076-31-8

§東後幸生／1400円／A5判

基本中の基本を丁寧に解説。わかっていたつもりの中学英語を再確認。

CD BOOK イギリス英語日英会話表現集

ISBN4-86064-024-1

§小林章夫　ドミニク・チータム／1800円／A5判

決まり表現1700を会話の中で身につける、暮らしの英会話トレーニング。

すっきりわかる中学・高校英語

ISBN4-939076-33-4

§長沢寿夫／1400円／四六判

英語に必要な3つの要素「読む・書く・話す」力がこの1冊で身につく。